全国革命老区县发展史丛书·广东卷

揭阳市榕城区革命老区发展史

揭阳市榕城区革命老区发展史编委会　编

SPM 南方出版传媒　广东人民出版社
·广州·

图书在版编目（CIP）数据

揭阳市榕城区革命老区发展史／揭阳市榕城区革命老区发展史编委会编. —广州：广东人民出版社，2021.6

（全国革命老区县发展史丛书·广东卷）

ISBN 978-7-218-15063-5

Ⅰ．①揭…　Ⅱ．①揭…　Ⅲ．①揭阳—地方史　Ⅳ．①K296.53

中国版本图书馆 CIP 数据核字（2021）第 100425 号

JIEYANG SHI RONGCHENG QU GEMING LAOQU FAZHANSHI

揭阳市榕城区革命老区发展史

揭阳市榕城区革命老区发展史编委会　编　　　　版权所有　翻印必究

出　版　人：肖风华

责任编辑：吴丽平

责任校对：林　俏

装帧设计：张力平等

责任技编：吴彦斌　周星奎

出版发行：广东人民出版社

地　　　址：广州市海珠区新港西路 204 号 2 号楼（邮政编码：510300）

电　　　话：（020）85716809（总编室）

传　　　真：（020）85716872

网　　　址：http://www.gdpph.com

印　　　刷：广州市浩诚印刷有限公司

开　　　本：715mm×995mm　1/16

印　　　张：23.375　插　页：12　字　数：312 千

版　　　次：2021 年 6 月第 1 版

印　　　次：2021 年 6 月第 1 次印刷

定　　　价：79.00 元

如发现印装质量问题，影响阅读，请与出版社（020-85716808）联系调换。

售书热线：（020）85716826

广东省编纂《革命老区县发展史》丛书
指导小组

组　　长：陈开枝（广东省老区建设促进会会长）

副组长：林华景（广东省老区建设促进会常务副会长）

　　　　宋宗约（广东省农业农村厅二级巡视员、广东省老
　　　　　　　　区建设促进会副会长）

　　　　刘文炎（广东省老区建设促进会副会长）

　　　　郑木胜（广东省老区建设促进会副会长）

　　　　姚泽源（广东省老区建设促进会副会长兼秘书长）

　　　　谭世勋（广东省老区建设促进会副会长）

　　　　廖纪坤（广东省农业农村厅总经济师）

办公室

主　　任：姚泽源（兼）

副主任：韦　浩（广东省农业农村厅扶贫协作与老区建设处
　　　　　　　　处长）

　　　　柯绍华（广东省老区建设促进会副秘书长）

　　　　伍依丽（广东省老区建设促进会副秘书长）

《揭阳市榕城区革命老区发展史》编纂委员会

编纂委员会

主　　　任：郑剑波（揭阳市榕城区委常委、常务副区长）

常务副主任：袁瑶亮（揭阳市榕城区老区建设促进会会长）

　　　　　　陈锦坚（揭阳空港经济区管委会副主任）

副　主　任：黄德雄（揭阳市榕城区老区建设促进会副会长兼秘
书长）

委　　　员：陈涌辉（区人大常委会）

　　　　　　陈树坡（空港区农业农村局）

　　　　　　林静美（区委、区政府办）

　　　　　　汪高洁（区委宣传部）

　　　　　　郑盈盈（区发改局）

　　　　　　陈婷婷（区财政局）

　　　　　　黄晟辉（区农业农村局）

　　　　　　陈濂隐（仙桥街道）

　　　　　　黄朝霞（梅云街道）

　　　　　　陈延潮（东阳街道）

编写人员：黄德雄　蔡逸龙　陈文昭　谢宝锋　林木奕
　　　　　黄洁潮　蔡永凯

编委会顾问

　　　　　张伟勤　郭　翔　黄　熹　郑贻臣

在举国欢庆新中国成立 70 周年前夕，中国老区建设促进会王健会长请我为《全国革命老区县发展史》丛书作序，作为一名在老区战斗过并得到老区人民生死相助的老兵，回首往事，心潮澎湃，感慨万千，深感义不容辞，欣然应允。

中国革命老区，是以毛泽东为代表的中国共产党人在领导人民推翻帝国主义、封建主义和官僚资本主义三座大山，争取民族独立和人民解放伟大斗争中建立的革命根据地，在这片红色的土地上，诞生了无数可歌可泣的革命英雄儿女，为后人树起了一座不朽的丰碑，她是新中国的摇篮，是党和军队的根。

在艰苦卓绝的战争年代，老区人民把自己的命运与中华民族的命运紧紧地联系在一起，与中国共产党和人民军队的命运紧紧地联系在一起，他们生死相依，患难与共。我曾亲历过战争年代，并得到过老区红哥红嫂的救助，切身感受到发生在身边的一幕幕撼天动地的革命故事，在那极其艰难的条件下，老区人民倾其所有、破家支前，不怕艰难困苦，不怕流血牺牲。"最后一碗米送去做军粮，最后一尺布送去做军装，最后一件老棉袄盖在担架上，最后一个亲骨肉送去上战场"，这是当时伟大的老区人民为建立新中国做出巨大牺牲的真实写照，它将永远镌刻在中国共产党、中国人民解放军、中华人民共和国的历史丰碑上。他们的光辉业绩永载史册，他们的革命精神必将影响一代又一代的革命新人，造就一代又一代的民族脊梁。

在社会主义革命和建设时期，革命老区和老区人民响应党的号召，面对落后的面貌、脆弱的经济、恶劣的生态环境，他们本色不变，精神不丢，自力更生，艰苦奋斗，干一行爱一行。始终坚持"革命理想高于天"，自觉做共产主义远大理想的坚定信仰者和忠实实践者，勇于向恶劣的自然环境和贫穷落后宣战，他们在各条战线上为国建功立业，用平凡的双手创造了一个又一个不平凡的奇迹，彰显了老区人的崇高精神和人格力量。

在改革开放的伟大进程中，老区人民解放思想，勇于创新，发奋图强，攻坚克难，老区的经济社会建设取得了辉煌成就。特别是在改变中国的面貌、中华民族的面貌、中国人民的面貌、中国共产党的面貌的伟大实践中发挥了至关重要的作用。老区人民既是改革开放的参与者，也是改革开放的推动者。

艰苦练意志，危难见精神。老区人民在近百年的革命战争、社会主义建设和改革开放的伟大实践中，孕育形成了伟大的老区精神：爱党信党、坚定不移的理想信念；舍生忘死、无私奉献的博大胸怀；不屈不挠、敢于胜利的英雄气概；自强不息、艰苦奋斗的顽强斗志；求真务实、开拓创新的科学态度；鱼水情深、生死相依的光荣传统。这是党和人民宝贵的精神财富、丰厚的政治资源，是凝心聚力、振奋民族精神的重要法宝，也是社会主义核心价值观的重要内容。

中国老区建设促进会怀着强烈的政治责任感和历史使命感，组织全国各地老促会人员克服困难，尽心竭力编纂《全国革命老区县发展史》丛书，记录老区的光辉历史和辉煌成就，传承红色基因，弘扬老区精神，是功在当代、利及千秋的一件大事。手捧这部丛书的部分书稿，读着书中的故事，倍感亲切，深感这部丛书具有资政、育人、存史的社会功能，有着重要的时代和历史价值。它是不忘初心、牢记使命的源头活水，是赞颂共产党、讴歌老区人民的一部精品力作，是弘扬老区精神、传承红色记忆的丰厚载体，是一项继承优秀传统文化、弘扬革命文化、发展社会主义先进文化，坚定"四个自信"的宏大文化工程。它必将成为一种文化品牌，为各界人士了解老区宣传老区支持老区提供一部有价值的研究史料。希望读者朋友们能从中了解并牢记这些为党和民族的利益不断奉献的老区人民，从中得到教益，汲取人生奋斗的精神动力。

　　新时代赋予新使命，新起点开启新征程。让我们更加紧密地团结在以习近平同志为核心的党中央周围，坚持以习近平新时代中国特色社会主义思想为指导，增强"四个意识"，坚定"四个自信"，做到"两个维护"，弘扬老区精神，铭记苦难辉煌。为实现"两个一百年"奋斗目标，实现中华民族伟大复兴的中国梦作出新的更大的贡献！

迟浩田

2019 年 4 月 11 日

　　2017 年 6 月，中国老区建设促进会组织全国各地老促会启动编纂《全国革命老区县发展史》丛书，按照"建立中国共产党、成立中华人民共和国、推进改革开放和中国特色社会主义事业"三大里程碑的历史脉络，系统书写革命老区百年历史，深入挖掘革命老区红色文化资源，这对于充实丰富中国革命史籍宝库、在新时代传承红色基因、弘扬革命精神、强固根本，对于激励人们在新的历史条件下夺取中国特色社会主义伟大胜利，实现中华民族伟大复兴的中国梦具有重要意义。

　　丛书编纂以习近平新时代中国特色社会主义思想为指导，以《中国共产党历史》《中国共产党的九十年》等重要文献为基本依据，以党的领导为核心，以老区人民为主体，以老区发展为主线，体现历史进程特征，突出时代发展特色，坚持辩证唯物主义和历史唯物主义相统一、历史真实性与内容可读性柜统一的原则，书写革命老区从站起来、富起来到强起来的光辉革命史、不懈奋斗史、辉煌成就史，把老区人民的伟大贡献、伟大创造、伟大成就、伟大精神充分展示出来，形成一部具有厚重历史特征和鲜明时代特色的精品力作。这是一部培根铸魂、守正创新，既为历史立言，又为时代服务，字里行间流淌着红色血脉、催生着革命激情的传世之作。丛书的编纂出版将成为讴歌党讴歌人民讴歌时代、传播红色文化、为革命老区和老区人民树碑立传的重要载体。

丛书按照编年体与纪事本末体相结合、以编年体为主的编写体例确定框架结构；运用时经事纬、点面结合的方式记述史实；坚持人事结合、以事带人的原则处理人与事的关系；采取夹叙夹议、叙论结合以叙为主的方法展开内容。做到了史料与史论、历史与现实、政治与学术统一，文献性、学术性、知识性相兼容。

为编纂好《全国革命老区县发展史》丛书，打造红色文化品牌，中国老区建设促进会认真组织积极协调，提出政治立场鲜明、史料真实准确、思想论述深刻、历史维度厚重、时代特色突出、编写体例规范、篇目布局合理、审读把关严格、出版制作精良的编纂出版总要求，力求达到革命史籍精品的精神高度、思想深度、知识广度、语言力度，增强丛书的权威性和社会影响力。各省（区、市）、市（州、盟）、县（市、区、旗）老促会的同志，以强烈的使命感、责任感和紧迫感，勇于担当，积极作为，认真实施，组织由老促会成员、专家学者等参加的十余万人编纂队伍。编纂工作主体责任在县，省、市组织协调、有力指导、审读把关。各方面人员以高度负责的精神和科学严谨的态度，满腔热情地投入工作，为丛书编纂出版做出了重要贡献。丛书编纂工作还得到了党和国家有关部委、地方各级党委政府及有关部门的大力支持和积极参与，社会各界也给予了热情帮助。中共中央政治局原委员、中央军委原副主席、原国务委员兼国防部长迟浩田上将，对老区人民怀有深厚感情，对革命老区建设发展十分关注，欣然为《全国革命老区县发展史》丛书作总序。

丛书由总册和1599部分册（每个革命老区县编纂1部分册）组成，共1600册。鉴于丛书所记述的史实内容多、时间跨度长和编纂时间紧，不妥之处，敬请批评指正。

中国老区建设促进会

● 革命史迹 ●

揭阳学宫——周恩来革命活动旧址

揭阳学宫崇圣祠——周恩来革命活动展览馆

周恩来在揭阳住宿和办公旧址——揭阳学宫崇圣祠

周恩来在揭阳住宿和办公旧址

揭阳学宫大成殿——1925 年 11 月，中共揭阳县支部成立旧址

榕江公园革命烈士纪念碑

紫峰山革命烈士纪念碑

大革命时期竹林村农会旧址

用物（武器、会旗等）

用物（武器、会旗等）

大革命时期群光村农会赤卫队的村口哨点

揭阳一中众智外国语学校西斋——榕江中学学生会旧址

揭阳商民协会旧址

彭湃夫人许玉磬故居（迎紫轩）

西马路西段"健生药房"——中共潮揭丰边县委旧址

揭阳县青年抗敌同志会旧址

革命烈士周鲁故居

革命烈士周鲁

古溪陈氏家庙（潮汕抗日游击队活动旧址）

仙桥紫陌山马士纯烈士墓

1949 年 10 月，中国人民解放军从玉浦渡口所搭的浮桥上跨过北河，进军榕城

黄岐山革命烈士墓群

黄岐山塔仔陵革命烈士墓群

● 老区新貌 ●

竹林村

群光村

永东社区

岐山社区

黄西沟口村

华美村

京北村

京南村

军民村

青溪村

塘边四村

溪明村

● 建设发展 ●

榕城区机关办公大院

榕城区北河北岸风光

榕城区北河梅东大桥周边鸟瞰

榕江音乐喷泉

榕江西湖公园

揭阳潮汕国际机场

潮惠高速公路榕江大桥

空港经济区
发展大道

空港经济区
市政道路

揭阳捷和职业技术学校

榕城区主办的 2017 揭阳国际半程马拉松赛

榕东街道钟厝洋社区

仙桥街道西岐社区

梅云街道何厝社区

揭阳空港经济区渔湖镇阳美村

揭阳空港经济区凤美街道张厝村

空港经济区锦绣家园

揭阳空港经济区炮台镇南潮村

微信扫描二维码
您立即开展本书的
延伸阅读。

榕城区是革命老区，榕城人民有着光荣的革命斗争历史。

大革命时期，广东省农民运动特派员到揭阳组织领导农运工作。中共党员、农运特派员卓献弼、彭名芳分别在揭阳县第一、二区开展工作；中共汕头特支派来的党员卢笃茂到第七区林厝寮（竹林村）开展革命活动，在榕城各地点燃农民运动的革命火种。

土地革命战争时期，1927年，周恩来、贺龙、叶挺率领的南昌起义军转移南下广东，进入揭阳，来自榕城各地的农军队伍到县城迎接部队入城，并为起义军站岗、放哨、当向导。起义军撤出揭阳后，一批农军战士遭到国民党反动派的搜捕屠杀，一个个革命村庄遭到国民党反动派的"围剿"，但农军队伍在共产党的领导下，与敌战斗，坚持斗争。在火热的土地革命战争中，为谋求人民解放，一批批热血男儿走上战场，在这片热土上抛头颅洒热血。从紫峰山到桑浦山，红军健儿的身影穿梭在乡野丛林之中，为真理为解放不屈不挠坚持战斗。

抗日战争时期，在中共地方党组织的领导下，榕城的一批批热血青年，投身到抗日战争的烽火之中，县城的大街小巷，到处响彻着青年抗敌同志会同仇敌忾的声音。从桑浦山慰劳中国军队的抗敌同志会身影，到抗日游击健儿驰骋乡野大地，借宿农家祠堂，榕城好儿男在中国共产党领导下坚持抗日斗争，最终，迎来了抗战的胜利。

解放战争时期，在中共潮揭丰边县委的领导下，从桑浦山下到榕江两岸，从黄岐山南麓的岐山村，到南河边上的京冈村、仙桥河边的永东村，再到县城南郊的竹林村、群光村，一个个革命老区，纷纷建立红色政权，成为县城周边率先解放的地区，并对困守县城的国民党当局形成包围圈，最终，地方党组织配合人民解放军解放了县城，实现了揭阳全境的解放。

新中国成立后，榕城老区人民发扬革命传统，传承红色基因，弘扬老区精神，不忘初心，牢记使命，在推动老区脱贫攻坚、振兴发展上，作出了不懈的努力和贡献。

建设中国特色社会主义新时代，党的十九大提出实施乡村振兴战略和大力支持革命老区发展，老区人民迎来了新的发展机遇。

榕城区有 17 个革命老区村，分布在全区 8 个街道（镇）中。在中国特色社会主义新时代，榕城区在开展革命老区建设工作中，认真学习贯彻习近平总书记一系列重要讲话精神，围绕"举旗帜、聚民心、育新人、兴文化、展形象"的目标任务，按照"产业兴旺、生态宜居、乡风文明、治理有效、生活富裕"的总要求，紧扣榕城实际，坚定走好中国特色社会主义乡村振兴道路，加快推进农业农村现代化，推动农业强起来、农村美起来、农民富起来。扎实推进农业供给侧结构性改革，突出抓好精准扶贫，深入推进新农村建设。

革命老区是榕城人民宝贵的"红色基因"。2013 年 2 月，习近平总书记在视察兰州军区时指出："要发扬红色资源优势，深入进行党史军史和优良传统教育，把'红色基因'一代代传下去。"

编辑出版《揭阳市榕城区革命老区发展史》，是贯彻落实习近平总书记关于革命老区的一系列讲话精神，阐述老区在战争年代为夺取革命胜利作出的巨大牺牲和伟大贡献，总结老区建设发展的经验，展示老区建设的伟大成就的一件十分有意义的工作。这对于发扬革命传统，传承红色基因，弘扬老区精神，不忘初心，牢记使命，推动老区脱贫攻坚、振兴发展，具有重要的现实意义。

榕城区是揭阳市的主城区，有着两千多年的历史文化积淀。榕城是省级历史文化名城，有着深厚的历史文化底蕴。历史文化名城与红色基因相得益彰，都是榕城的优秀文化资源。

这本记载榕城"红色基因"的革命老区发展史，是榕城人民一份珍贵精神财富，在中国特色社会主义新时代建设的新征程上，同心同德，开拓创新，为描绘榕城革命老区新蓝图，书写红色榕城新篇章再立新功。

《揭阳市榕城区革命老区发展史》编纂委员会
2021 年 3 月

第一章

区域和革命老区概况

第一节 建置区域区划

一、建置沿革

揭阳市榕城区地域在秦代，属南海郡揭阳县，历汉、三国，至东晋成帝咸和六年（331）属东官郡。东晋义熙九年（413）属义安郡海阳县，南北朝时，历宋、齐、梁、陈，隶属不变。隋开皇十一年（591）属潮州，唐代袭之。北宋宣和三年（1121）属潮州辖揭阳县。南宋绍兴二年（1132）属海阳县，绍兴八年（1138）复置揭阳县，本境属揭阳县。时县治设于吉帛村（今京冈街道京南、京北村）。绍兴十年（1140），将县治移至玉窖村（今中山、西马街道相邻一带），因新县城榕树甚多，遂命名新县城为榕城。自此榕城一直为揭阳县治所在地，相沿800多年而不辍，是省级历史文化名城。

1991年12月7日，国务院发出《关于广东省调整汕头、潮州市行政区划的批复》，同意设立揭阳市（地级），辖榕城区（县级）、揭东县、普宁县、惠来县、揭西县。榕城区辖榕华、新兴、中山、西马、东山等5个街道及渔湖、磐东、仙桥、梅云4个镇，总面积181.09平方千米。榕城区委、区政府于1992年5月1日挂牌办公，办公地点设于新兴路17号。1992年8月，经广东省人民政府批准，从渔湖镇划出19平方千米设立揭阳经济开发试验区。1993年7月，经揭阳市人民政府批准，榕城区从渔湖镇东部划陆联、燎原两个行政村建榕东街道。1994 年 5 月 9 日，中共揭阳市委、揭阳市人民政府调整榕城区行政管理区域，决定将原榕城区划分为榕城区、东山区和揭阳经济开发试验区；磐东镇和原东山街道的区域设为东山区；渔湖镇并入揭阳经济开发试验区；渔湖镇的彭南村并入榕城区榕东街道。调整后的榕城区辖榕华、新兴、中山、西马、榕东 5 个街道及仙桥、梅云两个镇。1996 年 3 月，区委、区政府迁榕华大桥东北侧新建的区委、区政府办公大楼。2003 年，经揭阳市人民政府批准，仙桥镇、梅云镇撤镇改为街道，全区共辖 7 个街道。2012 年 12 月 17 日，国务院批准同意将原揭东县的地都镇、炮台镇、登岗镇划归榕城区管理。榕城区总面积为 347 平方千米。

2013 年 3 月，经揭阳市人民政府批准，揭阳市东山区撤销，原属东山区的东升、东兴、东阳街道划归榕城区管辖。同时在榕城区范围内划设揭阳空港经济区，管辖京冈、溪南、凤美 3 个街道和渔湖、地都、炮台、登岗 4 个镇，面积 234 平方千米。

二、地理区域

榕城区地处广东省东部，潮汕平原中部，位于北纬 23°23′～23°36′，东经 116°17′～116°39′之间。东与潮州市潮安区、汕头市金平区接壤，东南隔榕江与汕头市潮阳区相望，南与普宁市相邻，西、北连揭东区。东西跨度约 40 千米，南北跨度约 24 千米。区人民政府驻新兴街道人和路。榕城区为揭阳市人民政府驻地，距广州市 400 多千米。

榕城区位于揭阳市中部，地处汕头、潮州、揭阳和梅州 4 市中心地带。境内有揭阳潮汕国际机场，有厦深铁路、梅汕铁路、广梅汕铁路，汕昆高速、甬莞高速、揭惠高速也从境内经过，国道 G206 烟（台）汕（头）线自西北而东南穿过区境。

榕城区地貌北宽南狭，地势西南高东北低。中心地面为珠江基面标高 2.356 米。西南部的紫峰山石峰，海拔 329.2 米，为区境最高峰。地貌分丘陵、平原二大类型。榕江由西而东贯穿全境，有干流南河、一级支流北河和仙桥河、洪阳河等大小河流，境内河网纵横，水域广阔。南河流经区境全长 15.74 千米，5000 吨级货轮可直达港口码头。下游河段被国家列为一级航道，上游河段被列为四级航道。北河流经区境全长 6.07 千米，被国家列为四级航道。

受海洋暖湿气流的调节及较均一的下垫面温湿属性作用，榕城区全年气候温和湿润，光照强，热量足，雨量充沛，属南亚热带湿润性气候。和邻近地区比较，区境天气极端变化小，旱、涝、冷等自然灾害较少。北回归线在区境通过，年平均气温 21.6℃，年平均雨量 1732.2 毫米。

三、行政区划

1991 年 12 月，揭阳撤县建市，设立榕城区。原揭阳县辖榕城、磐东、仙桥、梅云、渔湖等 5 个镇划榕城区，榕城撤镇建街道，设立新兴、榕华、中山、西马和东山 5 个街道。区委、区政府驻新兴路原揭阳县委办公大院。

1993 年 7 月 21 日，经揭阳市人民政府批准，从渔湖镇分设榕东街道。

1994 年 5 月 9 日，揭阳市政府在榕城区辖域内增设东山区和揭阳经济开发试验区，原东山街道一分为三，析为东升、东兴和东阳 3 个街道，在原渔湖镇分设京冈、凤美和溪南 3 个街道。揭阳市区至此有 10 个街道、4 个镇。

2002 年，东山区磐东镇改设为磐东街道。2003 年，仙桥、梅云两镇也改设为街道。

2012 年 12 月 17 日，国务院撤销揭东县，设立揭阳市揭东区，将榕城区的磐东街道划归揭东区管理，将原揭东县的地都镇、炮台镇、登岗镇划归榕城区管理。2013 年 3 月，揭阳市政府在榕城区域内分设揭阳空港经济区（属非建制区，辖京冈、凤美、溪南3 街道和渔湖、炮台、地都、登岗 4 个镇）。

2020 年，榕城区共有新兴、中山、西马、榕华、榕东、仙桥、梅云、东升、东兴、东阳 10 个街道和 111 个居（村）委会。

第二节 革命老区情况

　　榕城区（包括揭阳空港经济区）位于广东省东部潮汕平原中部，面积347平方千米，人口98.34万人。老区分布广，全区有老区村庄17个，其中，土地革命战争时期老区村庄7个：竹林、群光、沟口、青溪、溪明、军民、华美；解放战争老区村庄10个：永东（包括玉寨、涂库、河内、坛头、下底、下曾）、岐山、京北、京南、塘四村。老区村占全区199个行政村的6.03%。2019年，老区人口6.419万人，占全区总人口数的6.5%。全区老区村面积32.9089平方千米。

　　榕城人民勤劳勇敢，富有革命精神。1919年，北京学生五四爱国运动期间，榕江中学（揭阳一中前身）学生会领袖杨石魂就在校园内外发动学生参加集会，声援北京和全国各地的学生爱国运动，民众日益觉醒。1924年春，中共党员、进步教师杨嗣震到榕江中学任教，积极传播马克思主义，培养了一批进步青年。大革命时期，东征军1925年3月和11月两次进入揭阳县城，在周恩来等革命家的指导下，进步青年进行革命活动。当年11月，中共揭阳县支部在揭阳学宫大成殿正式建立。

　　1927年9月底，贺龙、叶挺率领的南昌起义军进入揭阳，在县城（今榕城区）成立揭阳县工农革命委员会。随后，在县境北部的汾水（今属揭东区玉湖镇）与三倍于己的国民党军浴血奋战两日两夜，这就是有名的"汾水战役"，它对揭阳地区的革命影响巨大而深远。

抗日战争时期，揭阳党组织得到重建和发展，中共揭阳党组织领导全县人民成立了妇抗会、青抗会、教抗会、少抗会等抗日救亡团体，掀起了抗日救亡运动高潮，同时开展抗日民族统一战线工作，成绩卓著，县城（今榕城区）成为抗战大本营。1944年底，在党组织领导下，揭阳各地相继建立了抗日游击小组，永东村成为抗日游击队的驻地和主要活动地。1944年12月，揭阳人民抗日游击大队成立，其中包括小北山人民抗日游击队独立大队。党领导的抗日武装团结广大爱国民众英勇杀敌，直至取得抗战胜利。

解放战争时期，中共揭阳县委为反对独裁统治，开辟革命根据地，深入发动群众，坚持艰苦斗争。建立武装队伍，领导全县人民开展抗"征粮、征兵、征税"斗争，坚决进行反"围剿"斗争，开展统战工作，放手发动群众，开展游击战争，并在战斗中壮大革命武装力量。武装队伍在县城岐山、京冈等周边地区频频抗击国民党顽固势力。

新中国成立后，揭阳县根据党中央、国务院的部署和上级布置，结合本县实际，在全县范围内开展评划革命老区的工作。1952年下半年，县人民政府根据省人民政府的指示，进行评划老区点的工作，由各区组成老区工作队，通过重点调查、访问及召开座谈会，对各区革命老根据地人民斗争史的材料进行核对。接着，县政府主持召开评划革命老根据地座谈会，评定38个村为革命老根据地。这些老区点分布在10个区。除第十区（新亨）的五房整个乡是老区点外，其余均是一乡之内一村或数村的老区点。全县老区点有4945户、21764人。

1957年上半年，根据广东省革命老根据地建设委员会的通知，县派出工作组到京溪园搞老区普查试点。下半年，开展第二次评划老区的普查活动。12 月中旬，召开全县评划老区会议，按照省关于评划革命老区的标准，全县共评划 39 个老区村庄。其中：红色根据地（1924—1934）6 个；红色游击区（1924—1945）29 个；抗日游击区（1936—1945）4 个。今榕城区境内的梅云竹林村被评为红色游击区村庄。

1993 年，省、市高度重视革命老区的发展工作，决定评划和补划一批革命老区。榕城区根据省、市的工作部署，对辖域各个村庄进行详细的调查和研究后，增加了梅云镇的群光村为土地革命时期老区村，增加了仙桥镇永东管区玉寨村等 10 个村庄为解放战争时期老区村，并将文件上报给揭阳市政府审核同意后，于当年 12 月 7 日发出通知，确定将梅云镇群光村补划为土地革命战争时期老区村和仙桥镇永东管区玉寨村等 10 个村补划为解放战争时期老区村。至此，连同 1957 年评定的竹林村（当年称林厝寮村），全区共有 12 个老区村（自然村），分布在 5 个镇 7 个行政村。

与此同时，揭东县也评划和补划一批革命老区，于当年 12 月 8 日发出通知，确定将玉湖镇坪上村等 39 个村公所（村庄）评划为解放战争时期老区村和新亨镇尖石村补划为土地革命战争时期老区村。至此，连同 1957 年评定的老区村庄，全县共有 92 个老区村（自然村），分布在 13 个镇、57 个行政村。

今榕城区辖域在这次评划和补划后的革命老区村庄共有 17 个，其中土地革命战争时期 7 个，解放战争时期 10 个，分别为：

一、土地革命战争时期

梅云街道：竹林村、群光村。

登岗镇：黄西沟口村。

炮台镇：青溪村。

地都镇：溪明村、军民村、华美村。

二、解放战争时期

仙桥街道：永东村（包括玉寨、涂库、河内、坛头、下底、下曾6个片村）。

东阳街道：岐山村。

京冈街道：京北村、京南村。

炮台镇：塘边塘四村。

为了促进老区人民脱贫致富，1996年10月30日，成立了榕城区革命老区建设促进会。

党的十八大召开以后，中共榕城区委、区政府带领榕城老区人民，紧密地团结在以习近平同志为核心的党中央周围，深入学习贯彻党的十八大、十九大精神，以习近平新时代中国特色社会主义思想为指导，牢牢把握新时代社会主义主要矛盾，自觉践行新发展理念，按照广东省委和揭阳市委的工作部署，坚持稳中求进工作总基调，围绕"产业强区、宜居新城、美丽新区"的定位，以提高发展质量的效益为中心，全力推进城市发展和产业建设，使老区村得到长足的发展。

第三节 经济社会发展情况

一、全区经济稳步发展

2018 年，榕城区生产总值 355.5 亿元；固定资产投资 142.2 亿元；社会消费品零售总额 162.7 亿元；地区人均 GDP 6.22 万元；全区民生支出占财政总支出 84.81%，城镇居民人均可支配收入 2.74 万元。全区完成工业投资 41.8 亿元，工业技术改造投资 22.6 亿元，引导 57 家规上工业企业实施技术改造，新增机器人应用 10 台；引进产业共建项目 2 个；加大市场主体培育力度，新增注册企业 1788 家；新增国家高新技术企业 7 家、省级众创空间 1 家、院士工作站 1 家、科技型中小企业 31 家；省、市级工程技术研究中心累计达到 9 家。与中科院过程工程研究所开展产学研合作项目 3 项。新增专利申请量 1770 件，发明专利授权量达 21 项，创历史新高；完成投资 8.45 亿元，带动 39 个市级重点项目完成投资 44.65 亿元，123 个区级重点项目完成投资超 80 亿元。

二、市政建设有序进行

人居环境有效改善。2018 年，榕城区立足创建全国文明城市主战场地位，累计投入资金 1.18 亿元，推进"五河毓秀""五水清漂""五边清污"等工作，动员全体公职人员下沉基层，开展"门前三包"劝导、环卫清理巡查，城市形象进一步提升。投入资金 1532.8 万元，全力推进"五路绿化"，植绿补绿道路总长 67.8 千米。

功能品质整体提升。推进市区"九路一河一桥"建设。揭惠高速市区连接线、揭阳大桥建设进展顺利，预计 2020 年春节前正式通车。省道 S234 仙金公路及市政配套工程基本竣工。天福东路（榕华段）、望江北路东段、西环城路、环岛路、滨江路基本建成通车。"三河六岸"沿线拆除违章建筑物 193 宗、4.7 万平方米；征拆协议签订全面告捷，累计签订 483 宗、14.3 万平方米。

空间布局逐步优化。中部片区棚户区改造项目回迁安置区建设扎实推进。完成揭阳大道两侧 200 米范围内土规和现状情况调查，榕东片区土地征收储备整合顺利推进，全面完成南厝 1 号地、旧寨 2 号地征拆协议签订。揭阳古城保护建设逐步深入，完成古城旅游发展规划，正制订以业态为引领的古城活化保护利用方案。

设施建设持续用力。东湖、龙石 2 个国考断面水质自动监测站建成交付使用。仙桥南污水处理厂加紧推进，望江南路西段建成截污管网 3.6 千米。投入雨污分流资金 7865 万元，启动建设行政村 64 个，建设管网 184 千米。东风河、揭阳楼后渠黑臭水体完成底泥清淤，东风河排水工程开工建设。城市环境卫生基础设施配套进一步完善。

公共服务更加优质。累计投入资金 3.8 亿元，新（改、扩）建新兴学校、东兴初级中学等 5 所学校，完成"三通两平台"及中小学教育信息化设备设施建设。10 个街道均通过省教育强街复评，成功创建"广东省推进教育现代化先进区"。新建小公园和体育运动场所一批。完善 3 个街道文化广场配套，建成 111 个社区综合性文化服务中心，实现社区全覆盖。区图书馆获"全国文明单位"称号，再次获评"国家一级图书馆"。

保障体系更为健全。新增城镇就业 4404 人。城乡居民基本养老保险参保 13.6 万人，城乡医保参保率 98%，城镇低保标准提高到 660 元。全年实现脱贫 1393 户、3593 人，超额完成年度脱贫任务。积极推动社区卫生服务中心标准化建设和村卫生站规范化建设，加快城市公立医院综合改革，稳步实施分级诊疗制度。家庭医生签约服务超 23 万人。

三、老区面貌日新月异

榕城区 17 个革命老区村的经济社会发展取得长足的进步：梅云街道竹林村建有革命烈士纪念碑，在发展红色旅游资源的同时还注重挖掘历史文化资源，2012 年被省文联评为"广东省古村落"；竹林村、群光村，被辟为梅云街道廉政教育基地，成为区、街道爱国主义教育基地。仙桥街道永东村依托揭阳大道南段的省道 S234 仙金公路从村境经过的优越地理位置，以及位于仙桥街道中心区域的区位优势，积极引导村民发展农村集镇商贸经济，提高了村民的收入水平。东阳街道岐山村利用村口为国道 G206 线，开辟了停车场、小作坊工场，并发挥村民经商积极性，增加了村民的经济收入。在美丽乡村建设上，该村在上级各部门的支持下，投入了大量资金，进行水改、道路拓建、池塘整治等方面建设，乡村面积焕然一新。京冈街道京北、京南村紧跟城市化步伐，进行道路、供水、供电、通信等方面基础设施建设，昔日的游击区已经变成了新城市的一部分。炮台镇青溪村也紧紧依托国道 G206 线穿境而过的交通区位优势，大力发展农村商品经济，乡村建设日新月异，已经成为炮台镇的美丽乡村。地都镇溪明村、军民村和华美村大力发展绿色经济，利用背靠桑浦山宜果宜林宜旅游的特征，因地制宜发展果蔬种植，增加了村民的收入。

第二章

揭阳县党组织创建时期

第一节 揭阳县党组织创建前后的社会状况

20世纪初期，今榕城区境内隶属揭阳县在城和官溪都、渔湖都、桃山都和地美都辖域，以及蓝田都的南部近城地区，在城包括今中山、西马街道，官溪都包括今仙桥、梅云街道，渔湖都包括今榕华、新兴、榕东、溪南、凤美、京冈街道和渔湖镇，桃山都包括今炮台、登岗镇，地美都大致为今地都镇，蓝田都南部近城地区包括今东阳、东兴和东升街道。至20世纪30年代，今榕城区境内隶属揭阳县第一、二、七区辖域，以及第四区的南部近城地区，第一区包括今中山、西马街道，第二区包括今炮台、登岗和地都镇，第七区包括今仙桥、梅云、榕华、新兴、榕东、溪南、凤美、京冈街道和渔湖镇，第四区南部近城地区包括今东阳、东兴和东升街道。

旧中国的揭阳，自然灾害频繁，水、旱、蝗、涝以及冰雹、地震等经常发生，1915—1925年的10年间，在揭阳境内发生的大灾害有：1915年2月20日的大冰雹，1918年2月13日的大地震，1922年8月2日的大台风，等等。揭阳县第四、六区地处北部山区，每次灾害都造成人民群众很大的伤亡和财产损失。当时的统治阶级不管人民死活，在灾害面前，百姓流离失所，遍野哀鸿，到处一片萧条凋零景象。

在旧中国，军阀混战，人民遭殃，揭阳地区也不例外。1916年3月18日，一支来历不明的军队攻打榕城西门，参战双方都穿着军装，西门百姓无端受祸。1920年8月20日，粤、桂两支军阀在山湖（今玉湖）竹竿山交火，败军在溃逃经过登岗圩时大肆洗劫商店，致使该圩一个星期内不能开市。1922年12月，军阀陈炯明的残部路过揭阳，沿途抢劫。1923年4月15日，军阀洪兆麟部下纪亚开与许崇智部队大战于揭阳。军阀两家打仗，不论谁家胜负，一样发横财。打胜仗的，乘机向地方榨取大量的粮饷；打败仗的，逃到哪便抢到哪。在军阀打仗的地方和败兵经过的地方，贫困的百姓便遭受兵燹和抢劫两重压迫，生活更加困难。

揭阳毗邻潮州、汕头，交通方便，又是帝国主义较早入侵的地区，英、法、美等在揭阳地区设立教堂、教会学校，作为进行文化、经济侵略的立足点，用精神鸦片毒害学生，进行赤裸裸的奴化教育和殖民教育。帝国主义在进行文化侵略的同时，也进行经济侵略。他们假手在揭阳的集隆昌、三达等几家洋行，每年倾销鸦片、香烟达68万银元。洋轮运来的大量洋货，有布匹、豆粉、麻苎、面粉、煤油、烟叶、烟纸、米、糖等，这些洋货严重冲击了揭阳地区的土特产生产，农村经济遭受了极大的打击。

第
二
节 揭阳县党组织的创建

一、"五四运动"锻炼一批揭阳爱国学生

第一次世界大战结束，中国是战胜国，在巴黎和会上遭受各列强国家的蚕食与瓜分。日本霸占德国应归还中国的租借地和特权，胁迫北洋军阀实施 1915 年与袁世凯卖国政府签订的灭亡中国的"二十一条"条约。这激起了中国人民的强烈愤怒。1919 年 5 月 4 日，北京学生首先行动起来，集会游行，反对巴黎和约，掀起反帝爱国运动。消息传到揭阳，5 月 7 日，榕江中学学生杨石魂、林希孟等领导该校学生起来响应，成立榕江中学学生会。他们在校内召开大会，会后上街游行，贴标语、发传单，开展街头宣传，高呼"誓不签订巴黎和约""不承认'二十一条'""抵制英、日仇货""惩办卖国贼曹汝霖、章宗祥、陆宗舆"等口号，并通电北京学生，表示声援。会后又组织宣传队，深入城乡进行宣传。

为响应北京学生提出的"全国学生联合起来"的号召，5 月 13 日揭阳全县高小以上学生，各派代表集中揭阳韩祠广场开会。会上通过揭阳县学生会成立宣言，并选出杨石魂为主席，林希孟为副主席，陈卓然、林希明、陈名卿等 11 人为委员。后进行全城大示威，并在衙前包围集隆昌等几家奸商，将查获洋货运至东校场焚毁，还捣毁拒交洋货的商店。

5月14日，由省立汕头甲种商业学校发起，在汕头华英学校召开汕头、潮州、揭阳、普宁、澄海等县学生代表会议，成立岭东学生联合总会，作为统一领导潮汕爱国学生运动的核心。会议选举揭阳县学生会主席杨石魂等为负责人。揭阳学生会改为岭东学生联合会揭阳支会，会址设于学宫紫光阁。下设4个分会：在城分会，由总会派出朱希博、陈名卿、杨柏年等人兼任领导；霖田、蓝田、磐岭三都分会，由林希明、陈伯元领导；桃山、地美、梅冈三都分会，由谢文敏、沈子明等领导；官溪、渔湖二都分会，由陈卓然、杨日耀等领导。各分会组织宣传队，深入市镇、渡口等进行宣传，查抄英日洋货。有的学生带头把自己身上穿的日本洋布料衣衫撕破后投入榕江，甚至还将身上的日本银元丢下江河，充分表现学生们强烈的反帝爱国思想。

揭阳学生爱国运动，前后延续几个月，遍及全县各个角落。他们通过"外争国权，内惩国贼"的宣传，喊醒了处于蒙昧状态的人们，教育提高了社会民众的爱国观念。一些青年妇女，冲破了几千年来封建牢笼的禁锢，走上了反封建争自由的道路。学生们既宣传动员了群众，也教育提高了自己。一部分青年手工业工人，城市无业青年，以及少数受过教育的青年农民也参加到学生运动中来。许多学生骨干也在运动中得到锻炼，不少人后来成为革命斗争运动中的领导骨干，如杨石魂是大革命时期岭东地区工会领袖，谢培芳是县总工会秘书，陈卓然是县委宣传部长，黄龙驹为第三区委书记，陈怀天为第四区委书记等。

二、马克思主义在揭阳的传播

1920年，杨石魂于揭阳榕江中学毕业后，考进广州铁路专门学校，1923年在广州参加社会主义青年团。这年6月，成立"广东新学生社"，杨石魂任该社执委。广东新学生社是广东地区社会主义青年团的外围组织。最初范围只在广州，后来逐渐地扩充到各地。此后，杨石魂经常与榕江中学第七届及第八届的进步学生许涤新、江明衿等进行通讯联系，介绍广东新学生社的宗旨、组织大纲及其活动情况，还建议在榕江中学组织"社会科学学习小组"，做好成立"榕江中学新学生社"的思想准备和组织准备。暑假，杨石魂利用回家省亲的机会，到榕江中学向学生会骨干作题为《国难中青年应负的责任》的演讲，阐明学生既要读书，又要关心国家命运，投身民族运动的道理；并就在榕江中学成立新学生社的问题进行了探讨。这年冬天，榕江中学新学生社宣告成立，领导骨干是江明衿、许涤新等，榕江中学新学生社成立之后的主要活动是：组织社员阅读《新青年》《新生活》《解放与改造》等进步书刊，利用舆论阵地，开展革命宣传活动。宣传革新，反对守旧，宣传进步，反对封建，在斗争中壮大发展新学生社组织。榕江中学是当时岭东地区最高学府之一，新学生社成立以后，右派组织孙文主义学会也跟着成立，该会会员达 300 多人，以城区学校中之地方当权派子弟占多数，形成对立的两派，每逢集会，两派学生壁垒分明，各坐一边，经常唇枪舌剑，激烈辩论，新学生社领袖江明衿口才善辩，分析精辟，词锋犀利，问题一提出，便将对方驳得无话可说，辩论结束，总是孙文主义学会的学生悻悻然离去。通过辩论，既锻炼提高了进步学生的思想政治理论水平，也教育了广大学生明辨是非的能力。

1924 年春，青年教师杨嗣震来到榕江中学任教，在校园里广泛传播马列主义。

杨嗣震，又名杨志白，原籍江西九江。1921 年在日本参加共产党，1922 年在海丰县从事教育工作，因协助彭湃搞农民运动，地方反动当局要逮捕他，只好离开海丰，辗转上海。1924 年春，应留日学友王鼎新的聘请，到揭阳县榕江中学任教，担任英语部主任。1924年国共两党合作，但左派与右派间的斗争仍很激烈。杨嗣震到榕江中学后，旗帜鲜明地支持学生组织新学生社，指导他们开展学习和活动，与县城的进步组织店员工会联系，得到他们的支持，以巩固和扩大学生组织的力量。

杨嗣震到榕江中学之后竭力宣传马克思主义，介绍俄国十月革命，在课堂上或课余，常向渴求知识追求进步的学生们介绍马克思及其学说。学生们感到既新鲜又兴趣，有的开始向杨老师借阅马克思、列宁的著作及进步书刊，如英文版的《世界史》《劳动政府与中国》等。新学生社骨干许涤新正是阅读大量革命书刊之后，思想才转向信仰马克思主义的。

杨嗣震还兼任榕中校刊《榕声》主编。他利用这个舆论阵地，撰写文章，开展宣传活动。他经常组织学生撰写进步的革命文章在《榕声》校刊上发表。是年冬，岭东新学生社曾散发《宣言》，声讨统治潮汕的军阀洪兆麟。杨嗣震把第七届学生陈克叫到房间，让他再抄一份，署名："陈克录自岭东新学生社"，登在校刊《榕声》上。这下可惹了祸，平时对杨嗣震已有注意的地方当局立即出动军警到榕中抓手抄者及其"后台"。杨嗣震闻风避开，陈克也在进步学生的掩护下，从后墙逃脱，两人才免遭逮捕。这就是轰动一时的"《榕声》事件"。

杨嗣震在海丰时曾协助创建海丰县青年团组织，并与当时的团中央书记施存统保持工作联系。到榕江中学后，他也曾有创建团组织的计划，并物色了江明衿、许涤新等左派学生作为建团对象，悉心培养。发生了《榕声》事件之后，他离开榕中，建团计划虽未能实现，却播下了一批革命种子，为揭阳地区创建党、团组织创造了条件。

杨嗣震离开揭阳后，建立青年团组织的任务由谢培芳完成。谢培芳在榕江中学读书时，参加过1919年5月揭阳学生爱国运动，1922 年毕业后，在县城一家小百货商店当店员。1924 年暑假，经他的姐夫杨石魂的介绍，考进广州农民运动讲习所第二届学习。这期间他参加了社会主义青年团组织。两个月后，学习结束，被派回揭阳工作。

谢培芳回揭阳后，着手做三件事：一是加入原有的县农会、商会组织，从中开展宣传和改造活动；二是与榕江中学新学生社加强联系，秘密吸收江明衿等几位学生骨干参加青年团；三是组织青年团员及一些进步学生参加社会活动，使他们从中得到锻炼和提高。

三、揭阳党支部在榕城建立

1925 年 3 月初，广东国民革命军第一次东征到达揭阳，中共代表、黄埔军校政治部主任周恩来在学宫接见左派团体代表时，明确指出了建立共产党、青年团组织的重要性和必要性。11 月，广东国民革命军第二次东征攻克潮汕后，中共代表、东征军总政治部主任周恩来主政东江，国民革命运动进入新的历史时期，急需派一批农民骨干到潮汕各地开展农运工作。中共党员、广东省农运特派员颜汉章、彭名芳、梁良莩、卓献弼 4 人被派到揭阳县，其任务是开展农民运动，并着手筹建地方党组织。

颜汉章等 4 人皆是海丰人，他们到达揭阳后，住于学宫，随后分头到乡村开展农运工作，组织农民协会，发展中共党员。颜汉章负责全面工作，较多时间活动于第三区霖田村等地；彭名芳到第二区地处偏僻的桑浦山北麓沟口村等地开展活动；卓献弼则在第一区开展工作。4 人的公开身份是广东省农民运动特派员，其时是国共合作时期，地方势力对这几个异乡人虽有所忌惮，却也奈何不得。

接着，从周边各地来了一批中共党员，有中共汕头特支派来的党员卢笃茂、黄汉强，有从广州农讲所来的，还有由团员转为党员的共 10 多人。1925 年 11 月，在揭阳学宫大成殿，中共揭阳县支部正式建立，支部书记颜汉章。在此之前，共产主义青年团揭阳县支部已经成立，青年团参加党支部一切活动。

揭阳地方党组织自此开始直接领导揭阳人民大众进行艰苦卓绝、长期不懈的斗争。尽管征途荆棘丛生，成功与挫折同在，但党组织在革命熔炉中接受考验，逐步走向成熟、走向胜利。

第三章

大革命时期

揭阳县党组织在榕城的发展

一、中共揭阳县部委员会成立

中共揭阳县支部建立后,党员分头深入工厂、农村、学校,开展群众运动,在运动中发展党员,壮大党的组织。不久,先后吸收了一批进步工人、农民、学生参加共产党,分别建立党支部。在县城建立的工会党支部,由蔡步三、萧斧等党员组成;接着县城的教师支部、学生支部也相继建立。

由于党组织不断发展,1926 年 3 月,中共揭阳县支部转为中共揭阳县特别支部,特支书记颜汉章,增设特支委员卢笃茂,协助管理党内事务。

不久,卢笃茂到第七区林厝寮村(竹林村)开展革命活动,帮助竹林村建立党组织,吸收了青年老师杨日耀,以及农民杨亚靡、青年医生洪魏泉等人。当年 12 月,卢笃茂到竹林村,主持召开竹林村党支部成立仪式。

1926 年春,揭阳群众运动蓬勃发展,党组织进一步壮大,新建立的党支部增多。根据党中央的指示,如组织发展、支部增多时,应于区委或地委管辖下,添设部委,按区域分成几部,联合若干邻近之支部,成立组织部委员会,管理本区内各支部工作。是年冬,中共揭阳县特别支部转为中共揭阳县部委员会,颜汉章任书记,卢笃茂任组织委员,张秉刚任宣传委员。下辖 4 个区委。

其中，第一区委活动于县城及附城一带，区委由萧斧、谢培芳负责，区委会会址设在学宫；第二区委活动于炮台一带，区委由彭名芳、卓献弼负责，区委会会址设在青溪村。其时，全县有党员100多人。

二、农民运动蓬勃发展

揭阳党组织创建之际，正是国共两党合作时期，党的活动由秘密逐步转为半公开，多数共产党员参加革命群众组织，担当领导或骨干，有个别党员以个人的身份参加国民党，从而加强了党对群众运动的领导。从1925年冬至翌年春，全县城乡陆续成立了工会、农会、学生会、妇女会、商民协会等群众组织。县、区、乡（村）各级农会组织大多是共产党员担任领导人。各区委书记，一般兼任农会组织的领导人。县农会11名执委中，就有7名是共产党员。各区委书记一般兼区农会组织的领导人，乡村中的共产党员也在农会组织中起骨干作用，县城的工会、商会、青年、妇女等群众组织，也都由共产党员或青年团员担任。如共产党员萧斧、谢培芳、方汝楫等先后担任县总工会领导人。商会、青年、妇女组织的负责人谢培芳、江明衿、许玉磬也都是共产党员或青年团员。

随着群众运动的发展，革命团体、左派组织相继成立，全县达到几十个。群众革命运动的兴起，又促进党组织的发展，至1927年4月，全县建立起124个党支部，有共产党员900人，其中农村党员700多人。基础较好的乡村有一区渔湖的白宫、七区梅云的林厝寮（竹林村）等村，二区的沟口、青溪等村。

第二区农会组织由彭名芳负责。作为省农运特派员，彭名芳到第二区后，深入到炮台、登岗一些比较偏僻、交通不发达的乡村开展串联，他与贫苦农民生活在一起，一同到田间劳动，一起拉家常，宣传组织农会好处。在群众集会上，他操着浓重的海丰口音，用孙中山先生的"联俄、联共、扶助农工"来教育人民，以"革命尚未成功，同志仍须努力"来激励群众的革命意志，号召广大农民群众团结起来，不分姓氏，不分地区，不分强房弱房，共同对敌，打倒地主、土豪、劣绅。

彭名芳到桃地地区的沟口村之后，串联萧成兴、萧亦峰等一批革命青年作为骨干，再由他们去发动其他革命群众。萧亦峰原在潮安县西林村教书，他老家是弱房，常受乡里强房恶势力的欺凌，正想回乡组织农会，刚好彭名芳在该村开展组织农会宣传发动工作，两人很快取得了联系，说话投机，来往密切。萧亦峰很快成为该村组织农会的骨干及区农会骨干。

1926年2月18日，揭阳县第一个区农民协会——第二区农民协会在沟口村宣告成立。区农会执行委员是林永安、萧成兴、萧亦峰、陈孟志、孙清来，秘书是谢文敏。区农会成立后，执委们分头到各村去做宣传发动工作。萧成兴、林永安到青溪村教育发动农民吴启青，再由吴启青发动其他农民群众，不久，青溪村农会成立，有200多人参加农会，占全村人口的28%。接着，黄西、白宫、埔尾、翁厝、曾厝洋、西料、田中、彭厝沟、埔头、河溪等乡村相继成立农会组织。至当年秋天，全区有会员2.5万人，占总人数的25%。

随着农运的发展壮大，农会会址于1926年4月搬至林乡，8月又移至炮台镇关爷宫内办公，不久，又迁至青溪村明经公祠。

第一区农会也于1926年夏在渔湖港夏村成立。

第七区的林厝寮村（竹林村）于1925年成立村农会，有80多人参加。相邻的鲤鱼头村也于1926年初成立了村农会，有20多名会员。为维护农民的合法权益，反对豪绅的欺压，两村农会组织派出农会会员代表到县城请愿，要求废除苛捐杂税，实行减租减息。

在区、乡村农会成立的基础上，1926 年 5 月，在县城韩祠成立了揭阳县农民协会筹委会，9 名执行委员是：颜汉章、彭名芳、卓献弼、梁良萼、陈卓然（兼宣传）、林声望（兼组织）、张香吉（兼财政）、陈剑雄、黄峰。秘书陈祖虞，顾问郑德初。会址设在县城学宫内。陈祖虞、郑德初是国民党左派，被县农会分别聘任为秘书、顾问。

筹委会制订了相关的农会规则：农民加入农会要履行申请、批准手续，还要遵守《会员须知》。其内容是："服从农会命令，遵守农会纪律，按章缴纳会费，拥护多数决议；不分地方界限，不分姓氏差别，凡属本会会员，务须亲爱团结；万众一心向前，打倒贪污豪劣、帝国主义军阀；工农联合奋斗，敌人完全消灭。"成立村农会，会员要有 30 人以上。

各级农会建立之后，声势日大，出现了"一切权力归农会"的局面。农会是农会员的靠山，农会员有事找农会解决，有的地方农会员出门坐车乘船还享受半价。那些过去骑在农民头上的地主、豪绅、土劣，对农会不得不唯唯诺诺，有的还想尽办法混入农会，找保护伞。农会除领导农民开展减租减息等斗争外，还进行修桥铺路、兴修水利、植树造林等公益事业。第二区青溪等村农会还开办平民学校，贫苦儿童免费入学。

各地农会组织示威游行，抓地主、土豪游街示众，扫掉威风。1926 年 4 月，第二区还组织全区农会会员游行示威，队伍从登岗出发，途经东岭、埔仔、南潮、新寨、炮台、青溪、洪岗、埔尾、青屿等 10 多个乡村。经过的乡村，会员们陆续加入游行队伍。中午在洪岗开饭，并将"地都虎"黄玉堂抓起来，涂面游街示众。至炮台时，对那些残酷剥削人民的地主、资本家进行说理斗争。一个月后，为了向封建地主施加压力，以便开展减租减息运动，二区农会又一次组织全区性农会会员游行示威，队伍开至白宫村，把有意抗拒减租减息运动的地主林厥德抓起来斗争，并没收其一部分家产。

1926 年 9 月 20 日，国民党赋吏许实兰在二区催收赋税，无理扣押农会会员谢油麻，激起全区农会会员的愤慨。区农会集合 2 万多农民包围炮台区署，迫使地方当局放人，并将许实兰撤职。农民队伍还乘胜进军白宫村，捣毁了该村专门与农会作对的右派组织"新国民社"。

各级农会建立后，大都建立起自己的武装队伍。县有工农武装团体，区、乡有农民自卫军。为了提高农民自卫军素质，1926 年 10 月，县农会在县城举办农民自卫军训练班，各乡农会派出 1 至 2 人参加，共 200 人，学期两个月，学习政治形势和军事常识，由黄埔军校第四期步兵科毕业生李创垂、李德芳等任教官。学员培训后回到各区、乡村当农民骨干。炮台青溪村农会组织自卫军 20 多名，除维持治安、巡逻放哨、抓捕土豪劣绅外，在修桥造路、兴修水利等公益事业中，也发挥了骨干作用。

当年 7 月，县农会在县城学宫召开揭阳县农民代表大会，出席会议代表有几百人。会议传达省农代会精神，提出本县各级农会组织的任务是：开展减租减息，搞好群众生活，维护农民群众利益，修竣河道，巩固堤防，修桥造路。

9 月，揭阳、普宁两县联合在揭阳县城韩祠广场召开工农代表大会，有 360 多名代表出席。会议第一天通过决议后，列队向国民党揭阳县政府请愿，要求当局废除苛捐杂税、实行"二五减租"、提高工资、取消民团。

三、党组织在县城领导工人运动

20 世纪 20 年代初期，揭阳部分地区已有工会组织，但未能真正代表工人阶级的利益。第一次东征军离开揭阳后，谢培芳将揭阳商界联合会改组为店员工会，并把办公地址从原来较偏僻的城隍庙后搬到考院内办公。至年底，由蔡步三、黄竹卿组织的商民协会宣布正式成立。

1925年冬，中共揭阳县支部派人筹建揭阳县总工会。年底，县总工会成立，会址设在韩祠南侧（今工商银行韩祠支行），执委萧斉、朱希博、林新民，秘书谢培芳。设：秘书处、组织部、调查部、经济部、宣传部。县总工会下辖店员工会、织业工会、民船工会、木工工会、漂布工会等。接着，在炮台镇成立的岭东轮渡工会炮台船工分会，也属县总工会领导。工会人数最多时达6300多人。

工会对工人的切身利益和合理要求，都予以关心和支持。1926年年底，县城银业工友因物价贵，工资低，生活困难，向财东要求加薪，工会予以支持。半个月后，县总工会属下漂布工会召开大会，讨论改善生活问题，一致议决加薪五成，并选出宋景臣等5人为全权代表，向财东提出要求。

大革命时期全县有工人1.5万人，参加左派工会组织有6300人。他们纪律性强，斗争坚决，与农民结成天然的朋友。

四、党团组织在县城领导青年运动

1925年5月在第一次东征军离开揭阳两个月后，揭阳县城秘密建立共产主义青年团支部，团员有谢培芳、江明衿、黄荣虞等10多人。团支部建立之后，组织团员青年参加社会活动及革命斗争实践，加强与县城的左派群众组织的密切联系。5月以后，揭阳地区的左派革命势力逐渐壮大，反动势力受到削弱。但此时东征军回师广州，潮汕完全空虚，军阀洪兆麟由大埔直下潮安，威胁着汕头及其各县。针对此种形势，共青团汕头地委认为，揭阳左派力量较大，有意以揭阳为立足点，写信向团中央报告："总部有移揭阳之举。"后来情况发生变化，团汕头地委此举作罢。9月底，揭阳青年团获悉国民革命军准备举行第二次东征，便联络了几个革命组织和左派团体，准备配合国民革命军第二次东征进入揭阳而开展暴动。

团支部书记谢培芳曾向团汕头地委报告："联络两个学生组织，一个商人团体，预备暴动。"12月，东征军第二次攻克潮汕后，为扩大革命影响，由青年团组织发起，县城的工农商学各界的左派团体数千人联合举行东征军胜利祝捷大会。当晚还组织数千人提灯游行活动，演戏庆祝，盛况空前。在革命斗争活动中，青年团威信日益提高，在左派组织及革命团体的联合活动中，起了骨干的作用。

揭阳党支部建立之后，团员参加党支部的活动，接受党组织的派遣与安排，分别担任工会、农会、商会、学生会等左派组织的负责人。为适应国共合作形势，有的还以个人身份参加国民党组织，并担任国民党揭阳县党部的工作。江明衿任工农部长，林新民任商业部长。

东征军第二次攻克潮汕后，潮汕各界兴起反帝反教，收回教育自办权运动。揭阳真理学校罗逸才等董事会却决定将有进步倾向的校长郑汉清和3位教员辞退逐出学校。消息传开后，全校哗然。

1926年1月7日，揭阳真理学校学生会干部和各班班长举行联席会议，提出将学校收回自办。但学校董事会拒绝学生的要求。当天，全校学生随即离开教室，举行罢课，并集队到县教育局、县公署、县农工商学联会、县总工会、县农会请愿。真理学校学生的爱国行动很快得到28个进步团体的支持，各团体派出代表赴真理学校慰问学生。江明衿作为榕江中学新学生社代表参加了慰问活动，并上台发言。各团体代表揭露帝国主义文化侵略野心，指明学生斗争的方向，勉励学生努力奋斗，以达到最后胜利。

在全县各团体的声援和斗争下，真理学校董事会不得不作出妥协，表示学校收回自办的问题可以协商，并收回董事会的错误决定。学生运动取得了初步的胜利。

1927 年春，江明衿被调往汕头市工会工作，他以雇员的公开身份，深入基层，与工人打成一片，把宣传活动搞得有声有色。

五、全县妇女踊跃参加妇女解放运动

1926 年 2 月，在汕头市召开东江各属行政会议，揭阳妇女代表陈名闺在会上发言，汇报揭阳开展妇女运动的经验做法。3 月，揭阳妇女派出代表，参加在汕头市召开的潮汕妇女纪念"三八"国际妇女节大会。

1926 年 3 月，在县城学宫文华祠成立揭阳县妇女解放协会筹委会（简称"妇筹委"），应邀赴会者达 1000 人。许玉磬被选为筹委主席。许玉磬原出身于贫苦农家，1926 年初在汕头市加入共青团，并被党组织派回揭阳县组织妇女解放运动。

揭阳妇筹会成立后，遵照省妇协的纲领，发动和组织妇女投身国民革命运动。是时，一部分在校读书的女学生，有一定的文化知识，易于接受革命道理，很快成为妇女解放协会的积极分子和骨干。在妇筹委主席许玉磬的带动下，陈名卿、陈名闺、林桂清、张荃等妇女骨干经常下乡，分别到桂岭鸟围、城郊盘载一带开展宣传活动，主动与农妇搞好关系，从帮助他们背小孩、洗衣服等家务入手，建立感情，打成一片。在部分山区或半山区中首先建立起妇女组织。

在县城里，妇筹委的成员穿街过巷，宣传解放妇女的道理，指出"三从四德"是束缚广大妇女的枷锁；要解除妇女痛苦，唯有组织起来，参加国民革命，开展妇女运动。

第七区鲤鱼头村（群光村）农会会员林乳珍和女儿胡巧专在村中开展革命宣传，组织青年妇女接受新文化、新思想教育。胡巧专组织一群女青年，印刷传单、革命标语，分发到村民家中；还到邻村号召妇女反对封建思想，摆脱愚昧落后状态，起来革命，争取自由解放。

1927年春，成立县妇女组织的条件已经成熟，3月揭阳县妇女解放协会（简称"妇协会"）成立，陈名卿任总干事，委员张荃、庄子林、张永钊、陈名闻、魏绍芳、林桂清等。下设交际、宣传、财政、文化等部，并发表宣言。

县妇协会的成立，得到汕头各进步团体的援助，并赠给100多银元作活动经费。此时全县妇协会会员已有2500多人。县城、乡村及许多行业也成立了妇协会组织。妇女解放运动随着整个革命形势的发展，由初期提出翻身解放、民主自由、男女平等的宣传口号，发展到制订条文切实保障妇女权益，其内容有：禁止买卖妇女，不准养童养媳，反对欺压妇女，寡妇可以再嫁，尼姑可以脱离庙堂嫁人，禁止缠足，男女平等，同工同酬，等等。

党组织领导革命群众声讨反革命右派

1926 年冬，揭阳右派的帆船工会、搬运工会与左派的轮渡工会发生利益冲突，引起摩擦纠纷。为加强工人阶级队伍的团结，揭露右派的阴谋，汕头市总工会委员长杨石魂于 12 月 11 日到揭阳解决两派矛盾，当晚宿于县城张园旅社。揭阳右派头目指使流氓地痞于当晚 8 时到张园旅社绑架杨石魂后，强行带往他处。隔天上午 7 时，又在城隍庙殴打县商民协会交际部的张浦南，并挟送县公安局，一路连续毒打，致张鼻梁凹陷，鲜血直流，伤势严重。后张浦南虽被放回，但杨石魂下落不明。社会各界闻知此事，愤慨万分，纷纷集会示威请愿，声讨右派势力的恶劣行径，要求当局查办凶手，救出被绑架者。

中共揭阳县部委紧急召开会议研究，提出了以合法对合法，以非法对非法，振威慑敌，争取同情者参加斗争的对策。13 日，在中共揭阳县部委的领导下，附城 30 多个乡 2 万多农军及农会会员从四面八方开进县城，由农会武装守住 5 个城门，游行队伍直接行进至衙前大街。县长丘君博见群情激愤，不得不与工农代表谈判，表示负责追究此事。

为迅速救出杨石魂，各界群众派出佘德明等 103 名代表，租"大兴"号揭汕电船，赴汕头向潮梅警备司令部代司令何辑五请愿。

中共汕头地委决定派地委委员、农运书记彭湃亲往揭阳开展营救工作。汕头市各界人民团体也组织集会游行，发出通电抗议，要求潮梅绥靖公署援救杨石魂。潮安县的潮汕铁路工会对此率先决定罢工。潮汕各县代表迅速到汕头聚会，到国民党汕头市党部召开援救杨石魂会议。何辑五在革命群众的压力下派员与各界代表会面，谎称不知此事。在场邮电工人代表立即当面指证：潮梅警备司令部曾向揭阳驻军电话指示，知道杨石魂被绑架囚禁情况。

由于革命群众和左派组织的压力，以及共产党出面交涉，国民党潮梅警备司令部不得不答应责成揭阳县调查处理此事，派出一个营兵力的武装队伍抵达揭阳，并悬赏 1000 大洋奖励知情者。

彭湃在抵达揭阳后，于第二天上午在榕江中学礼堂召开揭阳各界群众营救杨石魂大会。在革命群众浩大声势逼迫下，揭阳地方反动势力情知不妙，只好暗中透露杨石魂被囚禁地点给一个嫁至潮阳县柳岗乡的榕城东门妇女。在这个妇女提供出线索后，杨石魂的亲属前往柳岗，终于救出了被绑七昼夜，被折磨得奄奄一息的杨石魂。原来，杨被蒙面塞嘴绑架后，先是被带往西门外许厝埔，再用小船运至潮阳县柳岗乡，囚禁在一山洞内。

12 月 24 日，揭阳各界群众在县城韩祠广场举行"欢迎杨石魂、张浦南同志脱险县民大会"，到会的有党、团、农、工、商、学、妇等 220 多个团体 1 万多人。大会由中共揭阳县部委宣传委员张秉刚主持，揭阳县部委书记颜汉章讲话，指出，杨张事件不是个人问题，是反革命向革命的进攻，革命民众应加紧团结，防止敌人入侵。大会提出要求：政府要惩办凶手，解散右派组织。大会选出了 120 名代表，到汕头市向潮梅警备司令部请愿，要求严惩劣绅、土豪、逆党，"以警凶顽"。

揭阳爆发"四一五"

一、反革命武装在县城屠杀中共党员和革命群众

1927 年 4 月 12 日，以蒋介石为首的国民党反动派在上海发动政变，反革命浪潮很快波及揭阳。

4 月 15 日，揭阳县国民党反动派成立了 13 人组成的"清党委员会"，强化"清党""清乡"反革命措施，将全县划为 9 个"自治区"，迅速扩展反革命武装，准备大规模屠杀共产党员和国民党左派人士。

当日中午，中共揭阳县部委组织委员卢笃茂接到国民党左派郑德初的密报，说国民党准备于当天下午 3 时实行"清党"。卢笃茂立即扮成农民，出门通知有关人员转移。县城的国民党反动派纠集潮梅警备旅驻揭阳两个连及地方警察、保安队、黄色工会打手共 400 多人，提前 1 个小时出动，包围县农会、县总工会。卢笃茂赶到学宫县农会所在地叫醒正在熟睡的秘书陈祖虞，告知情况，要他赶紧避开。卢笃茂迅速离开前往县总工会告急时，发现县总工会已被包围，卢笃茂只得迅速离开县城。国民党反动派未遇抵抗便冲进县农会，抓走并杀死了县农会秘书陈祖虞。县总工会方针等 20 多名工会骨干紧闭大门，以砖块瓦片抵抗，坚持至午夜，除少数人突围外，均负伤被捕。

国民党反动派采取了先破坏县城革命组织、左派团体，控制

第一区局势之后，再集中兵力奔袭乡下，逐个扑灭农村革命力量的阴谋。揭阳"四一五"的血雨腥风迅速向广袤乡村弥漫。

二、第二区农会顽强抗敌

从 4 月 16 日起，敌人集中兵力先后进犯各区农会，第一个目标是第四区农会。第四区农会组织农军进行反击，战斗持续两天，国民党急电潮梅警备司令派兵增援。18 日，国民党从汕头派来 200 多名援兵，配合陆路敌军从水路侧击，农军被迫退却。

国民党军队随即派出一个排兵力窜至第二区炮台新寨，准备与反动乡长吴荣申合谋"围剿"第二区农会。

为了粉碎敌人的"围剿"，第二区农会决定先下手为强。4 月 21 日，第二区委书记彭名芳在青溪村吴氏明经公祠对 1000 多名农军及农会会员作关于攻打敌区署的战斗动员，然后分兵三路行动：一路攻打炮台镇；一路攻打反动据点——桃山国民党公馆；一路守卫榕江青溪堤，预防水路来敌。各路农军行动进展顺利，当天就打下了炮台镇，在关帝庙与区工会合址办公，勒令奸商平价出卖食盐，老百姓对此拍手称快。农军随后在炮台镇驻守 3 天，当地群众称之为"炮台三日红"。

第二区农军反击国民党"四一五"并打下炮台镇的消息，令国民党既震惊又恼恨。4 月 23 日，县国民党派出一连军队伪装乘坐客轮"义兴号"从县城驶向炮台镇，在经过塘埔渡时，一半先下船登陆，从陆路攻打炮台镇农军，另一半则行驶至青溪堤上岸，与炮台的来敌形成合围，双双扑向青溪村。区农民自卫军教官林清佐带领 20 名农军在西线抗击敌军，因敌我力量悬殊，农军且战且退，退至炮台镇一小巷，腹背受敌，在居民掩护下从民居中撤退。驻守青溪的农军把注意力放在陆路来敌上，没有提防堤上来敌，仓促应战，因武器粗劣，敌不过装备精良的来敌，只得边战边向桑浦山撤退。战斗中，许阿吟等 5 人牺牲，一部分人受伤。

青溪村落入敌手后，国民党军队放火焚烧了区农会会址明经公祠，大火蔓延烧毁了 20 多间民房。

"四一五"过后，揭阳 4 个区农军先后举行武装暴动，反抗国民党反动派的大屠杀，场面英勇壮烈。但由于敌强我弱，农军缺乏统一指挥，在强大敌人的围攻下，轰轰烈烈的农军抗暴行动被镇压下去，全县农民运动转入低潮。

三、一批党员干部在反革命事件中英勇牺牲

除了在揭阳"四一五"当天被国民党反动派杀害的县农会秘书陈祖虞外，一批优秀中共干部也在这场大屠杀中壮烈牺牲。

在学生运动中成长起来的江明衿，1926 年春接替谢培芳任揭阳县青年团支部书记，不久，调往汕头市总工会工作。"四一五"后，揭阳的国民党反动派贴出布告，对他进行通缉。1927 年 6 月，他到潮阳找教书的姑丈，姑丈知道他被国民党通缉，劝他远走他处。江明衿无所畏惧地说："怕杀头，我就不参加革命。"随后又潜回揭阳坚持斗争。不久就被国民党抓捕了，敌人把他押解至汕头。在狱期间，国民党反动派对他软硬兼施，百般引诱，说他还年轻，只要在"悔过书"上签名，声明脱离共产党，就可以释放，获得自由。江明衿拒绝签名，并坚定地说："我信仰的事业不变，共产主义信念不变。"其亲戚家人到处奔走设法营救，在南洋的父亲闻讯专程赶回来劝说他改变立场，但江明衿毫不动摇。敌人见威迫利诱无效，遂于 9 月 5 日将他押往刑场枪杀，沿途他不断高呼革命口号，就义时年仅 23 岁。

谢培芳在离任揭阳县青年团支部书记后，担任县总工会秘书。"四一五"当天，谢培芳从县总工会突围，撤至第三区隐蔽。他不怕国民党反动派悬赏花红款"五百两白银通缉"，仍在第三区

与县委部分领导干部一起坚持斗争，后来根据上级的指示，才转至香港，转道暹罗。但他身在异国，心怀家乡，念念不忘革命事业，于 1928 年 11 月从暹罗搭船回国，准备继续参加革命斗争，谁料刚踏上汕头，就被叛徒发现，被捕入狱。在狱中，他受尽敌人严刑拷打，坚贞不屈，终被杀害。

"四一五"后，国民党反动派制造白色恐怖，施行大杀、大烧、大抢政策，截至当年 8 月，全县被洗劫村庄有近百个，被烧毁民房近 2000 间，共产党员、共青团员、革命骨干和革命群众被杀 227 人，被捕 530 多人，被悬红通缉 1000 多人。

"四一五"之后，揭阳的农会、工会、青年团、妇女等组织遭受严重破坏，暂时停止活动。

4

第四章

土地革命战争时期

揭阳党组织恢复活动

一、新揭阳县委建立

"四一五"后，揭阳县部委书记颜汉章于 5 月上旬奉命带领一部分揭阳农军到陆丰县新田集中，后随惠潮梅农工救党军北上，组织委员卢笃茂被派遣到暹罗安置"流亡"的革命同志，县部委只留下宣传委员张秉刚坚持斗争。各区骨干，除第二区外，坚持下来的只有少数。县农会、工会解体，基层农会和工会多数停止活动。

第二区革命群众在斗争意志坚决的区委领导下，以尚未被敌占领的成片革命村庄为根据地，继续坚持斗争，保留了革命力量。相对于全县来说，革命虽然受到严重挫折，但革命根基尚存。

1927 年 9 月 13 日，在渔湖江夏村召开中共揭阳县代表会议，组建揭阳县委。出席代表 20 多人，会上选举张秉刚为县委书记，林运盛为组织部长，陈卓然为宣传部长。中共揭阳部委原组织委员卢笃茂从暹罗回到揭阳时，党代会已经结束，被上级委任为县委巡视员。

大风暴过后，县基层党组织及革命基础较好的有：第一区的渔湖江夏村、白宫村、巷前村，第七区的林厝寮村（竹林村）、鲤鱼头村（群光村），第二区的青溪村、彭厝沟村、蕉山村、华美村，以及第三、四区一些村庄，群众斗争情绪比较高涨的是桑浦山一带村庄。各基层党组织秘密联系疏散在外地的革命同志，逐步恢复农会组织，并开展革命活动，进入土地革命战争的新时期。

二、南昌起义军抵揭，县工农革命委员会成立

1927 年 8 月 1 日，以周恩来为书记的中共前敌委员会和贺龙、叶挺、朱德、刘伯承等领导的北伐部队 2 万多人，在南昌举行武装起义，反抗国民党反动派的迫害。起义军随后一路挥师南下。消息传至揭阳，揭阳县地方党组织为迎接起义军，在渔湖白宫设立了总联络点，并在附城的下围、樸松等村设立前进基点；县委组织部、宣传部所属各科也移至近城的玉浦、林厝寮（竹林村）、棉树等村庄联系和组织群众。

为预防国民党反动派狗急跳墙，迫害被捕的革命同志及其家属，县委组织领导各革命团体统一行动：一是给地方反动人物写警告信，不准他们杀害革命同志及其家属，不准搜捕革命人员，不准勒索花红款；二是通过各种社会关系，保释和赎回一批革命同志；三是通过革命同情者，争取一些监狱看守人员，内外配合，组织越狱，使方针等十几位将被杀害的同志成功越狱脱险；四是准备暴动劫狱，营救同志。

与此同时，第二区革命武装于 9 月 23 日重新攻下炮台镇，为南昌起义军进入县城开辟通道。

揭阳党组织借助起义军将进军揭阳的声威，营救被捕的革命同志，将革命骨干聚拢起来，使革命力量得到复生，革命组织得到恢复和发展，从而又一次促进揭阳地区的革命斗争。

9 月 26 日上午 9 时许，南昌起义部队前卫营在曲溪一带渡过北河，进入榕城。东江工农自卫军总指挥彭湃率总指挥部随军同行。前卫营和自卫军在与国民党驻城部队一阵小接触战斗过后，

国民党武装从西门过东仓桥向新亨溃退。揭阳地方党组织立即组织城关及城郊群众划来民船，在马牙渡架设浮桥，迎接起义军入城。

林厝寮村（竹林村）党支部书记杨日耀组织农军迎接南昌起义军部队进城，并为起义部队站岗放哨、当引导，受到周恩来同志的接见。

大军派出少数兵力占领城北黄岐山防卫外围，其余主力陆续进驻城关。贺龙、叶挺等领导人驻姚氏学苑，总指挥部设于县商民协会，部队政治部进驻学宫崇圣祠。彭湃率领的东江工农自卫军总指挥部28人随军到达，驻在学宫之东廊。

起义军进城后，地方党组织在农军配合下，打开监狱，救出被关押的革命同志。并立即于学宫大成殿设办公地址，派出人员四处联系，召集坚持在各地开展革命的骨干进城，商议建立政权与支援大军事宜。近午，周恩来、贺龙等同志到达学宫崇圣祠，召集各部领导汇报。

当天下午，在周恩来同志的直接关怀指导下，揭阳县工农革命委员会成立，主任委员林光耀，委员张秉刚、方针、林希明、林新明、朱希博、蔡步三。7名执行委员中有党员、团员及工会、农会、商会的代表，还有无党派人士。新成立的革命政权，第一次真正代表工农大众利益，也是各革命组织大联合的体现。

工农革命政权建立后，城中街道锣鼓喧天，鞭炮声不断，工农大众笑逐颜开。揭阳县城沉浸在欢腾中，一扫"四一五"以来的白色恐怖阴霾。

汾水战役在揭阳打响

1927 年 9 月 27 日，起义军接到情报，说汤坑仅有敌军 1000 多人，起义军总指挥部遂决定北上歼灭敌人。

9 月 28 日凌晨，起义军兵分二路，一路出西门过东仓桥，一路由北门马牙过浮桥，向山湖、汤坑挺进。

在地方党组织的领导下，成百上千的工农群众协助运输粮弹，肩挑船载，水陆并进。第一、三、四区的 2000 多名农会会员和赤卫队员，分路奔赴战场，协助后勤和外围警戒。

起义军在山湖汾水一带与敌展开激烈战斗，敌军派出 1.5 万兵力，而起义军只有 6000 多人。敌军武器精良，以猛烈的炮火阻击起义军。起义军一鼓作气冲上山坡，敌军在火力掩护下进行反扑。双方后续部队为争夺山坡阵地，反复冲杀，战斗惨烈，大路及两侧坡地，尸横遍野，鲜血染红了地面。经过血战，起义军占领汾水竹竿山、老鼠山。

汾水战役苦战两天两夜，炮声连天，枪声不断，尸横遍野，血流如水，敌我双方伤亡很大，敌军 3000 多人，起义军 2000 多人。起义军撤出阵地后，除少数乘汽轮赴汕头外，主力分三路向普宁县方向转移。

30 日下午，东江工农自卫军总指挥彭湃仍留新寮村，指挥地方赤卫队清理战场起义军伤兵，直至下午 2 时许，再把贺龙、叶挺送给揭阳县委的 30 多支步枪及一批弹药，交给县工农革命委员会派出的战场联络员林希明后，才率东江工农自卫军总指挥部离去。下午3时许，起义军战勤人员全部撤离战场，有伤员300多人，停留在新亨准备下船转移他处。负责指挥护送伤员的佘德明、陈剑雄、卢位美等决定，将伤员临时转移到第三、四区分散隐蔽、治疗。伤员转移未到一半时，国民党军一营追兵赶至，未及转移的伤员全部遇难。

南昌起义军在汾水与三倍于己的国民党反动派浴血奋战，虽遭重大挫折，但对揭阳地区的革命影响仍然巨大而且深远。

第一，鼓舞革命者斗志，震慑反动派统治。"四一五"后一段时间，由于到处笼罩着反革命白色恐怖，革命斗争形势处于"万马齐喑"的局面。9月中旬，起义军入粤的消息传至揭阳后，首先是地方党组织得到恢复和发展。其次是地方上的反动派纷纷逃离县城，县城反动势力处于"空白"状态，反动政权受到震慑。

第二，鼓舞广大工农群众为建立革命政权而斗争。起义军抵达揭阳当天就建立揭阳县工农革命委员会。革命政权存在的时间虽然只有几天，但却产生了深远的影响，使革命人民看到了革命斗争胜利的曙光，鼓舞他们为建立自己的革命政权而斗争。在同年11月召开的县党代会上就作出《建立苏维埃政权的决定》，不久，在第四区、第二区建立了苏维埃政府。

第三，一批地方工农骨干经受了考验。他们为起义大军那种不怕牺牲、前赴后继、浴血沙场的英勇战斗精神所感染，得到了教育，激励了革命斗志。为起义军当向导的农民卢位美、徐合秋，后来成为第四区苏维埃政府正、副区长。参加支援后勤的农民自卫军队员林德奎、林合清等，后来也成为区一级革命武装骨干，带领赤卫队员开展游击战争。

第四，促进了揭阳地区的革命武装斗争活动。从1927年冬至翌年春，在地方党组织的领导下，揭阳地区先后开展两次武装暴动，给反动统治以沉重打击和震慑。

第五，增进了军民情谊。起义大军军纪严明，买卖公平、不扰民宅，保护人民群众的利益，给揭阳人民留下了深刻而美好的印象。起义军留下的 132 名伤员正是由地方革命群众冒着生命危险进行掩护疗养的。他们伤愈后，有的归队，有的参加东江工农红军。

第三节 开展武装暴动，进行土地革命

一、揭阳县委党代表作出开展土地革命决定

1927 年 8 月 7 日，中共中央召开"八七会议"，总结大革命失败教训，结束党内右倾机会主义路线，确定了进行土地革命和武装反抗国民党反动派的总方针。是年 11 月 13 日，揭阳县委在渔湖江夏村友梅轩召开县党代会议，有 20 多名代表出席。会议由县委书记张秉刚主持，由县部委原书记、从香港归来的潮梅特委代表颜汉章传达"八七会议"精神。

会议作出决定：深入发动群众，恢复农会组织，开展武装暴动，建立苏维埃政权，进行土地革命。为加强党组织对革命运动的领导，在这次会议上重建 4 个区委的领导机构。第一区委书记由县委书记张秉刚兼任，第二区委书记由彭名芳担任。

党代会后，县委就根据地的选择、工作重心和斗争策略等问题进行讨论。有的人主张以桑浦山为主要根据地，那里地形复杂，利于开展游击战争；有的人主张以县西北山区为主要根据地，认为那里虽较贫困，经营有困难，但紧连丰顺、五华大片山区，有回旋余地，有利于游击战争的开展。但是，当时由于多数人受反动派的烧杀而激起复仇情绪，杀敌心切，赞成立足于桑浦山，以便与敌人刀对刀、枪对枪大干一场。会上做了分工：县委书记张秉刚及组织部长林运盛、县委巡视员卢笃茂、县工农武装团队长

吴函及第二区委书记彭名芳等一批干部上桑浦山；宣传部长陈卓然留驻在第一、三、四区巡回，管面上工作，组织配合桑浦山斗争。同月中旬，颜汉章、陈剑雄、梁良萼、卢笃茂等来到第四区顶坝村召开地方干部会议，传达县党代会会议精神，介绍彭湃在海丰分田分地和建立苏维埃政权情况。与会者听后情绪很高，经磋商，决定率先建立揭阳县第四区苏维埃政府，区长卢位美，副区长徐合秋，卢笃茂任农民自卫军大队长。

二、第二区建立苏维埃政权，坚持武装斗争

第二区农民运动自1925年冬组织农会以来，一直处于蓬勃发展的状态。"四一五"之后，反动派到处抓人、杀人，并贴出通缉布告，缉捕22名所谓"捣乱分子"的共产党员，第二区委书记彭名芳也属被通缉之列。但他没有被吓倒，继续带领革命骨干、武装队伍与敌人进行顽强的斗争。

几个月后，县工农武装团队长吴函牺牲，彭名芳挑起武装团队长之职，以桑浦山风荡石为根据地，在桑浦山的西旗山上，搭棚为营地，坚持斗争，反抗国民党反动派的屠杀，并多次率领农军攻打炮台镇，给反动势力以打击。对此，国民党反动派虽又怒又恨，但不敢轻举妄动，故第二区还有成片的革命村庄未遭敌人进犯。

1927年10月，海丰县在彭湃的领导下，建立了苏维埃政权，重分土地。彭名芳受党组织派遣，化装成商人，前往海丰县参加学习，经过与彭湃长谈之后，更加坚定了革命到底的决心，提前回到白色恐怖的揭阳。

彭名芳回揭后，于11月18日在桑浦山召开第二区农代会，传达贯彻县党代会精神，总结成立农会一年多来的成绩、教训及今后斗争方针。在这次会议上成立第二区工农苏维埃政府，彭名芳任区长，孙清来、萧成兴等任委员。同时，重新组织一支 30 多人半脱产的游击队，准备继续开展斗争。会议的第二天午后，忽报国民党军队开至登岗圩，前来扑灭革命火种。彭名芳立即率队前往石厝抗击，由于敌军火力猛烈，农军只得且战且退。彭名芳在后掩护，当退至田中村北面十八曲沟（地名）时，要跳过水沟，因劳累过度，力气不足，坠落沟中，两足陷于泥中，一时拔不出来。一起撤退的区农会一谢姓秘书狼心狗肺，环顾四周无人，竟朝彭名芳背后开了两枪，一枪中头部，一枪中身躯，彭名芳当场牺牲，时年仅 28 岁。

彭名芳牺牲后，广大革命群众十分悲伤。翌晨，光明村农会会员林锦成、田中村农民自卫军洪炳汉和年仅 15 岁的通讯员林阿咤等 3 人，冒着被敌人捕杀的危险，将烈士尸首扶上岸，洗去污泥。第二区苏维埃政府委员萧成兴等人捐棺将烈士收殓掩埋。

彭名芳牺牲后，在桑浦山地区开展革命活动的武装队伍由卢笃茂带领，于西旗山搭棚作营地。不久，国民党派数百人"围剿"，经过一场激战，革命武装撤至浦边山上的石洞，后再移驻青蓝山，建立苏维埃政权，继续进行斗争。据 1928 年 3 月 28 日国民党《广州民国日报》报道："现踞山中者约有 800 余人，分聚数处，联成一气，组织苏维埃政府，以吴衔为主席，萧也峰为参谋……并编练童子军一团，蠢蠢欲动，现军事当局准备进剿矣。"

三、第一、二区革命群众参加县农军暴动

1927 年 11 月，广东省委和东江特委传达了中央指示精神，指令各县开展"年关暴动"，"完成东江的割据"。

1927 年 12 月下旬，第一区官北（今梅云街道一带）农军联合邻县普宁第八区农军，进攻反动乡村洋尾刘，枪决勾结国民党

反动军阀的地主杨亚益，杀土豪，打民团，灭反动派威风。国民党派 2000 多人的援军兵分三路进行镇压，竹林农军在杨日耀带领下，一方面利用村周围有利的地形阻击敌人，一方面动员群众向山上转移，尽量减少损失。由于敌我兵力悬殊太大，激战 4 小时，农军遭受重创，被迫转移，红色乡村被敌人烧毁。林厝寮村（竹林村）几乎成了废墟，全村被烧房屋 288 间、祠堂 2 座，村民衣服、牲口被抢光，大火烧了一天一夜。村里八成村民被迫逃往他乡。

第二区委动员各村农民起来暴动，消灭国民党反动武装。国民党派来一营军队驻守炮台镇，农军在不能克敌的情况下，分散回家。一直活动于桑浦山地区的 100 多名农军，多次攻打炮台镇，久攻不下，反而造成人员伤亡。

1928 年春，揭阳地区革命斗争处于极其艰难时期，县委几位主要领导人张秉刚、陈卓然、林运盛相继牺牲，基层干部和革命群众在敌人的"围剿"下损失很大，领导机关几乎陷于瘫痪，各级党组织遭受严重破坏，全县形势与整个潮梅地区一样，民众革命活动差不多"销声匿迹"。

在第二区，彭名芳牺牲后，工农游击队由卢笃茂带领，驻扎在桑浦山反荡石、风吹罗、劲仔山三处，在与国民党军队的几次作战中都造成不小的损失。由于该区桃山乡反动民团经常配合国民党军队"围剿"桑浦山，游击队驻足和活动都有困难，便转移至新亨猴牯溜山，驻扎下来进行休整和军事训练。为了响应上级党组织发动的潮（阳）普（宁）惠（来）总暴动，武装部队返回桑浦山，主动下山进攻敌人，攻炮台镇、打登岗圩。在队伍过尖山渡开往白龙村时，遭遇国民党军队，激战后将敌赶走。但在游击队返回反荡石后，国民党反动派立即集结几千人马，层层包围桑浦山。游击队避开敌军锋芒，藏于一个山洞，饿了一天一夜。

在敌退走后，游击队返回反荡石，营地已被敌人捣毁。游击队只得转移到猫尾湖搭寮驻扎。不久，国民党反动派再次进山"围剿"，游击队被打散，只剩下30多人，撤退至登岗黄西村书斋，当夜又被敌军偷袭，游击队员牺牲11人，被捕1人。这支队伍从此失散。

由颜汉章带领的工农游击队，原活动于梅冈北部山区的居西溜，以及第四区的大坪埔和观音山山区。第二区工农游击队失败后，颜汉章将队伍开至桑浦山郭畔埔村，建立县苏维埃政权，颜汉章任主席。揭阳县委机关报《红光报》创刊，宣传武装暴动，宣传抗征、抗税、抗粮……但不足半月，国民党军队又进山"围剿"，革命队伍再遭失败。

1928年5月间，五华县的古大存带领几十位革命同志从丰顺的八乡山来到揭阳的观音山活动，随之与五房山坚持武装斗争活动的揭阳县委巡视员卢笃茂取得联系。接着，参加广州起义的战士在广州起义失败后，撤退至东江，编成红四师，其中田诗雁带领的红十一团基干团97人进攻普宁县的果陇和阳美，卢笃茂率领工农自卫军前往参战。战斗结束后，红十一团基干团进驻林厝寮村（竹林村）、鲤鱼头村（群光村），后进驻五房山。揭阳的工农自卫军与红十一团基干团合编为自卫军游击总队。游击总队全力搞武装，开展军事训练，建立革命根据地，恢复农会组织，配合地方支前。

五房山革命根据地日益巩固发展，但是在"日日有枪声，无处不暴动"的日子里，自卫军游击总队在上级指令下，四处袭击敌人，杀土豪，打民团，攻打新亨镇，暴露了武装队伍的活动去向。

当年夏，国民党派重兵前来五房山"围剿"。在激战数小时中，自卫军游击总队毙敌100多人，游击队员也牺牲几十人。在敌我力量悬殊的情况下，部队被迫撤退至桑浦山、莲花山、过海山，敌军紧紧追赶。游击队再回桑浦山，与敌苦战七昼夜，终因不敌强敌而被击败。

对揭阳农军暴动，以及革命武装在桑浦山、五房山等山地坚持斗争活动，当时国民党的报纸《广州民国日报》曾有所披露，虽作了歪曲，但却从中反映出揭阳农军坚持革命斗争，开展暴动的一些状况。1928 年 3 月 23 日及 4 月 9 日的《广州民国日报》披露揭阳农军"纷纷窜匿桑浦山"，"不分昼夜，四出掳杀"，"新亨猴牯溜等处，仍有'余匪'千数百人"。是年 10 月，在国民党揭阳县第五次代表会议上，他们不得不承认："自贺叶逆军犯揭后，'共匪'潜伏各地活动"，"潜伏猴牯溜者忽去忽来，而官军之'剿'除没有根本的肃清"。

四、揭阳农军暴动的意义及其教训

揭阳农军暴动，在革命史上产生了深刻的意义：

第一，打击了国民党的反动气焰。从 1927 年"四一五"起，至 1928 年夏的一年时间里，揭阳农军进行三次暴动，极大地震慑了国民党的反动统治。第四区农军一度围攻县城，给揭阳国民党的反动统治造成极大的压力。

第二，在暴动中建立工农政权。揭阳农军在三次暴动中先后建立的工农政权有："揭阳县工农革命委员会"、第四区和第二区的苏维埃政权、县苏维埃政权。建立起来的工农政权，虽然存在时间都不长，但却反映了武装暴动的成果，在工农革命群众中产生了深刻的影响，鼓舞着人民为夺取政权而奋斗。

第三，促进了土地革命的开展。揭阳农军在武装暴动中建立苏维埃政权，同时开展土地革命，得到了广大贫苦农民群众的热烈响应。

第四，锻炼和造就一批领导骨干和军事人才。在几次武装暴动中，有一批党的领导干部和军事人才牺牲了，但在斗争中也涌现和锻炼一批新的领导骨干和军事人才。这些人才后来成长为革命斗争的中坚。如卢笃茂，原是教书先生，在三次暴动中带领农军与敌人英勇作战，经过了严峻的锻炼和考验，后来成长为东江地区工农红军的著名指挥员。还有颜汉章，后来担任红十一军政委，等等。

揭阳农军暴动失败也留下了值得吸取的教训：

第一，执行"左"倾路线，盲目开展暴动，必然会导致革命的失败。"左"倾盲动主义者不顾客观形势，错误估量敌我力量，盲目举行暴动，终究是要碰壁的。揭阳农军的三次暴动，特别是后两次，是在敌强我弱，干部人才缺乏，反革命白色恐怖严重，群众仍是带着害怕心理的情况下，硬要少数共产党员去组织武装暴动，因而革命斗争的失败是必然的。

第二，没有充分发动群众，革命断难取得成功。从揭阳地区三次武装暴动来看，群众发动充分与否，效果很不一样，第一次暴动，面对敌人的屠刀，有成千上万的群众投入战斗，声势浩大，给敌人造成很大的威胁，有力地震慑了敌人的反动统治。第二、三次暴动，参加的群众越来越少，革命力量薄弱，终被敌人所击溃。

第三，党组织必须加强对革命武装的领导，革命才能取得胜利。揭阳地区农运高潮时期，凡有农会的地方大都有组织农民自卫军，全县有几千人马。可是在"四一五"之后，在数百反动武装的进击下，大部分被击溃以致瓦解。这说明农军的政治素质和军事技术较差。究其原因是党组织没有对农军进行领导和改造。因而，农军队伍在政治素质和军事知识等方面不能适应斗争形势。

揭阳党组织遭受重创

一、揭阳县委主要领导被捕牺牲

1928 年春，在国民党军警的"围剿"和大肆屠杀下，中共潮梅特委受到严重破坏，特委机关及各县领导包括揭阳县委书记张秉刚在内共 28 人被捕，随后在汕头被敌人杀害。

潮梅特委遭受严重破坏之后，广东省委派巡视员沈青到汕头恢复潮梅特委，并任潮梅特委书记。沈青深入各县传达省委关于恢复潮梅特委的指示。4 月 7 日，他与潮梅特委秘书长徐克家、共青团潮梅巡视员庞子谦及交通员等一行来到揭阳，与揭阳县委宣传部长陈卓然、组织部长林运盛及地方干部杨日耀等，准备到第四区猴牯溜山召开地方干部会，传达省委指示，布置揭阳革命武装支援彭湃在惠来带领农军暴动、攻打惠来县城之事。沈青一行在到达顶坝村时被敌暗探发觉和跟踪。当晚，国民党揭阳"剿共"民团队长林德付带警察 40 多人，会同石洋、新亨等地反动民团几十人包围了沈青等人寄宿的顶坝村守菁寮。在突围战斗中，沈青、林运盛中弹牺牲，陈卓然、杨日耀等人被捕。

为营救被捕的革命同志，4 月 11 日，卢笃茂带领 300 多名农军攻打敌军驻地新亨，但敌军已将革命同志押解县城。见营救不遂，农军放火烧毁了敌军营地永顺楼和茂通街。

数天后，陈卓然、杨日耀在县城被敌人押送刑场枪杀，他们沿途高呼："中国共产党万岁""苏维埃政府万岁"等口号。

二、在困境中逐步重建县委、区委机构

揭阳县委遭受严重破坏之后，县委机构陷于瘫痪状态。东江特委多次派人帮助组建新的县委领导机构。

1928 年 4 月，特委首次派毛光同到揭阳组建县委领导班子，恢复一部分区、乡村基层党组织。新组建的县委书记因按当时规定，不能由知识分子担任，在没有合适人选情况下空缺，暂由常委兼秘书长颜汉章处理党内事务。县委下辖第一、二、三、四区及渔湖区、官北区（今梅云街道一带）6 个区委。第四区委负责人林德奎、林运天。

当年 7 月，广东省委再次派喻奇辉到揭阳改组县委，改组后，县委书记为喻奇辉，委员喻奇辉、张静民、卢笃茂、张家骥、陈达。

1928 年 6 月，党的六大召开，11 月中旬，广东省委召开了第二次扩大会议，传达中共六大精神，提出党目前总任务是争取广大的群众，积聚革命的力量，以准备在新的革命高潮到来时夺取武装暴动的胜利。是年冬，东江特委常委方汝楫来到揭阳第三区石坑寮村传达中共六大和省委二次扩大会议精神。鉴于揭阳地区遭受国民党反动派摧残得厉害的实际情况，东江特委派已调东江特委工作的揭阳县委原巡视员卢笃茂到石坑寮村向揭阳县委负责人传达东江特委的决定：为避免或减少敌人的破坏及革命事业的损失，暂停揭阳党的组织活动，革命同志分散隐蔽，一部分上八乡山苏区，一部分上大南山苏区。

1929 年春，揭阳、丰顺、五华交界的八乡山革命根据地进入大发展时期，为配合这一地区的革命斗争，东江特委派黄汉强等到揭阳恢复党的组织活动，组建县委，黄汉强任书记。

革命活动得到恢复和发展

1929 年，揭阳、丰顺、五华交界的八乡山地区的革命形势进入大发展时期，4 月丰顺县举行大暴动，将这一地区的革命武装活动推向高潮。在八乡山革命形势的影响下，揭阳地区的革命斗争活动得到了恢复和发展。

同年春，揭阳县委改组后，革命活动有所进展，特别是靠近小北山一带的边缘山村，革命活动恢复更快，3 月间东江特委第四号文件对此作了肯定："揭阳县委在改组后，党之精神之提高及工作之进行，进步实堪注意。现在城市工作已经建立，三、四区工作亦甚进展，尤其是最近三区工作，现在亦已改变局面矣。"

揭阳县委根据六大的精神，深入到西北边沿的偏僻乡村，开展扎扎实实的发动和组织群众的工作。夏秋之间，县委张静明、叶静山等革命同志到玉湖下坡村、大坑村，设立拳馆，以教拳为名，秘密开展革命活动，组织赤卫队，后来发展到 60 多人，其中 8 人还参加了共产党组织。赤卫队的任务是巡逻、放哨、传递信件、散发传单、打土豪劣绅、配合红军破坏敌人的交通设施等。接着，石牌、大良岗、顶坝、五房、坪上、尖石等乡村的农会、赤卫队和其他革命组织也很快地恢复和发展起来，并成为革命活动的据点。县委建立起从下坡村至月眉村等地的地下交通站、点，还在石牌村设立印刷厂。

县党组织还在县城一部分行业中建立了赤色工会组织，榕江中学学生也举行罢课。

10月，在新亨楼下乡尖石村飞蛾地召开几千人的群众大会，宣布成立小北山区苏维埃政府，县委委员叶静山、妇女代表张剑英，以及区苏维埃政府主席卢位美在会上讲话。到会群众斗志昂扬，不断高呼"打倒地主恶霸""拥护苏维埃政府"等口号。附近各乡村豪绅地主连夜逃进城里，驻守新亨的国民党军队也惶恐不安。

揭阳的革命斗争得到了东江特委的肯定，东江特委在11月7日的《斗争形势报告》中曾提道："数月来，揭阳党工作同志能艰苦的很积极活动，群众的组织很有相当的发展。……但还不能运用正确的群众斗争策略，发动广大群众斗争，致陷于单纯的骚动工作，故目前揭阳群众，虽已有些许活动，但不能给敌人以重大的打击。"① 该报告又指出：揭阳目前工作发展的形势值得注意，在3个月的艰苦奋斗中，工作大有起色，除揭阳县城和新亨的工作有进步外，农运发展也很快，现在活动范围已由10多个乡扩大到一百多个乡，而且我们的同志已在重要乡村开展工作。从目前的斗争形势看来，与揭阳关系最紧密的是丰顺、潮安两县，东江特委准备争取揭丰潮三县斗争工作上的联系。

---

① 《东江特委关于东江、西南、西北方面的斗争形势报告》（1927年11月7日），载于《揭丰华苏区史料汇编》（内部资料），1983年，第119—121页。

土地革命持续开展

一、揭阳革命斗争活跃

1927 年冬至 1928 年，武装暴动的发展已遍及广东省各地，土地革命和苏维埃政权的建立，已经成为广大群众的普遍要求。揭阳也如此，一方面多次开展武装暴动，一方面开展土地革命，先从减租减息到号召农民群众起来抗租、抗捐、抗税和抗债，初步取得了胜利，从而鼓舞了农民群众的革命情绪。

在第一区官北一带，农军也行动起来，林厝寮村（竹林村）组织一支 30 多人的农军队伍，一方面开展军事训练活动，一方面带领农军掘田基，准备分田。掘田基的目的，是暴动开始时对地主示威，从而进一步发动群众。农军还收缴地主豪绅的枪支，分派米谷给穷苦农民。

在第二区炮台一带，国民党军队不时"围剿"革命乡村。炮台镇是交通要道，国民党派出一营军队驻守，并派出一连军队占据登岗。一方面防农军攻打，一方面下乡镇压红色乡村开展土地革命。但农军还是先后组织了围攻炮台镇派驻登岗的国民党驻军，震慑敌人。在反"围剿"斗争中，农军采取敌进我退策略，避开敌人锋芒，在敌人退走后，立即由区农会分头召集各乡农民及农军再行暴动，实行土地革命。劣绅地主及反动民团因此都不敢向农民收租税。但因有强敌驻于炮台镇和登岗，分田活动也未能正式展开。尽管如此，土地革命仍在继续开展，一些乡村办起了平民学校，儿童免费入学，开办一些有利于群众的福利事业，专为贫苦农民群众服务。

在 10 年土地革命战争期间，揭阳地区的分田活动在大多乡村未能真正开展，其主要原因是，敌情严重，敌强我弱，反动派疯狂"围剿"革命乡村，没有一个稳定的环境可以开展分田活动。另一方面，分田口号提出后，一些乡村虽有行动，如掘田基、丈量土地、登记人口等，但由于政权仍掌握在豪绅富农手里，他们拖延、阻挠分田活动开展。有的甚至提出不烧掉田契，借口是以后可以考查田地的多寡，造成分田分地搞不下去。

二、揭阳苏区划入苏区中央局区域

揭阳县第二、三、四区革命斗争的持续高涨，极大地鼓舞周边地区军民的斗争热情。揭阳党组织根据东江特委的布置，为配合红军的进军，发动群众开展与反动派进行斗争的一系列活动。揭阳党组织的活动得到东江特委的充分肯定，也受到中央苏区的关注。

1931 年 1 月 15 日，中国共产党苏维埃区域中央局（简称"苏区中央局"）在江西宁都宣告成立。同日，发布中共苏区中央局第一号通告《苏维埃区域中央局的成立及其任务》，通告指出，中央为加强对苏区的领导和工作起见，在中央之下设立全国苏维埃区党的中央局（在政治上、组织上同南方局、长江局一样受中央政治局的指导），管理全国苏维埃区域内各级党部，指导全国苏维埃区党的工作，将来苏维埃区扩大的区域，仍归中央局管理。

中共苏区中央局成员由周恩来、项英、毛泽东、朱德、任弼时、余飞、曾山，以及湘赣边特委 1 人、青年团 1 人组成。周恩来任书记，因周恩来在上海党中央任组织部长、军委书记兼中央特别委员会负责人，苏区中央局书记暂由项英代理。

通告中，提出了建立苏维埃区域的三个条件：一是土地革命的发展，加上已有广大群众的基础，或是已有这个条件能很快发展起来的区域；二是这个地方有强大的红军组织；三是这个地域便利向一个或几个中心城市发展。根据这些条件，通告将全国苏维埃区域划分为6个，分别是：（1）赣西南特区和湘鄂赣边区为苏维埃中心区，中央临时政府建在此区；（2）湘鄂边苏维埃特区；（3）鄂豫皖边特区；（4）赣闽皖边特区；（5）闽粤赣特区；（6）广西左右江苏维埃特区。这6个苏区都归苏区中央局领导。

闽粤赣特区原有28个市县被划入中央苏区范围，加上原东江地区10个市县，合计38个市县一并划为新成立苏区中央局管辖范围。

在组织管理上，中共揭阳县委的上级党组织是东江特委，因而揭阳也是东江地区苏区之一。

中共苏区中央局的成立和中央苏区范围的扩大，大大地促进各地革命斗争的发展。消息传到揭阳特别是第二、三、四区，苏区革命群众和红军战士都欢欣鼓舞。

第七节 受"左"倾错误影响，革命活动在艰难坚持

1931 年 1 月，中共举行六届四中全会，王明提出了一系列比李立三冒险主义还要"左"的错误观点，并派员到各地推行其"左"倾冒险主义。

4 月 8 日，中共闽粤赣边特委召开会议，中心任务之一就是"肃清反革命"。称"必须肃清内部的——红军中、政府中、党部中的一切反革命分子，站在阶级立场上以最广泛的手段镇压"。这一时期，东江特委对揭阳革命工作的指导，以及东江红军开至揭阳地区活动都明显减少；而地方反动势力则加紧对革命力量的镇压。

在敌人的破坏下，下半年至翌年春，揭阳地区的党员只有 50 多人，只设特别支部。揭阳县革命活动在艰难坚持。

1931 年 5 月，东江特委以普宁县麒麟区委为基础，建立了潮（阳）普（宁）揭（阳）三县交界的小北山特区。此后，因大南山苏区开展错误的"肃反"运动，小北山特区的革命工作进展不大。至翌年 8 月，改建为潮普揭县委，下辖潮阳县的关埠、贵屿，普宁县的大坝、洪阳、南溪、麒麟，揭阳县的炮台、五寮、林厝寮村（竹林村）一带。县委书记张锄，常委黄生，军务部长卢笃茂。县委机关设在林厝寮村（竹林村）。对新开辟的潮普揭苏区，广东省委十分重视，10 月间曾指示东江特委，要加强对潮普揭的领导，帮助发展潮普揭战争，创造潮普揭苏区，恢复和发展西北

苏区，使东江取得密切领导，争取与闽粤赣苏区连成一片。

潮普揭县委的建立，正是国民党反动派疯狂"围剿"苏区，残酷镇压革命的艰难时期。广东军阀在国民党第四次"围剿"的整个计划下，暂缓对赣南的军事"围剿"，加紧了对东江苏区的进攻，决定"短期内肃清南山苏区'共匪'"。他们派出一个团的兵力"进剿"潮普揭苏区，在三个主要赤色区域派驻军队，并于1932年10月10、11日连续两天包围革命乡村林惠山，调动几百反动武装进驻鸭母坑，"围剿"潮普揭根据地。国民党军队每到一处就修公路，建炮楼，组织联团，封锁苏区，焚烧房屋、山寮、青果、山林，还将公路旁的甘蔗焚烧成灰。农家用物、家畜"三鸟"或抢或烧，妇女被奸淫，革命群众遭杀害，不少家庭被弄得妻离子散。在政治宣传上，敌人制造谣言欺骗百姓，胡说什么"共产党杀人放火""抗日必先'剿共'""'共匪'无肃清就无法抗日"等等。

潮普揭苏区群众在当地党组织的发动领导下，进行顽强的反"围剿"斗争。有的赤色乡村向地主富农筹款购买枪支，充实赤卫队武装；有的农民配合红军作战，拿炸炮轰击过路敌人。为了巩固和扩大苏区，配合苏区人民反"围剿"斗争，东江特委先后派出红军第一、三大队到潮普揭开展游击活动，打击了国民党麒麟警卫队和国民党军何其涛部。游击活动开展顺利，反"围剿"斗争使敌人遭到打击。对此，11月3日及6日广东省委两次写信给东江特委，对苏区人民高涨的斗争情绪和反"围剿"取得的成绩作了肯定。

然而，国民党反动派持续不断对苏区进行"围剿"，并采用劝降手段促使一些意志薄弱者叛变。在敌人的残酷军事进攻及政治诱降下，许多混进革命队伍的阶级异己分子纷纷叛变。1933年2月14日，东江特委给中央的报告中都提道："最近一月来叛变的（包括被捕后叛变的）甚多，特别潮普惠与潮普揭一月来叛变的将近百人（单指所谓的干部）。"东江特委原曾计划在潮普揭及其他边区县各成立一个红军团，未能实现。

在敌人军事进攻及政治诱降的情况下，苏区地盘被迫缩小，党组织受到很大破坏。到 1933 年 2 月时，由于潮普揭苏区遭到敌人的重创，革命队伍损失深重，潮普揭县委改为潮普揭工委。

1934 年，在敌军反复"围剿"下，潮普揭工委瓦解消失。

桑浦山斗争为土地革命书写鲜红历史

一、桑浦山恢复革命活动

桑浦山位于潮（安）澄（海）揭（阳）三县交界处。在大革命时期，农民运动就开展得轰轰烈烈，是革命斗争的根据地。

1932 年 4 月，东江特委为了加强潮澄澳的游击战争，派出 8 名军事干部，以及号兵、军医、理发人员，由队长何进带队到桑浦山开展活动，准备建立一支红军队伍。初时，驻扎于桑浦山绵洋狮山，扩建红军队伍，打击当地反动分子和反动武装。1932 年 6 月 9 日东江特委在《总报告》（第 2 号）中说："揭阳游击队已由 13 人扩大到 80 余人。"

与此同时，潮普揭县委根据东江特委关于开辟苏区，建立游击区的指示精神，准备派出会讲潮汕话的当地干部到桑浦山，以便有利于开展地方群众工作。1933 年 5、6 月，东江特委先后两次派出东江红军到桑浦山，驻扎于莲枝庵。第一次是许涛带领红军 100 多人，第二次是卢笃茂带领红军 200 多人，开展游击活动，打击地方反动势力，为开辟苏区创造条件。

同年 8 月，许日新受东江特委的派遣，从大南山来到桑浦山开展革命活动。许日新到桑浦山后，驻足于潮安县属的兴饶村，挨村串联，发动群众恢复农会活动，组织武装队伍，捕捉地主劣绅，筹集枪支及经费。提出的口号是：创造游击区，扩大游击区，反对剥削，抗租、抗债、抗苛捐。

两个月后，许日新将活动范围扩大到桑浦山东麓——揭阳县属的华美村、蕉山村、溪头村（今溪明村）等，以串亲戚名义，立足于胞妹许月兰家中，并通过许月兰之子周仕坝秘密串联，开展革命活动。这几个乡村在大革命时期，农运搞得轰轰烈烈，革命基础和群众基础较好。揭阳"四一五"之后，国民党反动派分别在蕉山、华美两村驻守 30 人和 20 人的反动民团，以监视和阻挠当地的革命活动，并催派苛捐杂税，鱼肉人民。

许日新到华美村之后，通过周仕坝到蕉山村串联发动陈圆圆、陈召凤兄弟俩，加上其他人共 5 人，组织一支游击队，陈圆圆任队长，周仕坝任指导员兼军事教练。游击队成立之后，首先面临的问题是要有枪支和经费。于是在 11 月的一个夜里，游击队组织了第一次行动——到潮安县属砂陇村收缴一陈姓恶霸一支驳壳枪和一些款项。一个月后，在一个严寒的夜里，十几名游击队员一齐出击，镇压了两个恶霸和两个国民党侦探，缴获 4 支短枪和其他财物，从而充实了自己的武装力量。为了扩大影响，进一步发动群众，游击队想办法为群众解决生活上的困难。

蕉山村驻扎地方反动民团 30 多人，他们为非作歹，当地群众恨之入骨，游击队决定拔去这个钉子。1934 年 5 月 20 日夜晚，游击队配合中国工农红军东江独立第三连共 100 多人，突袭捣毁了这个民团。民团队长陈阿枭被当场处决，余者释放回家。此役共缴获长枪 29 支，驳壳枪 6 支，子弹千余发和一批物资。游击队乘胜活捉该村国民党正、副乡长，为民除害。过一个月，驻扎华美村的反动民团 20 多人也一个不漏地被游击队活捉。

游击队的节节胜利，既打击了地方反动势力，也鼓舞了当地群众参加革命活动的信心。同年 12 月，蕉山村农协小组成立，由在大革命时期参加农会活动、协助过南昌起义军战勤工作的陈永高任组长。因其时村中盘踞有反动民团，农协小组活动只能秘密进行。

蕉山村在革命活动中涌现一批积极分子，1934 年 2 月，经上级党组织批准，吸收了陈圆圆、陈永高等 8 人参加共产党，成立中共蕉山村支部，陈永高任党支部书记。党组织建立后，群众组织也随之发展。是年 5 月，在"春祖祠"成立蕉山村农会，陈永高任农会主席。

二、桑浦山红军开展反"围剿"战斗

1932 年 4 月，国民党广东东江绥靖公署在汕头召开 10 县绥靖会议，组织联县联防，加强反共活动措施。会后，国民党潮普揭联防指挥部设于揭阳榕城袁厝祠，由何宝书任指挥，及后由李永材任指挥。何宝书到揭后，一是继续加紧军事"进剿"活动，从 6 月至 8 月，派出驻军骆凤翔团及潮普揭三县的警卫队，3 次"围剿"桑浦山红军。二是加强地方控制，加强反动武装力量，县级警卫队由原来 1 个中队扩大到 3 个中队，共 216 人。每个区设警卫常备队 4 名，每个乡设一个半脱产的中队，要求分区域防治，一有情况，要互为呼应。

国民党 3 次"围剿"桑浦山红军，红军均采用机动灵活，避实就虚的游击战术，使敌人一无所获。

1933 年冬，敌军加紧对大南山苏区的进攻，为牵制敌人的进攻，东江特委决定派出部分红军到外线作战。东江红军第二路总指挥卢笃茂带领 200 多名红军来到揭阳，活动于桑浦山及小北山一带，与敌周旋，并于春节夜攻下国民党桂岭圩炮楼及大良岗村，没收地主财产，就地分给贫苦农民。国民党炮台驻军上报当局，请求派大军"围剿"。1934 年 1 月 27 日，国民党独立师在所属第二团、第三团抽出 4 个连的兵力，会同潮安、揭阳警卫队近千人分四路"进剿"桑浦山。由于敌众我寡，驻守桑浦山的东江红军及地方游击队迅速转移。国民党军找不到革命武装队伍，便到各村搜捕群众，抢夺财物。3月17日，国民党独立师的骆凤翔团派出一个排会同揭阳县李映高侦缉队搜索华美村西北高地及甘露寺一带的岩洞，发现红军设在狮尾洞的看守所，即增派两个排将山洞包围。守在山洞里的红军陈大苏等6名战士据险抵抗。敌军攻不进，便用棉被、稻草浇上火油及硫磺烧洞。红军战士英勇不屈，全部壮烈牺牲。3月23日，国民党广东省第六次代表大会作出决定，要求从4月1日起，两个月内彻底肃清"共匪""红军游击队"。4月1日，揭阳县"剿匪"特务队长李映高率队"围剿"桑浦山。东江红军第三大队据险抵抗，与数倍于己的敌军激战一小时，然后主动撤退。

在国民党反动派进行军事"围剿"和实施全面清乡的艰难日子里，桑浦山地区革命群众配合革命武装进行反"围剿"斗争。蕉山村群众发现敌情时，就以"刮鼎"或"圈猪"号报警，村中参加革命活动的男同志及部分家属立刻转移上山；附近山上的红军、游击队听到报警，立即做好战斗准备。

留在村里的妇女，一部分人继续协助红军、游击队递送情报及放哨监视敌人活动，积极配合红军、游击队打击敌人。

国民党反动派多次出动军队"围剿"，但每次收获甚微，却归咎于桑浦山"崎岖绵亘，'剿捕'甚难"。他们找不到革命武装队伍，便迁怒于当地群众。7月4日，国民党军张瑞贵部出动数百军队，又一次"围剿"蕉山村，所到之处进行烧、杀、抢，手段残忍，激起村民愤怒反抗。国民党将反抗的陈素木等6名村民当场杀死，将陈何三等10人抓走。反动派的淫威并没将蕉山村人民吓倒，相反，蕉山村人民在地下党组织的领导下，斗志更加坚决，继续进行革命活动。同年11月，国民党潮澄揭'剿共'绥靖主任陈立永亲率大队人马，再一次"围剿"蕉山村，妄图一网打尽共产党人和革命者。敌人进村后抓人的计划扑空，便将村民周秀玉等9人抓起来，逼问参加革命活动的亲属往哪里去了，并以死相威胁。周秀玉等9名村民面对敌人屠刀不屈服、一字不吐。敌人见拷问不出，便将她们投入监狱。

蕉山村在国民党反动军队的多次"围剿"中，被烧毁房屋10间，被抢去稻谷200担及其他物资一批，被勒索花红款2000银元，100多亩田园丢荒，不少家庭家破人亡。

三、潮澄揭县委战斗历程

1934年冬，为了加强对桑浦山地区革命斗争的领导，东江特委派陈醒光、张天等到桑浦山地区开展革命工作，此后群众运动从经济斗争逐渐转向政治斗争。

1935年1月，潮澄饶县委在浮凤根据地打埔畲举行县委扩大会议。东江特委书记李崇三参加会议，传达东江特委的决定，为了更有利于党的领导和开展革命斗争，加强平原战争的领导，配合大南山苏区的反"围剿"斗争，特委决定把潮澄饶县委划分为潮澄饶、潮（安）澄（海）揭（阳）两个县委。陈圆圆任潮澄揭县委书记。原潮澄饶县委书记陈倍胜暂时到潮澄揭县委协助工作。潮澄揭县委下辖庵埠区、上莆区和铁路总支。县委机关设在黄厝巷。桑浦山的革命斗争在潮澄揭县委领导下继续开展下去。

国民党当局为了扑灭桑浦山的革命火把，频频派出军队进行"围剿"。1935年2月16日上午，潮澄揭"剿共"大队长李汉高率部1000多人"进剿"溪头村。红三连和桑浦山游击队共200多人英勇抗击。经过几个小时的战斗，在敌众我寡的情况下，革命武装队伍向溪头村后北面的铁砧山突围。

1935年4月，国民党第九师邓龙光部在包围大南山革命根据地的同时，以其第二十五团李绍嘉部布防于潮安县和澄海县，以第二十六团驻庵埠的一个营，与驻龙溪、上莆、东莆、隆津等地的警卫队和侦缉队，对平原地区进行全面"清剿"，即除进行军事"围剿"外，还实行所谓政治"剿匪"。他们组织宣传队进行反革命宣传，采用"调查户口""限期自新""五家联保""办理联防"等，加紧对群众进行政治迫害和思想诱骗。同时在经济上对桑浦山实行严密封锁，把各区、乡划分为若干段，每段日夜派出守望哨，检查过往行人。在国民党反动派的"清剿"中，革命者的处境十分艰难，县、区两级领导干部和党员，有的在战斗中牺牲，有的被叛徒出卖。

4月21日，潮澄揭县委在上莆区大寨廖厝村召开会议，由于该村反动地主的报信，当晚，国民党军队包围了廖厝村。在该村留宿的县委书记陈圆圆突围时中弹牺牲，妇委蔡巧香、黄玩娟受伤被捕，后在潮州城遭杀害。4月28日，国民党军队包围上莆黄厝村，潮澄揭县委交通站站长杨佳清和游击队长许木潮在战斗中牺牲。潮澄揭县委下辖的上莆区委、庵埠区委也先后遭到破坏，潮澄揭县委遭破坏后，东江特委再派员组建潮澄揭县委新的领导机构，县委书记陈锦豚。

1935年6至7月间，国民党邓龙光师攻陷大南山革命根据地之后，加紧对平原游击区进行"清乡"。潮澄揭县委在上莆区不能立足，转入汕头市进行隐蔽斗争。县委活动地点设在汕头市华坞路。同年11月，由于叛徒的出卖，国民党驻汕第十三宪兵队包围潮澄揭县委机关，县委书记陈锦豚被捕，县委委员张名青于汕头市郊岐山乡被捕，两人在潮州城遭杀害。潮澄揭县委的革命活动遂告停止。

第五章

全民族抗日战争时期

第一节 党组织成立"揭青抗"，领导抗日群众运动

1937年7月7日，卢沟桥事变，抗日战争全面爆发，日军大举进攻中国，中华民族处在危亡之秋，民族矛盾已上升为主要矛盾。中国共产党以民族大局为重，向全国发出抗战宣言，号召全国同胞团结起来，"驱逐日本侵略者出中国！"并指出："只有全民族团结起来，才是我们的出路。"中国共产党这些符合民族利益的积极主张，促成了国民党建立抗日民族统一战线，掀起了全面的抗战高潮。

1937年9月上旬，日本侵略军的飞机突袭汕头、潮安。9月16日，又轰炸榕城，炸毁房屋几十间，炸死炸伤居民100多人。日军的罪恶行为激起揭阳民众的无比义愤。这时，在中共韩江工委的领导下，汕头已经成立了"汕头青年救亡同志会"（下称"汕青救"）。揭阳籍的进步女青年郑玲（郑英慧），从日本留学回来之后参加了汕青救。不久，组织派她回到家乡榕城开展抗日救亡运动。在此前后，上海暨南大学、广州中山大学等揭阳籍的学生吴国璋、陈德智（陈伟）、杨世瑞、王质如、吴龙光（吴刚）、吴济光、陈诗辉、吴德昭、杨顺文（杨小泽）、丘金爱等人陆续回到揭阳。1934年4月在上海加入中国共产党的林美南，在此之前已于1936年底回到揭阳，在国民党揭阳县政府任建设科技佐。他与郑玲等进步青年聚集在一起，联系当地学校进步师生黄鸿图、余为龙、王绍基等人及从外地回来的青年知识分子，开始酝酿建

立揭阳青年救亡组织，林美南还动员在国民党县政府部门任职的肖宁、黄绍信等人，参加抗日救亡活动。

1937年9月19日，郑玲、林美南、姚木天3人经过商议，由郑玲写了介绍信让姚木天到汕头去找汕青救负责人王亚夫、陈勉之。他们热情地接待姚木天，介绍了汕青救的成立经过，并支持揭阳迅速成立抗日组织。随后，在国民党一五六师随军工作队工作的汕青救人员曾应之、林西图、陈臣辅到揭阳宣传抗日，帮助揭阳筹备成立救亡组织。紧接着，林美南、郑玲、郑英略、黄绍信、肖宁等人在榕城八社郑厝围围美宫郑玲家适庐开会，研究成立揭阳青年抗日救亡组织有关事宜。为取得揭阳青年抗日救亡组织在揭阳的公开合法地位，决定由林美南、肖宁去与揭阳的国民党揭阳县党部特派员张世本联系，要求成立揭阳青年抗日救亡组织。事后，紧锣密鼓地进行筹备工作，黄鸿图、郑玲负责对外联系；邢凤杰、杨昭辉负责宣传资料的编印；姚木天负责向民众读报；陈诗辉负责募集钱物，联系地点设在陈诗辉家。筹备就绪后，郑玲、黄鸿图、王绍基等人起草了申请书，正式送交国民党揭阳县党部，提出成立揭阳青年抗日救亡组织的理由：1. 敌人已打进大门，我们不能坐以待毙。2. 亡国惨祸迫在眉睫，谁不愿做亡国奴，谁就有救国的责任。3. 要救民族存亡于水火中，只有唤起民众，组织民众，才有力量。4. 我们青年是一切革命运动的急先锋，救国事业是每个青年责无旁贷的任务，是神圣职责。在革命青年的强烈要求下，国民党揭阳县党部终于批准成立揭阳县青年救亡同志会。

1937年9月28日下午，在榕城韩祠国民党揭阳县党部礼堂举行揭阳县青年救亡同志会（下称"揭青救"）成立大会。林美南、郑玲、姚木天等40多人参加会议，国民党揭阳县党部的代表也到会。林美南主持会议，郑玲致开幕词，丘金爱报告揭青救成立的经过，黄鸿图、黄绍信代表会员讲话，叶原、林汉杰代表国民党揭阳县党部讲话。大会选出郑玲、姚木天、陈德智、邢凤杰、黄鸿图、王绍基、肖宁 7 人为第一届干事会执行委员，黄绍信、陈诗辉、丘金爱 3 人为候补执委。设常务执委 3 人：郑玲、王绍基、黄鸿图。干事总务部主任黄鸿图（后为肖宁）；组织部主任姚木天；妇女部主任郑玲；军事部主任陈德智；宣传部主任王绍基（后为吴龙光），宣传部下设读报队、歌咏队、演唱队等。大会颁发会员证章（先是长方形，后改换为圆形蓝底白字钢质证章）。揭青救还出版《火花》《前线》等小报。

揭青救成立后，积极响应中国共产党关于"全中国人民动员起来，武装起来，参加抗战，有力出力，有钱出钱，有知识出知识"的号召，运用灵活多样的形式，把抗日救亡的道理灌输到广大民众心中，把抗日火种撒向全县城乡。

抗日初期的揭青救，以榕城为中心，组织起一支人数较多的宣传队伍，运用唱歌、读报、演讲、演话剧、讲故事等多种形式进行宣传。每逢星期一、三、六晚上，便在榕城考院前向民众作抗日专题演讲，每天下午到群众聚集的城隍庙读报、宣传时事。为了加强宣传效果，有时歌咏队配合读报队高唱《大刀进行曲》《松花江上》《义勇军进行曲》《送郎上前线》等激动人心的救亡歌曲。剧宣组的同志先后演出了《盲哑恨》《放下你的鞭子》《最后一计》等 20 多出抗日内容的戏剧，用以声讨日寇的侵略暴行，揭露汉奸的卖国行为，讴歌中国军民英勇抗战的爱国事迹，收到了很好的宣传效果。剧宣组的同志还开展写文章、画漫画、出墙报等文字宣传活动，并组织报刊发行队伍，把救亡报刊散发到全县城乡各地。

揭青救的抗日行动，大大地触痛了国民党顽固派，他们千方百计企图解散揭青救，或将其纳入他们所控制的"后援会"。国民党揭阳县党部特派员张世本居然提出不准用"救亡"的名称，他说："国家未亡，何谓救亡？"揭青救负责人林美南针锋相对反驳说："国土部分被日本侵占，国家已部分沦亡，成立救亡组织，名正言顺。"驳得对方无言以对。党组织根据形势的发展和斗争策略的需要，在 1938 年 1 月 29 日，将"揭阳青年救亡同志会"改为"揭阳青年抗敌同志会"（下称"揭青抗"）。揭青抗选出第二届干事会执行委员 7 人，即林美南、郑玲、陈德智、姚木天、王质如、林汉杰、袁举芳（林汉杰、袁举芳为国民党人员），常委执行委员林美南、王质如、林汉杰。

揭青抗成立后，在榕城和棉湖成立救亡出版社，出版小报《火花》，用 12 开纸油印，约出七八期，后转为铅印小报《前线》，辟有副刊《烽火》。还出版印刷各种小册子和快讯、传单。

揭青抗还根据党组织的决定，于 1939 年 6 月后组织随军工作队，先后派出的随军工作队有四个：1. 在国民党保安第二团二营的随军工作队，队长杨世瑞，队员 37 人，分通讯、宣传、谍报 3 个组；2. 在国民党第九集团军总司令部的政治工作队，队长林清波，队员 32 人；3. 在国民党预六师的政治工作队，队长梁梁，队员 32 人；4. 在国民党独九旅的随军工作队，队长林挺。

随着抗日形势的发展，揭阳党组织派遣揭青抗的会员于 1937 年底至 1938 年初深入到梅冈、白塔、炮台、锡场、新亨等乡村学校任教。他们以学校为阵地，发动师生投身抗日运动，向农民宣传抗日救亡道理，发动群众建立抗日救亡组织，使许多地方的抗日运动搞得轰轰烈烈，抗日救亡的群众组织纷纷建立。全县各区普遍建立青抗分会，会员最多时有 4000 多人，创办剧社 30 多个，宣传队、募捐队 100 多个，开办夜校、识字班 50 多所。

揭青抗这个抗日救亡群众团体，一直坚持在共产党的领导下，执行党的抗日民族统一战线政策，积极宣传、教育民众，为揭阳地区的抗日救亡运动的兴起作出了很大的贡献。

在揭青抗影响下，揭阳地区各阶层民众的抗日情绪空前高涨，全县相继出现了妇女、学生等抗日群众团体。1938年2月，揭阳党组织为更广泛地发动、组织广大妇女参加抗日救亡运动，指派郑玲、林惠贞等人组织"揭阳妇女抗敌同志会"（下称"妇抗会"），会址设在国民党揭阳县党部妇女会里面。

在此期间，郑玲发展了林惠霞、庄咏洲、池惠娟等一批会员，并动员师范学校一批女生参加妇抗会工作。妇抗会会员们白天读报、出版墙报，晚上进行歌咏、戏剧演出，还举办夜校和识字班，组织妇女学文化。

1937年底，国民党揭阳县党部成立由国民党顽固派把持的揭阳抗日后方援助会，企图对抗揭青抗进而统制揭青抗，并要求县属各学校要为其建立宣传分团。

但党组织识破国民党顽固派的阴谋，指示揭青抗控制各个学校。揭青抗会员蔡耿达、倪捷阳、李腾驹、郭惠和（川楣）等中学生经过串联，控制了一中的宣传分团，促使学校的抗日救亡活动健康发展。1938年4月22日，揭阳几所中学的学生联合成立了"揭阳学生抗敌联合会"，蔡耿达、李腾驹、吴明光、郭惠和等中学生被选为干事，在学抗会的组织领导下，揭阳学生的抗日救亡爱国活动步调一致，团结相助，成为揭阳抗日救亡爱国运动的中坚力量。

揭阳党组织的重建与发展

一、揭阳县委重新建立

1937 年 10 月，揭青救领导人之一郑玲，以及陈诗辉由韩江工委潮汕分委组织部长苏惠和方东平介绍入党。12 月，通过郑玲的联系和介绍，潮汕分委审查并恢复了林美南的党籍。此后林美南和郑玲又发展了进步青年陈德智、姚木天、王质如、吴龙光、林惠贞、林惠霞、郑明入党。同月，榕城党支部成立，书记郑玲，不久由林美南接任。榕城支部属潮汕分委领导，支部活动地点在郑玲家（榕城八社围美宫）。不久，妇女党支部也相继成立，由郑玲任支部书记，成员有陈诗辉、林惠贞等。

1938 年 3 月，以榕城党支部为基础，在榕城成立中共揭阳第一区委员会（下称一区委），区委书记林美南，组织委员郑玲，宣传委员陈德智，执行委员姚木天、吴龙光。一区委属潮汕中心县委领导，下辖榕城支部、榕城妇女支部和朱竹坑支部。区委机关先设于郑玲家，后设在东桥巷启蒙小学。同月，成立中共揭阳第三区委员会，下辖五经富、灰寨、棉湖 3 个总支委员会。

1938 年 4 月，成立中共揭阳县工作委员会，书记林美南，组织部长曾广，宣传部长曾畅机，武装部长黄梅杰。县工委属潮汕中心县委领导，下辖一区委、三区委和五区委。县工委机关设于郑玲家，后在东桥巷启蒙小学。此时，中共中央已作出了《关于大量发展党员的决定》。不久，中共中央长江局向下属党组织发出了猛烈地、十倍百倍地发展党的指示。6月中旬，闽西南潮梅特委执委扩大会议发出"十倍百倍发展党，方向应是工人和知识分子"的指示，同时指出："今天虽着重指向工人、知识分子大量发展，可是这并不是我们放弃农民，恰恰相反，发展工人、知识分子是为了加强农民的领导与开展工作。"根据上级指示，潮汕中心县委在澄海南洋（莲洋）召开干部扩大会议，会议的中心内容是放手发动群众，壮大革命力量，反对关门主义，大力发展党组织，注意建立据点，准备武装斗争。揭阳县工委负责人林美南、曾广、曾畅机参加了会议。会后，揭阳党组织积极贯彻这次会议精神，大量吸收党员发展壮大党的组织。至1938年12月，揭阳地区已成立了三、四、五区委，具备了建立县委的条件，根据上级的指示，县工委转为中共揭阳县委员会，属潮汕中心县委领导，辖揭阳全境和丰顺汤坑的党组织。县委书记林美南、组织部长曾畅机、宣传部长曾冰、青年部长余为龙、妇女部长郑玲。县委机关先后设于郑玲家、启蒙小学、中山路刘百泉家和韩祠街头吴凯痔疮诊所。

二、在广大青年和妇女中开展抗日救亡宣传活动

1939年2月，潮汕中心县委在澄海北李有德小学召开扩大会议，传达中共中央六届六中全会及闽西南潮梅特委第五次执委扩大会议精神，强调要使全党同志明确并认真负起全党领导抗日战争的重大历史责任，确定了不断巩固和扩大抗日民族统一战线的方针，指出统战工作中有团结又有斗争，批评了只讲联合不讲斗争的迁就主义的错误。会议检查总结了1938年大量发展党员的情况，布置第二次发展党员的工作。另外还指出注意建立据点，准备武装斗争等问题。揭阳县委根据会议精神，着手再大力发展党

组织，领导并推动抗日群众运动的迅猛发展。至 1939 年底，全县党员人数达 1000 多人，分布在揭青抗、妇女干部训练班等单位和农村、学校中。党组织特别加强对揭青抗会员的政治、思想教育工作和党的民族统一战线教育工作，并在其优秀分子中吸收党员，从 1937 年 12 月至 1939 年 9 月，在揭青抗会员中吸收加入党组织的就有 100 多人。

1938 年 8 月在县城举办揭阳县社训总队妇女干部训练班（简称"妇干班"）。妇干班属广东省第八区民众抗日自卫团统率委员会妇女干部训练班所辖。揭阳党组织为了培养一批抗日妇女骨干，决定利用妇干班这个合法机构派出郑玲、陈曙光、余天选和陈德智 4 位共产党员参加妇干班培训工作，并组成党支部，发展党的组织。第一期妇干班，招收 33 名学员，她们大多数是积极向上，决心献身抗日救亡事业的女青年。党支部一方面做好总队部的统战工作，一方面开展教育培养进步女青年工作。开班一个月后，就吸收了孙琼林、姚坚等人参加共产党，并在妇干班中成立了学员党支部，从而使进步力量得到扩大，促进了学员的勤学苦练、各方面素质的普遍提高。同年 10 月，广州沦陷后，国民党县政府借口经费紧，准备解散妇干班。妇干班党员与学员团结一致，以抗日救亡为由据理力争，终使妇干班续办下去。经过 3 个月的培训，第一期妇干班学员毕业。党组织为了更广泛动员妇女大众参加抗日，把妇干班的党员编成若干个党小组分赴揭阳第四区的 15 个乡村，开展抗日救亡宣传工作和训练女壮丁。这批女党员分别担任了各乡村女壮丁队长。她们到职后，就深入到妇女中，把抗日救亡的道理宣传到各个僻静的角落，使妇女们深刻地认识到自己的命运和国家的命运是密切相关的，投身抗日救国运动。第二期妇干班于 1939 年 3 月开始，学员 66 人，训练时间 3 个月，训练地址在进贤门外救济院。连同上一期共发展党员 20 多人。这些学员结业后第一期学员分配到第一、四区，第二期学员分配到第三、五区，共训练女壮丁3000多人。

从1938年春到1940年冬，全县共成立了榕城、妇干班、云路小宗祠、五房坪上、黄岐山前、南侨二校等9个妇女党支部，党员130人。

三、在城建立众多交通站，并开辟大北山交通线

随着党组织活动的恢复和发展，许多同志为党组织提供了秘密活动点，许多进步群众的住家成为党组织的地下交通站。第一、二区的地下交通站和秘密活动点有：吴凯痔疮诊所、启蒙小学、刘百泉家、榕城西门儒房前32号刘百松家、郑玲家、榕城八社郑厝围"三学精舍"郑英略家、中山路203号松泰米店、国民党榕城干训所斜对面刘家祠、榕城新庵头斋堂、榕城方厝巷王国清家、东山山东围黄婵莲家、渔湖孙波家。

吴凯痔疮诊所是揭阳县党组织早期的一个活动点，吴凯利用医生的职业掩护党组织秘密开展活动。曾广、曾冰、曾畅机、林美南常住该处，也曾在这里油印资料和举行纪念建党18周年活动等。刘百泉、刘百松家是揭阳县党组织的又一个活动点，曾冰、林美南等曾住于该处。郑玲、郑英略家是抗日战争初期榕城党支部、妇女党支部、一区委、县工委的主要活动点，也是潮汕各县联系工作、沟通情况的场所。马士纯、王武、曾应之等曾在该处养过病。郑玲、郑英略家还为地下党提供了部分活动经费。这个活动点一直坚持到1944年郑英略被捕方停止活动。

抗日战争期间，有一条从梅北到榕城经卅岭直通大北山的地下交通线，沿途主要交通站有：潭前王蓝康小学、桂林乡刘夷白家、水流埔黄一清家、高明王裕金家、半坑村高璞家、竹尾沟邱林春家等。主要任务是：传递情报、运送资料和护送过往的同志。

开展抗日民族统一战线工作

一、争取团结驻守揭阳的国民党官兵

1939 年 6 月，日军侵占汕头市、澄海县及潮安县之后，揭阳县处于日军威胁之中。县委一方面组织抗日武装队伍，准备抵抗来犯的日军；另一方面积极争取、团结当地国民党驻军共同抗日。是年端阳节后，国民党广东省保安二团从韶关调来揭阳驻防，该团团长黄光炎和二营营长蓝举初是主张抗日的爱国军官，他们得知揭阳有揭青抗组织，便派人联系，要求揭青抗组织随军工作队，协助部队解决因士兵不会讲地方话等困难。是时揭阳党组织正准备派人打进国民党军队中做工作，现在接到要求派人，便立即答应下来，并于 7 月派出以云路人杨世瑞为队长的随军工作队到该团。党组织指示随军工作队的任务是：1. 开展前线地区的群众工作，发展党组织；2. 宣传党的抗日民族统一战线政策，做好士兵工作，争取长官抗日。随军工作队每到一地，就通过唱歌、画漫画、演戏剧，举办晚会等活动与部队官兵促膝谈心，晓以抗日救国的道理。该团团长黄光炎和二营营长蓝举初也经常来到随军工作队驻地交谈形势，还借阅毛泽东的《论持久战》等书籍，当随军队员有意提及此书在国民党中有人视为"禁书"时，蓝举初愤愤不平地说："禁书就是好书，好书就会被禁。"在党的民族统一战线政策感召下，保安二团官兵的抗日意识增强了，对随军工作队提出的意见也非常支持。1939年8月，蓝举初驻守炮台，有一天，杨世瑞代表工作队向蓝提出：潮汕沦陷后，由于前线驻军的刁难、封锁，税务人员的层层敲诈勒索，使潮汕抽纱品出口受到严重打击，影响了民众的生活。要求在二营的防区内，给予保护和放行，让百姓得以换取生活必需品。蓝举初将这个意见转报团部，很快得到了批准。随军工作队除做部队官兵的统战工作外，还协助地方党组织做群众工作，组织群众为抗日的军队服务，协助各乡村建立军民合作站，负责供应柴、米、油、盐等生活必需品；还通过乡公所保、甲长动员群众慰劳军队，搞好军民关系。

二、争取国民党地方当权人物

当时担任广东省第九区民众抗日自卫团统率委员会副主任委员林先立，经地下党员徐扬等人的争取团结，于1938年8月间同党所领导的岭东青抗会联合举办第九区民众抗日自卫团分队长教导队训练班，一批青抗会员到该班任教官或参加训练，培养了一批抗日武装骨干。林先立在与党的合作过程中，对共产党的抗日救亡主张逐步加深认识，他曾说过："要抗日必须与共产党紧密配合，因为共产党是坚决抗日的。"1939年冬，林先立举办了有各乡、镇保长女政工参加的抗日训练班。林先立是主张坚决抗日的。1940年冬天，当日军前哨部队进犯炮台镇时，刚到揭阳任县长才两天的林先立即亲率县自卫中队和政警中队共200多人兼程前往抗击。林先立的妻子林先德受其影响，也参加抗日活动，并在女党员郑玲的帮助下，组织了"揭阳县新生活促进会妇女工作委员会"（下称"新妇委会"），并担任新妇委会的主任委员。该会的工作人员大部分受过共产党的教育，是积极投入抗日救亡运动的活跃分子，后来大都成为妇女抗日群众运动的核心骨干。

三、坚持党的独立自主原则

揭阳党组织在抗战中力求争取和团结一切可以团结力量，结成广泛的民族统一战线，始终坚持党组织在抗日民族统一战线中的领导地位，并坚持独立自主的原则。对于国民党中的顽固派破坏民族团结、压制抗日群众运动、迫害爱国人士的反动行径则坚持有理、有利、有节的斗争，保证抗日救亡运动的健康发展。揭青抗在抗日救亡运动中产生巨大影响时，揭阳国民党顽固派企图以"后援会"取代它，揭阳党组织就从维护国共合作一致抗日的大局出发，申明共产党的抗日主张，揭穿和痛斥国民党顽固派的阴谋，在组织上则坚持独立自主不受其控制。当国民党顽固派继续捣乱破坏时，揭青抗便呈文驻潮汕的国民党一五五师师长李汉魂（支持抗日将领），揭露顽固派压制揭青抗，破坏抗日救亡运动的行径。后经李汉魂将军下了命令，国民党揭阳县党部才不得不表示愿意与揭青抗合作。

随军工作队是揭阳党组织通过揭青抗组织起来的，在随军工作中建立起来的党组织，领导队员积极开展抗日民族统一工作，为抗日的国民党军队提供各种服务。但国民党军队中的顽固分子却多方制造事端，企图控制随军工作队。1937 年 7 月，杨世瑞带领的随军工作队到国民党保安第二团后，该团政训室指导员张学雷企图用国民党军队政训工作法和计划来约束随军工作队。随军工作队竭力与其抗争，提出如果按政训室的计划工作，只会使工作队束手束脚，不利于战地发动群众参加抗日救亡工作。最后保安第二团团长黄光炎赞成随军工作队的意见，明确划分部队与随军工作队的工作范围，即连队官兵的政训工作，由政训室及各连指导员负责；随军工作队主要从事战地群众发动工作，为部队提供服务，搞好抗日军民关系。随军工作队通过有理、有利、有节的斗争，使政训室企图控制随军工作队的阴谋落空。

第四节

抗日武装斗争的准备

一、推动抗日武装自卫运动

1937 年 9 月，揭青抗设立军事部，由陈德智任主任，开始组织会员进行军事训练。1938 年 5 月，揭阳县工委通过揭青抗发起建立了以青抗会员为主体的人民抗敌先锋队，并在一些村庄建立起青抗工作队。这些武装队伍的组建有力地推动了全县抗日武装自卫运动的开展。

1938 年七八月，揭阳县工委针对有些同志对抗日统一战线和武装斗争的重要性、可能性认识不足，以及国民党顽固派的造谣破坏等情况，在揭青抗会址（韩祠隔壁）举办党员骨干训练班，县工委书记林美南作国内外形势报告及讲辩证唯物论；曾畅机讲了党的抗日民族统一战线。通过 20 多天的学习，学员对统一战线中党的领导地位和作用，以及组织武装斗争，建立抗日据点问题，思想更统一、更明确了。训练班结束后，根据上级指示，县工委组织大批党员、青抗会骨干和进步师生奔赴各地开展工作。8 月，选派青抗会骨干杨兆民等党员参加国民党举办的"广东省第九区民众抗日自卫团分队长教导队"的训练，为抗日武装队伍培养骨干。

1938 年春，县青抗会员郑筠、谢芳馥、方思远等到潭王村的蓝康中心小学任校长或教师，他们到学校后，一方面认真办好学校，提高教学质量；一方面向学生及校外乡民群众进行抗日救亡的宣传。他们以教书为掩护，在校内外发展党组织，为揭阳县的革命斗争培养了一批革命骨干。在抗日战争中，蓝康中心小学的学生以及潭王村的许多青年，热烈响应党的召唤，先后入伍参加武装斗争或其他工作的有近百人。潭王村也成为遐迩闻名的抗日据点。

1938年10月，潮汕中心县委派王琴到揭阳传达指示，地下党要进行部署，发动群众，准备开展武装斗争。林美南根据潮汕中心县委的指示和当时抗日形势，提出必须大力搜集枪支武器，否则开展抗日武装斗争就会成为一句空话。此后，各地搜集到一些枪支弹药，为建立抗日武装队伍创造了条件。

12月31日上午，11架日机分二批轰炸揭阳县城，投下炸弹数十枚，居民死伤80多人，房屋被炸毁100多间，在战争威胁面前，林美南于1939年1月26日在《揭阳民国日报》上发表题为《关于揭阳救亡工作的几句话》的文章，肯定了揭阳救亡工作的成绩，指出存在的缺点及克服办法。同月，中共揭阳县委在榕城启蒙小学召开会议，由林美南传达上级党委的指示，为应付日军入侵潮汕，对国民党的投降妥协政策作针锋相对的斗争。28日，揭青抗利用隆重举行成立一周年纪念大会之机，向全县青年发出呼吁：立即组织起来，迎击来敌的进攻，为粉碎万恶的日本法西斯的侵略阴谋而斗争。

抗日武装队伍的组织准备和农村抗日据点的开辟，极大地推动全县抗日群众运动的高涨。至1939年，在全县共建立青抗分会10多个，基层剧社30多个，短期脱产的宣传队、募捐队100多个，夜校、识字班10多所。仅1937年下半年至1939年，全县筹募抗战基金数以万计，收集废铜废铁10万多斤。全县许多地方荡漾着抗日救亡的歌声，形成了民族精神振奋、抗日情绪高涨的局面。

二、蕉山游击队在桑浦山前线阻击日军

1938 年，日军攻占潮安，并在郭陇横山鸬其尖上建立据点，架设炮楼。潮汕中心县委领导下的蕉山游击队在溪头村（今溪明村）筐下山山顶建起炮楼据点，阻击日本军队，多次打退日军的进犯。溪头村村址位于两军据点中间，地理位置特殊，日军视为眼中钉，利用其在郭陇横山鸬其尖上的炮楼不断向溪头村开炮，轰炸溪头村，并屡次集结部队，想方设法妄图铲掉溪头村。在共产党的领导下，溪头村军民互相配合，屡次挫败日军阴谋。

1939 年夏末，两名日军到溪头村抢掠，为非作歹。吴荣声等几名溪头村游击队乔装成捕田螺人，身背鱼篓，将手枪藏于鱼篓中，埋伏在日军返回岗哨的路上。当两名日军走到埋伏点时，游击队员暗号声起"掠螺啊"，队员们纷纷奋起与日军搏斗。日军突然遭受袭击，惊慌未定之下，抓起手榴弹扔向游击队，但被英勇的游击队员捡起复扔向日军。日军慌不择路，此时手榴弹并没有爆炸，原来是一枚哑弹。这时，游击队已经冲到日军面前，因担心开枪会引来驻守在溪头村石臼头岗哨中的敌人，游击队员遂与日军进行激烈肉搏，用手枪砸，用拳头打，用脚踢，最终将这两名日军打死。游击队员来不及休息，准备将日军尸体抬走时，驻守在岗哨中的日军通过望远镜发现这一情况，于是使用枪械对游击队员射击，游击队员边还击边安全撤回溪头村。

1939 年秋，蕉山游击队收到潮安抗日游击队员卢根（曾用名卢辉煌）情报，日军驻潮州独立混成第十九旅团一部与日、伪军一部正在集结部队，征用潮安大小民船数十只，准备从潮安进军，报复溪头村。蕉山游击队开会决定，在庵下设立伏击圈阻击来敌。是夜，日、伪军渡过潮安溪河，一部分敌人经石臼头往坑槽沟方向向溪头村进军，一部分敌人向溪头村山上铁砧石游击队包围据

点，企图两面包抄，彻底消灭驻溪头村抗日游击队。游击队在得知敌人兵分两路后，迅速调整伏击圈，在敌人进入伏击圈时，号令一下，山上山下枪声响成一片，日军一时人仰马翻，惊慌失措之下，一时难于组织有效的抵抗。游击队经过激烈战斗，大败日军，击毙击伤日、伪军数十人，日军狼狈退回潮安。日军被打败的消息不胫而走，极大地鼓舞揭阳地区的抗日力量。

日军失败后，在郭陇横山鸠其尖上的日军火炮便不断轰炸溪头村，炸毁房屋、炸伤村民不计其数，吴氏宗祠也在轰炸中被炸塌、烧毁。溪头村民众终日深受日军炮火袭扰，苦不堪言，于是军民更加团结起来，坚定抗日的决心，誓不投降。

1940年6月，驻守在溪头村山顶瞭望岗的游击队员吴克标、吴木西、吴绍炎，吴合来等发现日军从潮安经华美进入溪头村东门后迅速敲锣，并放鞭炮示警山下各村村民隐藏起来。但日军来势汹汹，游击队员吴阿兴在疏散村民时遭遇日军，为掩护村民，被日军用枪打中胸口，不幸牺牲。其怀孕的妻子为保护隐藏在大厝内客厅中的村民，在引开敌人时，被敌人捉住，日军用刺刀挑破其肚皮，吴妻一尸两命，惨死在日军刀下。日军在溪头村烧杀抢掠，所至之处，焚毁房屋，奸污妇女。最后，日军将来不及撤离的数十名村民集中在大客厅后厅中，胁迫村民说出参与游击队的人员，但村民同仇敌忾，誓死不开口。恼怒的敌人于是用机枪对村民进行扫射，整个后厅被血染红，血浸脚踝。日本对溪头村的累累罪行，罄竹难书。

日军屠村过后，溪头村的抗日游击队擦干眼泪，继续配合前线开展对敌作战，并参与宣传、组织运输，确保军民之间购粮借物工作正常，并为中国军队提供情报，组织游击小分队坚持斗争。

中共潮揭丰边县委的建立

1938年6月，日军攻陷南澳岛。1939年6月21日（农历五月初五端午节），日军攻陷汕头市。6月27日潮安沦陷，29日澄海沦陷。

为适应抗战形势，闽西南潮梅特委决定在潮汕非沦陷区成立潮（阳）普（宁）惠（来）揭（阳）中心县委员会，直接领导普宁、潮阳、惠来全境和揭阳、丰顺部分地区的党组织，机关设在普宁流沙合利书店。合利书店是党组织的一个地下交通站，在书店工作并兼任附近赵厝寮村支部宣委的刘夷白是揭阳县桂林乡人，他于1938年下半年加入揭青抗，并在青抗会入党，在揭阳师范学校毕业后由党组织派到书店工作。潮普惠揭中心县委由陈初明任书记，林美南任副书记兼宣传部长，罗天任组织部长。

1939年6月22日，岭青通讯处领导人杜伯深也撤退至揭阳，同先到揭阳的徐扬，在榕城郑敦家重设岭青通讯处，继续指导潮汕各地青抗会的宣传活动和筹备出版《抗日导报》。

7月下旬，潮汕中心县委在揭阳西淇召开会议，传达闽西南潮梅特委指示：为加强对"汕青游击队"的领导和加强前线及沦陷区的工作，决定撤销潮安县委，在沦陷区与非沦陷区一带，即汕头、揭阳和潮安边界建立中共潮（安）揭（阳）丰（顺）边县委员会。在此之前，即汕头市沦陷当天，在潮汕中心县委领导下，"汕头青抗会武装大队"已经形成规模，于7月7日在桑浦山宝云岩正式成立了潮汕地区第一支抗日游击队——"汕头青年抗日游击大队"（党内命名），公开仍称"汕头青抗会武装大队"，简称"汕青游击队"。汕青游击队政委卢叨，大队长罗林，副大队长冯志坚、黄玉屏，下设侦察班和 5 个分队。会议在潮汕中心县委书记李平的主持下，决定由潮汕中心县委、揭阳县委和原潮安县委抽调得力干部，组成潮揭丰边县委机构：林美南任书记（兼），陈勉之（张克）任组织部长，钟声任宣传部长，卢叨任军事部长（兼），方朗（方向明）任妇女部长。机关设在潮安、揭阳边界的西淇村等地，1939 年 10 月以前属潮汕中心县委领导，10 月以后划归潮普惠揭中心县委领导。潮揭丰边县委下辖汕青游击队、随军工作队及揭阳的第四区、潮安县的登白区（第二区）、鹤巢区的党组织（1939 年 10 月以后，潮安县的登白、鹤巢一带党组织划归潮澄饶中心县委领导）。

潮汕中心县委还决定，为了解决汕青游击队的给养和在潮汕地区活动的合法地位，在保证党的领导和独立性原则下，在保证队伍组织的完整、不调离潮汕战场和发给给养的条件下，立即着手与国民党驻防部队谈判。国民党驻防部队第四路军独九旅旅长华振中早就有让汕青游击队归其指挥的想法，遂接受条件，给予游击队"中国国民革命军独立第九旅游击队"番号，并委任罗林为队长，冯志坚、黄玉屏为副队长，王珉灿为秘书（队内称指导员）。游击队还曾利用过"中国国民革命军陆军独立第九旅搜索大队第一中队"番号。这样，汕青游击队不仅解决了给养和合法地位问题，而且还从独九旅得到子弹、手榴弹等装备。在潮揭丰边县委领导下，汕青游击队积极开展了一系列抗日游击活动：云步圩突击战活捉日军特务长加藤始助；乌羊山突围战与 800 多名日军激战 3 个多小时胜利突围；阁州歼灭战用半个小时彻底捣毁敌伪据点；青麻山反扫荡牵制日军兵力，策援国民党青麻山守军；参与反粮食走私斗争；等等。

开展斗争，回击第一次反共逆流

一、揭阳党组织开展整党

1938 年 10 月，抗日战争进入战略上的相持阶段。1939 年 11 月，国民党召开五届六中全会，进一步确定"军事限共为主，政治限共为辅"的方针。随后即发动了第一次反共高潮，屠杀了大批共产党员及革命群众，并公然出兵向解放区进攻。

面对国民党顽固派的反动行径，潮普惠揭中心县委于 1939 年 12 月下旬至翌年 1 月在揭阳瑞来埔召开扩大会议，传达闽西南潮梅特委的决定：为了巩固党组织，要防止突然事变，应付突然事变，必须全面进行整党审干，从上到下逐级进行审查；同时对党员进行阶级教育、气节教育、保密教育，斗争形式要从公开斗争转入隐蔽斗争。

此次会议后，揭阳党组织进行整党审干工作。第一步，摸清情况，通过审思想，查出身、查历史，对党员进行分类站队：把家庭出身好、思想好、斗争坚决的党员划为第一类，作为依靠力量；出身不好而思想好，对党忠诚，斗争坚决的党员或出身好而思想觉悟不高、表现平常的党员划为第二类，作为教育争取的对象；对斗争动摇、思想不纯的党员划为第三类，作为坚决开除的对象。第二步，与第三类对象座谈，讲清形势，要求各自申请退党。并分别进行处理：对少数混进党内的异己分子、敌对分子和有严重问题的人进行坚决清洗，秘密开除；对一些动摇不定和不符合党员条件的采取秘密放弃或动员其自动退党，降为同情分子。对个别政治历史有问题的干部也作了适当处理。通过整党审干，全县开除、劝退、放弃党员 200 多人。

通过整党，把一些不够条件或政治不纯、品质不好的分子放弃或清洗出党，纠正了 1938 年至 1939 年大量发展党员出现的"拉夫"现象，纯洁了党组织。在整党过程中，通过在全党进行普遍、深刻的阶级教育、气节教育、保密教育，在一定程度上提高了党员的政治思想水平和阶级觉悟，巩固了党的组织，提高了党组织的战斗力。但是，由于缺乏经验，工作方法比较简单粗糙，区别对待不够，放弃了部分出身好、本质好，只是觉悟低，能力较差，本来可以留在党内教育提高的党员，挫伤了他们的积极性，造成历史遗留问题。

二、揭青抗被迫解散

为了配合国民党顽固派发起的反共高潮，各级国民党政府也采取相应行动，压制抗日救亡运动。揭阳党组织一方面进行整党审干，纯洁革命队伍；一方面运用巧妙策略进行回击。并随着政治形势日益恶化，及时疏散、撤退党员和干部，保存了党组织有生力量。

青抗会是揭阳党组织领导下的抗日群众团体，揭阳的国民党顽固派早把揭青抗视为"眼中钉"屡加限制和破坏。先是妄图对其进行兼并，阴谋破产后，又派爪牙混进揭青抗捣乱，公开叫嚷要解散揭青抗，还说青抗会是共产党的组织，参加者要杀头。1939 年冬，国民党第一次反共高潮前夕，国民党揭阳县党部书记林光成就已经密令爪牙监视青抗会活动，并决定逮捕林美南、余为龙、王质如、丘金爱等。在恶劣形势下，揭阳党组织及时把可能被捕的同志转移他处。

1940年2月29日，国民党广东省政府发布《统一广东青年运动实施方法》，规定本省各地青年团体应取消，于是国民党揭阳县党部随即下令解散青抗会。面对国民党顽固派的倒行逆施，揭阳县委起草了《告各界同胞书》，由当时地下党控制的新雅印刷厂印刷后广为散发，将国民党解散青抗会的行径公之于众。党组织还派遣共产党员孙波等回到家乡渔湖京冈，与孙学文、王逸之、孙鹤年（国民党员）等几十人组织书友会；并团结养正小学王玉麟等进步教师，油印《学习文汇》刊物，坚持抗日救国宣传活动。但是，国民党顽固派不顾青抗会抗日救亡的事实，不顾民众的舆论，于9月先后强行解散女社训队、揭青抗、妇抗会等抗日团体。为此，揭阳党组织根据闽西南潮梅特委关于青抗会"如受解散，应发宣言抗议，一面尊重法令结束机关，一面号召会员继续工作，表明救国救乡我们要负责，团体可灭，敌忾不忘"的指示，一方面印发《告人民书》，列举揭青抗在抗日救亡事业中作出贡献的事迹，揭露国民党顽固派破坏揭青抗反共活动的事实，指出揭青抗虽解散了，但它所产生的影响将继续发扬光大；另一方面组织会员转入隐蔽的斗争。

三、开展斗争，打击奸商

1939年下半年，汕头、潮安、澄海等地相继沦陷，日军利用奸商到揭阳抢购大批粮食，由玉窖经浮洋转往敌占区，每天走私奸商络绎不绝。1940年春，时值青黄不接之际，揭阳官僚勾结奸商抬高米价，每斗米由3元猛涨至10元，人民生活非常困难。城隍庙聚集了一群饥民，手执白旗，向县政府要求救济。商会会长郭和甫出言恫吓，惹起民怨沸腾。林美南了解到这些情况后，便用"揭青抗"名义写了一篇题为《饿死与求生》的檄文，揭露官僚和奸商互相勾结抬高米价，榨取人民膏血的真相，指出了人民的求生道路："饿死不如求生，求之不得告之于抢"，喊出了人民要求生存的心声。文章抄好后贴在衙前，市民争相阅读，奔走相告，都说揭青抗说得有道理。4月5日，在党组织的部署下，饥民聚众拥商会会长郭和甫，拥至设在江灏村的县政府请愿，要求平抑米价救济饥民。榕城群众的这一革命行动，有力地打击了奸商的粮食走私和不法行为。事后，由李腾驹参加编撰的第九集团军政治部《战鼓日报》的副刊《前锋》发表了歌颂群众力量，抨击奸商的文章和诗歌。

四、汕青游击队转入隐蔽斗争

1940年2月，在第一次反共逆流中，独九旅中的国民党顽固派暗中断定汕青游击队就是共产党领导下的游击队后，妄图把汕青游击队诱至某地武装包围消灭。中共潮揭丰边县委获得情报后，于3月上旬将队伍秘密调到揭阳梅北，并散发宣言，揭露国民党顽固派的阴谋，公开宣布游击队被迫解散。中旬，中共潮揭丰边县委组织部长陈勉之代表县委在揭阳埔田秘密召开游击队中的党员会议，作形势分析报告及传达上级关于游击队化整为零的决定，并布置队伍"转化"及重要武器的转移工作。下旬，游击队便从埔田开到群众基础较好、党的力量较强的北洋村。30日，游击队将绝大部分长枪及一挺机枪等埋藏起来，并将几支枪及一些杂物托北洋村保长转交独九旅后，按党组织批准的"转化"方案，留下两个游击小组继续在韩江西溪两岸坚持地下武装活动，其余队员均分散到各地新岗位上继续进行隐蔽斗争。4月，林美南撰写《陆军独立第九旅搜索大队第一中队被迫解散组织宣言》，阐明游击队始终坚持抗日救国的立场和宗旨，揭露和抨击国民党顽固派迫害游击队的阴谋，指出游击队是被迫解散的，声明他们坚持抗战到底的决心。

改变斗争方式，回击第二次反共逆流

一、改变斗争方式

1940 年冬，国民党掀起了第二次反共高潮。1941 年 1 月制造了震惊中外的"皖南事变"，揭青抗、南侨中学及汕青游击队等被迫解散。揭阳党组织为保存党的有生力量，改变了斗争方式。

首先安排比较隐蔽的党员原地隐蔽下来，继续开展活动；接着组织一些容易暴露的党员转移到较为安全的地方，以社会职业为掩护，以各种各样的公开身份开展工作，并利用一切关系和机会，开展打入国民党"管、教、养、卫"部门及日伪基层组织的活动。揭青抗共产党员廖希打进国民党县政府当秘书，当他得知国民党准备逮捕在河婆以开"卫生饭店"为掩护、做党的秘密工作的王质如等人的消息后，便通过王森林连夜告知王质如等人，使他们得以安全脱险。隐蔽在各地的女党员，服从党的需要以各种各样的合法身份，日夜战斗在联络站和交通线上。全县设在女同志家里的交通联络站约有 10 个，做好交通接待工作的有 10 多位女同志。1940 年，中共潮揭丰中心县委设在揭阳榕城时，妇女部长蔡瑜经常在以榕城新丰方厝巷女党员王国清的家为联络站的地方活动，结识了附近斋堂的青年斋姨，得到她的支持而把斋堂作为联络点。蔡瑜采取以经营抽纱为业的办法进行掩护，为地下党安排住宿，照顾有病的同志，转移信件情报等，持续达两年之久。此外。榕城八社郑玲家里是个重要交通站，郑英略的妻子黄烈美原是华侨女儿，也参加了交通站工作，并献出了出嫁的陪嫁金器，作为地下党活动经费。此外，榕城吴凯的妻子林佩芳等女同志都是地下党交通员。

揭青抗的庄修明（化名庄秋平）和林戈等人则隐蔽到南安小学，庄修明担任支部书记，负责联系学校附近的地下党员，秘密开展活动。南侨中学被迫停办前后，一批地下党员师生转移到各地中小学任教，发动女青年参加抗日活动。在揭阳维德小学、棉湖一小、揭阳一中等校秘密组织 6 个"女学生读书小组"，引导女学生走反封建、求解放的道路。一批女青年在党组织教育引导下得到锻炼成长，主动参加了共产党组织，并建立了女党支部。

二、改变党组织领导体制

1940 年 4 月，汕青游击队被迫解散后，中共潮揭丰边县委随之撤销，其领导成员与揭阳县委合并，仍称中共揭阳县委员会。书记林美南，组织部长陈勉之，宣传部长曾冰、副部长钟声，青年部长庄明瑞，妇女部长蔡瑜。县委直属闽西南潮梅特委领导，下辖揭阳县全境及丰顺县汤坑等地党组织。7 月，中共揭阳县委转为潮（安）揭（阳）丰（顺）中心县委，县委领导职务及职能不变。

12 月，中共潮梅党代会在揭阳瑞来埔召开。姚铎、何俊、林美南、罗天、李平、方朗等 10 多位领导人参加会议。时间为 6 天。主要内容：1. 选举产生中共潮梅临时特委（1941 年改为潮梅特委），书记姚铎，组织部长何俊，宣传部长林美南，妇女部长方朗，委员马士纯、陈勉之、罗天等，机关设在揭阳。临委成立后，撤销所辖 4 个中心县委，由临时特委直接领导各县地下党组织。2. 传达和讨论如何巩固党组织问题。3. 传达上级关于国际国内形势的分析，讨论怎样对付日军深入潮梅内地的措施，同时还决定进一步巩固党组织和做好武装斗争的准备工作。

其时，揭阳地下党组织的工作暂由曾冰负责。1941 年 2 月，成立了以罗天为书记的中共揭阳县委。7 月罗天调至潮梅特委工作，为便于组织领导，按照揭阳地域特点，分别在第一、二、四区和第三、五区设立两个县委机构，都称中共揭阳县委，辖第一、二、四区的县委书记为方朗，辖第三、五区的县委书记为张鸿飞。

当年 9 月，鉴于政治形势的日益恶化，中共南方工作委员会为进一步贯彻"隐蔽精干，长期埋伏，积蓄力量，以待时机"的方针，决定把集体领导的党委制改为个人负责的特派员制，实行单线联系。领导揭阳第一、二、四区的特派员为方朗，副特派员吴元成、陈焕新；领导第三、五区的特派员为张鸿飞，副特派员王文波、柯国泰。后因南方工作委员会被破坏，特派员制延至 1942 年 10 月为止。

三、"南委事件"后党组织暂停活动

1942 年 5 月间，国民党顽固派展开了对中共南方工作委员会和粤北省委领导机关的破坏活动，逮捕了一批中共领导干部，史称"南委事件"。

事件发生后，周恩来发出指示：南委、潮梅特委应继续坚决执行"隐蔽精干，长期埋伏，积蓄力量，以待时机"的方针，一切以安全为第一，防止事件的继续扩大；南委所辖地下党组织暂停活动，上下级和党员之间不发生组织关系，不发指示，不开会，不收党费，坚决撤退和转移已暴露的党员干部。

揭阳党组织接到上级指示之后，立即着手安排党员隐蔽和转移。当时，转移到福建、广西、云南、重庆、延安及省内各地的干部有 20 多人。留在揭阳的共产党员，通过各种社会关系，利用合法身份隐蔽起来。其中绝大部分隐蔽在乡村学校，通过开办识字班、夜校等形式，团结和教育了一大批农民和青年学生，有的学校后来成为党领导机关的所在地或党的活动据点。进步青年王彻虽是富家子弟，但在蓝康小学接受党组织教育之后，热心革命事业，不仅自己投身革命，还把父亲王致文位于榕城西门街头的"健生药房"作为县委机关的秘密活动点，把他的家作为武工队的宿营地。县委副特派员王文波回到家乡登岗蔡坑村经商，后在炮台塘边乡小学教书。

1943年春，揭阳地区发生大旱灾，早稻失收，官商勾结，囤积居奇，操纵粮价，饥民多以野菜、树根、芭蕉头充饥。部分饥民扶老携幼往梅州、江西、福建等地逃荒。路上，饿殍遍野，惨不忍睹。据统计，此次饥荒，全县饿死6.8万人，逃荒2.4万人，少女幼婴被拐卖2.2万人。至夏天，霍乱又流行全县，患者10万多人，死者甚多。面对极其严重的灾情，许多中共党员遵照上级党的指示，宣传群众，关心群众，团结群众，互相帮助，渡过难关。

处决叛徒，党组织恢复活动

一、处决叛徒姚铎

姚铎系澄海县城关镇人，1935 年参加中国共产党，1940 年曾任潮梅临委负责人及后的中共南方工作委员会秘书长。1942 年"南委事件"之后，姚铎经不起艰苦斗争环境的考验，思想上产生了动摇。1943 年冬，姚铎隐蔽在中共潮（安）澄（海）饶（平）县委敌占区期间，生活开始走向腐化堕落，与坏人勾搭，经中共潮澄饶负责人周礼平教育无效，汇报林美南。后南方局指示，派人送他到延安学习。途经重庆，姚铎潜逃叛变，投奔国民党特务机关，公开叛党，出卖革命，1944 年 7 月潜回揭阳城，化名陈庆宇，以揭阳简师学校教员的身份立足。姚铎以前曾在揭阳工作过，对地方比较熟悉。姚铎以为，潮梅地下党与上级党组织失去联系，他窜回揭阳又如此迅速，无人洞悉其奸，可利用地下党组织停止活动，中共党员急于寻找党组织的心情，继续进行罪恶活动。姚铎潜回揭阳后，被在郑英略家里疗养的潮梅特委青委曾应之发觉，立即给周礼平写信，并动身到梅县向林美南报告。叛徒不除，潮梅党组织将面临极大危险。林美南多次到丰顺县留隍、汤坑等地部署，将处决叛徒的任务交给周礼平领导的潮澄饶敌后武装小队。

潮澄饶地下党组织经过挑选，由蔡子明、许杰、李朝道、许阿邦、余石 5 人组成刺杀叛徒的行动小组，并于 1944 年 8 月从潮安到达揭阳，与隐藏在城郊乔林乡教书的地下党员陈锐志接头后，住进城内"庄恒生药材店"。

揭阳地下党负责人王武已接到指示，要配合行动。王武将侦察姚铎住处地形的任务交给地下交通站负责人郑英略。

郑英略之胞妹郑枫正在真理中学读书，同班同学陈丽华的家就在姚铎住处埔上里后畔书斋附近，郑枫便以相邀上学为借口，暗中观察，画成简图。处决叛徒的日子确定下来。

8 月中旬一个夜晚，行动小组从揭阳地下党负责人王武手里接过一支左轮、一支驳壳、一把匕首，及其他一些物品，于深夜进入姚铎住处。处决叛徒的行动方案是：先用匕首刺杀，刺杀不了再用枪。由于天黑，加上姚铎拼命挣扎反抗，一时难以用匕首下手。蔡子明上前朝姚铎身上开了一枪，姚铎立即停止挣扎和叫唤。行动小组只探摸姚铎鼻孔没出气，就以为已打死了，便迅速撤离现场。

姚铎是个老奸巨猾的人，听到枪声后，立即装死。子弹只打在他的右肚一侧，卡在肋骨上，当即被抬进医院治疗。一个月后出院，另迁住宿，行踪诡秘，极少露面。国民党特务机关给他配了枪，并增派保镖。姚铎被刺伤之后，没有到简师学校上课，学生意见很大，学校当局催促他到校上课。姚铎想起汕头市的女同志陈德惠，便写信相邀代课。陈德惠是中共党员，将情况报告组织，组织决定利用这一机会，让陈德惠深入虎穴，引蛇出洞。陈德惠原打算到粤北与丈夫相会，在革命斗争需要的情况下，毅然接受党组织的派遣，带着胞妹一起到揭阳。从中接近姚铎，准备从内部配合行动。

潮澄饶负责人周礼平在布置陈德惠赴揭阳的同时，就着手挑选第二次处决叛徒的行动小组人选。最后只挑选两人：潮澄饶游击小组组长、23 岁的陈应锐，赤胆忠心，操事稳重；26 岁的李亮，勇敢善战，处事灵活，曾是汕头青年抗敌武装大队骨干。周礼平指定陈应锐为组长。为了党的事业，两位革命战士二话没说，连亲人也不告知便去执行任务。

1944 年 11 月 2 日，陈应锐、李亮化装成国民党的公务员，身怀驳壳枪启程到揭阳。由揭阳地下党安排，寄住在西门一家杂货店楼上。第二天起，两人穿街过巷，熟悉路径，寻遇姚铎。陈德惠经过一番部署，解除了姚铎的随身保镖和身上装备，还让姚铎白天跟她上街游玩。陈德惠通过地下党把情报报告给王武之后，决定动手时间。

1944 年 11 月 12 日，陈德惠邀姚铎做伴，一起到城外商业学校找人。陈应锐、李亮盯上后分两路跟踪，在商业学校里将叛徒击毙。撤离中，陈应锐被国民党追兵的机枪击中牺牲，血洒榕江南河。处决叛徒姚铎斗争的胜利，得到党中央、南方局以及潮梅地区党组织的高度赞扬。潮梅特委负责人林美南特地会见陈德惠、李亮两位同志，赞扬任务完成得好，指出这是潮梅党组织对敌斗争的一个重大胜利，并深切悼念陈应锐。

姚铎被杀，国民党当局暴跳如雷，但表面上不敢承认是政治事件，而妄称是"桃色事件"。他们在潮梅地区进行疯狂大搜捕，逮捕了一批地下党员和革命者。揭阳方面，地下联络站负责人郑英略、中学教师郑筠、简师教师陈作谋、学生党员王碧琳、医生江宁静、民教馆陈勤等人遭逮捕。

二、党组织活动的恢复

1944 年秋，日本侵略军向潮汕腹地进攻，潮阳、揭阳、普宁等县一些地方群众自发拿起武器抗击日军。林美南、周礼平、林川等加紧了恢复党组织的活动和开展公开的、大规模的抗日游击战争的筹备工作。首先潮汕各地党组织自上而下，经过个别审查，逐步恢复活动。经过审查合格的党员秘密组织起来，建立各级领导机构，然后在此基础上筹建武装队伍。

1944 年底，林美南委任钟声为潮揭丰边特派员，并布置其任务及开展工作的步骤，根据党的组织原则、党员的标准条件，以及停止活动时"勤学、勤职、勤交友"的"三勤"精神进行审查恢复组织，然后按照可能与具体条件，建立抗日武装队伍。钟声到揭阳后，直往梅北牌边乡，通过党员陈君霸的关系，驻足在他的哥哥、梅北国民党乡长陈君伟之家。牌边乡靠近小北山，有利于开展革命活动，原有的组织基础较好，上层关系也不坏。乡长陈君伟为人正直，疾恶如仇，可以争取。这是钟声驻足这里的有利条件。

揭阳地下党组织经过个别审查，自上而下地逐步恢复组织活动。此时，中共潮揭丰边特派员钟声，副特派员巫志远，原第一区特派员陈彬委托方思远在榕城、桂林、松山、潭王、东仓、棉湖、东园等地先后恢复部分党员的组织关系。此后，中共潮揭丰边党组织活动逐步恢复。

日军进犯揭阳，军民奋起抗击

一、日军三犯揭阳

1944 年 12 月 4 日，驻潮安、澄海的日军田中部队及伪军3000 多人，由 2 架飞机掩护，分两路向揭阳进犯：一路由夏塘经大窖占梅冈山；一路经北洋、云路、曲溪攻揭阳。7 日晚，敌军抵达赵厝埔；8 日下午，迂回入锡场，抵揭阳县城之背；9 日，日军主力直逼揭阳县城。国民党军队及在县城的党政机关闻风撤退。日军未遇抵抗从容渡过北河玉浦渡入城。占领县政府后，竖上日本旗，揭阳县城遂告陷落。城中居民痛恨日本侵略军，南门爱国少年黄绍海于当天登上县府城楼扯下日本旗，以示反抗。黄绍海的勇敢行为受到县城民众赞扬。日军见日本旗被扯下，深知揭阳民众反抗情绪，加上后援不济，3 天后便撤离县城，驻扎梅冈，并加紧修筑潮安县浮洋至揭阳县梅冈地段的公路。

1945 年 1 月 24 日晨，日军步骑千余人，从潮阳溪内乡进至揭阳南河、下尾。时国民党军队已退守东仓桥，驻县城集训大队部及所属第二中队也退至新亨。是日晚，日军分左右两翼包抄东仓桥和新亨，企图一举歼灭国民党军。国民党军队已先行转移，自卫大队为日军所钳制，冒险突围，退至顶坝村，自卫大队第二中队退走梅北。25 日，锡场、玉浦等村落入敌手。26 日凌晨 4 时，日军再攻陷揭阳县城。此次日军进犯揭阳，沿途遭到当地军民的抗击，不敢久留，于 29 日午夜撤出县城，守白水、梅冈、炮台。

1945 年春，德、意侵略军在欧洲战场已成败局，侵华日军为挽救其灭亡的命运，施行"焦土华南，蹂躏华中，固守华北"的恶毒计划。3 月 8 日，日军驻汕头宪兵福建军曹占水田通泽带领日军一队，以及密侦队长郭海带领的密侦队等，由汕头直扑揭阳县城。此次日军攻下揭阳县城后，作久驻之计，扶植地方反动会道门首领洪修仁、恶霸黄广真、奸商陈龙溪、反动军官谢壮士等，成立与伪维持会同一性质的"群善堂"。由日军扶植张允荃任"县长"的伪揭阳县政府也从地都南陇乡移置县城，揭阳第三次陷落，直至日本宣布投降才光复。

二、日军侵揭暴行和揭阳民众的抗日斗争

日本侵略军所到之处，实行杀光、抢光、烧光的"三光"政策，罪恶滔天，罄竹难书。1939 年端午节汕头沦陷后，日军就虎视眈眈揭阳腹地，不时派出日机轰炸揭阳城乡。1940 年 3 月 8 日、9 日，日军突占登岗、桃山，猛扑炮台，掳杀乡民数百人，奸淫妇女无数。1943 年 9 月 18 日，日军包围地都埔美村，杀死村民 70 多人，烧毁民房 900 多间。1943 年 12 月 13 日，日军、伪军 1000 多人对官硕乡下毒手，全村被杀死 400 多人，打伤 300 多人，烧毁民房 1200 多间，村民财物被洗劫一空。日军三犯揭阳城，同样采用烧、抢、杀政策，手段残忍，罪恶深重，激起揭阳人民的愤慨与强烈的反抗。

1943 年底，官硕民众为了保家卫国，反抗日本侵略军，以李培均为首的 60 多人组成自卫队，开展抗日活动。1944 年 12 月 15 日，揭阳各界民众集合于县立第二中学，组织揭阳抗日自卫队（又称"集结队"），由爱国人士王振民先生带领。自卫队下设三

个中队：炮台、地都为第一中队，官硕、云路、枫口等地为第二中队，仙桥篮兜、古溪等地为第三中队，三个中队共 200 多人。1945 年 1 月，日军第二次侵占揭阳县城时，自卫队退守南塘山一带，扼守县境西面交通要道。三个中队在南塘山和德桥村沿河一带，隔河与日军对峙。他们依靠民众的支持和对地形的熟悉等有利条件与敌周旋。5 月的一天，一小队日军从德桥渡口乘船强渡过河，自卫队奋力阻击，打死 6 个日伪军。后来，日军企图偷袭德桥村，自卫队奋起抗击，打死日军 20 多人，敌败退。

在日本侵略军占领揭阳的日子里，乔林、篮兜等地的民众也自发组织起来，奋勇抗击日军，打击了日本侵略者的嚣张气焰。

第十节 抗日游击战争开展并取得胜利

一、抗日游击小组的建立与活动

1944年底，在中共地下组织领导下，各地相继建立了抗日游击小组。至1945年春，全县建立起永东、桂林、京冈、瑞来、潭王、坤头洋、东仓、锡场、大寮（包括下寮、石林村）、五房、车田、松山王、云路、北洋、榕城、城郊甲东里等抗日游击小组。据不完全统计，游击小组成员有128人。这些游击小组经常活动于云路、梅北、锡场、新亨、渔湖、榕城、桂林、瑞来至大北山、丰顺一带。

各地地下党的干部都积极地做好组建和领导抗日游击小组的工作。第四区由巫志远负责；桂林、东仓、潭王、坤头洋、篮头等村由方思远、王英负责；榕城、松山王、大寮等地由倪宏毅负责。林三协助组织成立锡场游击小组后，还到车田组织成立车田抗日游击小组。共产党员廖九、江任英、林野分别担任五房、云路、锡场的抗日游击小组组长。

抗日游击小组的主要活动是：（1）开展抗战宣传。把抗日救国的道理，共产党关于抗日民族统一战线的主张，以及共产党在抗战中的地位和作用，向人民大众进行宣传，以唤醒民众一致起来抗战和增强抗战的决心。开展抗战宣传的形式是：①秘密组织青年学习进步刊物，学习毛泽东的《论持久战》《论联合政府》

等文章，增强青年的爱国思想，激发青年的民族感情，使之认识到作为一个爱国青年，在国难当头的时刻应挺身而出，投身于抗战洪流。②秘密散发传单，张贴标语，鼓舞民众的抗战信心。县城的抗日游击小组，经常到倪厝村倪宏毅家里（革命活动点），拿宣传品带进城，秘密张贴于榕城西门、西马路、中山路、进贤门、南门、东门一带的街巷、厕所，还有的塞进商店。宣传品贴出后，有的群众看后兴奋地说："共产党的游击队活动到城里来了。"（2）发动群众打击日军、伪军。永东村是潮汕人民抗日游击队主要活动地，第二支队政委林川经常带领战士驻扎在村里涂库片的古溪陈氏家庙（古溪祠堂）内和下曾片的尔臧公祠内开展秘密宣传活动，研究抗日战斗对策。永东村民积极支持抗日，参加抗日宣传活动，帮助游击队站岗放哨，掩护他们秘密安全转移，保护游击队干部，为抗日战争胜利作出重大贡献。锡场的抗日游击小组组织民众围攻日军、伪军在锡场的驻地"成玉楼"，打死打伤了不少日军、伪军。（3）了解敌情，递送情报。各游击小组根据当时的形势，把了解到的敌情及时送交中共地下组织。（4）做好后勤保障工作。各地抗日游击小组为党组织及抗日武装队伍筹集粮食、枪支弹药和经费。潭王村游击小组发动群众捐献枪支、弹药、钱物。有的妇女把自己的金首饰、银元都捐出来筹钱购买武器支持游击队抗日。京冈游击小组得到通知，韩江纵队第二支队的一个中队要从普宁到梅北，途中须经京冈渡口，便积极为部队准备船只，使部队顺利渡过南河。（5）参加抗日武装队伍。潭王游击小组的组员王娟、王芸、王清，坤头洋游击小组组员吴克、吴茂、吴声，松山王游击小组组员王昌造、林碧珊，桂林乡游击小组组员刘百洲，根据中共党组织的安排，都到梅北参加游击队。

二、小北山人民抗日游击队独立大队成立

小北山位于潮安、揭阳、丰顺3县的边缘地带，韩江的西侧，是连接韩江以西的大北山、大南山和韩江以东的凤凰山、莲花山的一个枢纽。1944年12月，原中共饶平县特派员钟声，根据林美南的指示，任中共潮揭丰边特派员。

钟声先到梅北的牌边村，找到共产党员陈君霸及其任国民党梅北乡长的哥哥陈君伟，再到北洋村，同隐蔽在那里的地下党员骨干取得联系。在陈君伟的掩护下，在附近乡村建立起抗日游击小组，并通过统战关系，派出中共地下党员杨兆民、江明理分别任日伪四十四师一三一团所辖的揭阳梅都保安队杨武松大队的第一、二中队队长，派谢晖、江文仕掌握乡自卫队武装。同时，在牌边村秘密建立以中共地下党员为骨干的10多人的基干短枪班。1945年6月23日，杨兆民、江明理、谢晖、江文仕等根据钟声的布置，各自秘密带领所掌握的武装队伍，到潮揭丰边交界的居西溜村汇合，与基干短枪班组成梅北抗日游击队，钟声任大队长兼政委。杨兆民任第一中队队长，方思远任指导员；江明理任第二中队队长兼指导员。机枪班长陈金枪，侦察班长许声华（后陈辉），联络参谋谢任扬。

7月5日，国民党的挺进队和地方反动武装吴尉文部等数百人在埔田、半田、岭后等村，向梅北抗日游击队进攻。双方展开激战，在战斗中部分游击队员失散。为了保存力量，伺机打击敌人，钟声决定将队伍带回居西溜整训。7月19日，韩江纵队第二支队派往小北山增援的陈子诚中队约70人，从普宁二区赤水出发，经京冈到达梅北溪南山与钟声带领的游击队会合，合编成立"小北山人民抗日游击队独立大队"（下称独大）。钟声任大队长兼政委，陈子诚任副大队长，陈君伟任参谋。原梅北抗日游击队

为第一中队,杨兆民任中队长,江明理任副中队长,方思远任指导员;普宁方面的队伍编为第二中队,陈子诚兼任中队长,许守扬任副中队长,林秉先任指导员,陈辉任侦察班长。独大驻于梅北牌边祠堂。根据群众反映,埔田庵后村谢松荣等汉奸经常在鼠空洞一带抢劫耕牛。7月24日,陈子诚和谢晖等11人前往伏击,狠狠地教训了他们,自此,这一带的汉奸不敢胡作非为。

根据韩江纵队司令部命令,1945年8月13日,周礼平、李亮、陈维勤、许杰等率领潮澄饶敌后抗日游击队100多人分两批到居西溜与独大会合,成立"广东人民抗日游击队韩江纵队第一支队"(下称"一支")。全队约260人,配备2挺轻机枪和200多支长短枪。周礼平任支队长兼政委,李亮任副支队长,钟声任政治处主任,陈维勤任政治处副主任。支队下辖1个大队,李亮兼任大队长,陈子诚任副大队长。大队下设4个中队。

第一支队成立后,国民党顽固派十分惊慌,恨不得一下子消灭革命武装队伍。8月15日,国民党便派出9名侦探,化装成上山割草的农民,到赤鼻岭侦察,被驻赤鼻岭的一支第二中队所俘。在押解途中,有5名侦探企图逃跑被击毙。第二天晚上,国民党一八六师五五七团的一个营,会同驻揭的第七战区挺进队第一纵队的吴尉文、吴铁峰便衣队和驻潮安的潮澄饶自卫总队吴大荣部600多人,兵分三路,从赤鼻岭、世田村、居西溜山背后向居西溜发动进攻。17日晨敌军抢占居西溜山头,与一支在居西溜山上的班哨接火。支队政委周礼平让副支队长李亮带领队伍撤离居西溜,自己和支队政治部主任钟声带一名警卫员,赶到山上班哨处指挥机枪手用火力掩护主力部队转移。这时,敌军以10倍兵力向主峰进攻。第一、二中队得知敌人进攻居西溜,便分别从赤鼻岭和枫树员火速赶来增援;第四中队也抢占有利地形阻击敌军。战斗坚持至下午4时,一支才撤退至白水岩。这次战斗,一支队长兼政委的周礼平和许守扬等 10 多名指战员在战斗中牺牲，受伤 10 多人，被俘 3 人。敌人也伤亡很多。

居西溜战斗结束后，一支留下钟声等同志做好居西溜村群众的善后工作，对被敌军烧毁房屋的 10 多户人家给予救济。随后一支转移到潮安县英塘村，进行整编后暂时留在潮澄饶活动。

一支在居西溜战斗失败，主要原因是部队成立时间不长，缺乏协同作战和开展阵地战的经验，领导人存在轻敌麻痹思想；同时，因为选择阻击的地形不当，导致队伍成立后初战失利。

三、抗日战争取得胜利

1945 年 7 月 26 日，中美英三国发表《波茨坦公告》，促令日本无条件投降。8 月 8 日，苏联政府宣布对日作战，15 日，日本天皇裕仁以广播"停止诏书"形式宣布无条件投降。15 日，侵占汕头的日军司令部召开紧急会议，下令日军、伪军均撤回据点。是时，揭阳所有的日军、伪军皆集中县城，听候命令。9 月 2 日，日本天皇和政府代表以及日本大本营代表在投降书上签字，中国抗日战争胜利结束。9 月 13 日，日军司令田中久一在广州市中山纪念堂签署了投降书。广东地区的抗日战争胜利结束。9 月 28 日，日军司令田中久一的代表富田直亮在汕头市签署了投降书。潮汕地区的日军 4800 多人同时缴械投降，并被送入磻石集中营；伪军也缴械投降。潮汕地区的抗日战争胜利结束。

抗日战争的胜利，是近百年来中国人民在反抗外国侵略者的斗争中所取得的第一次完全的伟大胜利。揭阳人民群众沉浸在一片欢乐之中，热烈庆祝抗日战争的胜利，集会游行，县城到处张贴标语，张灯结彩，有的街道摆设戏台演戏，盛况空前。从桑浦山下到紫峰山下，从北河到南河两岸，人民群众无不欢欣鼓舞、扬眉吐气。

第六章

解放战争时期

第一节 建立中共潮揭丰边县委

一、中共潮揭丰边县委建立

经过多年抗战，饱受战争苦难的揭阳人民同全国人民一样，渴望有一个安定环境，重建家园，休养生息，实现国家和平统一，建设独立、自由、民主、富强的新中国。然而，国民党政府当局，为了准备内战，不断向人民征收名目繁多的苛捐杂税。加上连年的天灾，农业失收，农村经济濒于崩溃边缘，市场萧条，物价飞涨，广大人民处于饥寒交迫、水深火热之中。

1945年9月，中共广东区党委根据党中央的指示，决定坚持长期斗争的工作方针。同年秋，中共潮汕特委决定在揭阳县城火烧地刘家祠的巷厝厅、房设立地下交通联络站，并以开办"航船牌"卷烟厂作掩护，县副特派员巫志远和区特派员廖志华以该厂老板的身份出现，秘密从事地下工作。不久因形势恶化，该站迁至枫江东岸潮安县境内租房办厂。中共潮汕特委曾广、吴健民等领导经常到上述活动点联系和指导地下党革命斗争工作的开展。

1945年11月下旬，中共潮汕特委将揭阳县委分设为两个县委。一是中共揭阳县委（辖揭阳的第三、五区），二是中共潮揭丰边县委（辖揭阳的第一、二、四区和潮安、丰顺、潮阳边区临近揭阳的地区）。

潮揭丰边区地处揭阳北部山区，山地狭长，分山前、山后两个区域。山后区山高林密，村小民穷，山前区则大乡密布，人口众多，较为富庶。潮揭丰边区距揭阳、潮安、丰顺的县城不远，极易受国民党军的进犯。但这里是大北山与凤凰山的枢纽，控制着揭丰、揭安、揭汕公路和韩江、榕江、枫江等水陆交通要道，对于连通大北山与凤凰山革命据点，使革命根据地逐步连成一片，具有十分重要的战略地位。因此，中共潮汕特委决定在这里建立革命根据地，成立中共潮揭丰边县委。中共潮汕特委派杨英伟任潮揭丰边县委书记，黄佚农任组织部长，巫志远任宣传部长（1946 年 5 月，巫志远北撤，马千接任宣传部长）。

潮揭丰边县委初建时，区一级未建立党的组织。为适应新情况，在县委领导下，设联络员，实行单线联系。孙波负责渔湖片，包括潮阳的关埠一带；榕城及义顺乡所属的东仓、潭王、坤头洋以及新开辟的后围、大寮等村，先后由廖志华、郭奕祥、赖开山、郑辉、王剑、张桐萱等人负责。在揭阳城有倪宏毅、郑惠川、林宽、陈德智等地下党员干部分布于一中、简师和真理中学，负责教师与青年学生工作。

潮揭丰边县委的活动地初时以榕城西门健生药房为落脚点，设地下交通联络点，由王彻负责该站工作。县委领导人常在这里开会。以后又由林宽在榕城进贤门的德里旧家租房两间，作为县委领导的活动点，黄秋英为交通员，杨英伟、马千常在这里居住，县委重要会议常在这里召开。

1945 年底，潮揭丰边县委根据上级党委指示精神，结合分析抗战胜利后潮揭丰边形势，决定工作方针为：发动群众，开展民主运动，扩大民主统一战线，争取和平民主，反对独裁，反对内战，继续恢复党员的组织关系，健全党的基层组织，开展组织活动，加强思想教育，发展党员，扩大党的力量。

为了有利于在白区开展工作，潮揭丰边县委针对当时党内部分党员的思想状况及存在问题，于 1946 年 3 月在东仓召开区一级联络员以上骨干会议（当时有区级干部，无区级建制），参加会议的有杨英伟、郭奕祥、廖志华、赖基长、张桐萱、苏子健、郑辉等人。会议开了 10 多个夜晚，潮揭丰边县委首先分析抗战胜利后，革命队伍内部有些同志认为中国已进入"和平时代"，天下太平了，因而存在享乐思想，不愿过艰苦生活。还有个别人认为，美帝国主义支持的国民党顽固派有军事优势，打起仗来共产党怕打不赢。针对革命队伍中存在的这些思想，县委组织党员学习党的七大文件，学习中共广东区党委和潮汕特委有关指示，并联系实际，揭露国民党顽固派假民主、真独裁，假和平、真内战的骗局。教育广大党员要敢于斗争，以革命的两手反对反革命的两手，使广大党员认清形势，提高警惕，投入反独裁、反内战，争取和平民主的斗争。其次，县委进一步研究如何在国民党统治区开展工作，保存和壮大自己的力量，争取团结广大群众开展斗争的策略问题。同时总结和推广抗日战争时期陈焕新在东仓的工作经验。最后，县委确定了"交好朋友，为村民办好事，改善群众生活"作为今后一段时间开展工作的指导思想，并确定以下 4 个区（即今埔田、曲溪、云路、玉窖一带）为工作重点。

1946 年春，中共潮揭丰边县委为贯彻上级"疏散隐蔽，积蓄力量"的方针，对暴露身份的党员组织转移隐蔽，部分过南洋，部分进步知识青年和党员安置到学校任教或读书，大部分就地疏散，以灰色面目出现，与地方国民党顽固派进行了合法或非法的斗争。这一年，潮揭丰边县委安置到农村学校任教的党员有许宏才、赖基长、张文彩、王瑛、郭奕祥、赖开山、廖志华、郑辉等，他们分别在北洋、云路、岭后、东仓、后围、坤头洋、大寮等群众基础较好的乡村学校，以教员身份作掩护，进行秘密的革命活动。1946 年初，中共潮揭丰边区有党员约 63 人，建立党支部 10

个，多为直线联系。

二、县委转移到山区，开辟革命新据点

1946 年 6 月，国民党蒋介石撕毁停战协定，发动全面内战，揭阳县国民党顽固派立即成立了"清剿委员会"，建立"清剿大队"，到处悬红通缉共产党员和革命人士，残酷镇压人民革命斗争，革命形势十分严峻。根据斗争形势的需要，潮揭丰边县委活动点转移到山区的埔田岭后村徐贤林家里。

根据筹建中的中共中央香港分局与潮汕特委的指示精神，潮揭丰边县委经分析认为：车田村处于揭阳城的东北部，北倚群峰层叠的小北山，与潮安县田东村交界，西面有藤吊岭，与锡场毗邻；南面接黄岐山，东邻云路，是一片半山区地带。且该村群众基础好，早在抗日战争时期，中共揭阳县委领导人林美南、钟声等先后在这里领导过武装斗争。五房村是潮揭丰边的一个山村，五房山山高林密，地势险要，其山岭纵深 20 华里，北面与大北山山脉相连接；东面山山脉延伸至韩江边，过江不远便是凤凰山，东南面是梅北浅山地带，西南面由丘陵至平原。早在抗日战争时期，地下党员王质如、杨世瑞、姚木天等就到这里宣传抗日，发动群众，发展党组织。这里的人民勤劳、勇敢，长期生活在水深火热之中，有着推翻三座大山、追求翻身解放的强烈愿望。县委分析了这两个山村的有利条件后，决定以此作为恢复和建立武装斗争的据点。此后，县委的活动点先后转移到车田的长埔龙罗知家和五房村。

为了沟通讯息，便于领导，县委在长埔龙设立交通联络站，罗知为负责人，在埔田新岭村徐兰家成立情报站。此后又相继在牌边、新置寨、五房、陈厝、顶坝、硕联、东龙、官目洋、火树坑、东仓、锡东、棉树、下林、大寮、云路、古湖、月城、乔林

潮香里、榕城和平里设立交通情报分站。为与大北山革命根据地密切联系，后来又协同韩江纵队第二支队司令部在白塔的红老坡、龙尾的高明等地的交通情报站建立关系，形成交通线。这些交通情报站的建立，为革命武装队伍搜集情报、传递讯息、运送物资、接送过往革命同志等作出了重要贡献。

三、深入发动群众，坚持艰苦斗争

1946 上半年，在国民党顽固派的白色恐怖形势下，潮揭丰边县委带领全体党员深入到群众基础较好的乡村，发动群众，坚持斗争。通过组织山里群众秘密集会活动的"山会"等形式，组织发动群众，开展经济斗争，既改善了村民的生活，又发展了党组织，并在农村建立革命活动据点。

在短短的一年里，潮揭丰边区已有 29 个自然村成为地下党的活动基地。其中岐山、京冈等村已成为地下党活动的立足点，有的后来还成为地下党武装斗争的据点。

由于国民党顽固派挑起全面内战，大搞"清乡""扫荡"。党组织安排部分党员留下来分散隐蔽。其中，少数人对局势缺乏正确认识，看不到坚持斗争的有利条件和光明前途，有的思想波动，不愿意留下；有的生活讲享受，革命意志消沉；有的纪律松弛，没有很好地完成党交给的任务；少数出身于小资产阶级家庭的人，虽然有一股革命热情，但是却把资产阶级个人主义和自由主义带到党内来，组织上入了党，思想上并未完全入党。上述情况表明，党内存在着无产阶级思想与非无产阶级思想的矛盾。因此，必须在党内进行一次整顿，对党员进行马列主义教育，使党员增强党性，坚持革命。

根据筹建中的中共中央香港分局关于各地党组织进行整风、审干的部署，在广东区党委的直接领导下，潮汕特委派组织部长吴坚到潮揭丰边区领导整风学习。会议于 1946 年夏在岭后山寮召开，参加会议的有杨英伟、黄佚农、廖志华、郑辉、张桐萱、张文彩、马千、郭奕祥、赖基长、江任英、陈佩娟等人。县委组织到会者学习了延安整风文件和党的知识，联系实际，查思想，查工作，查作风，运用批评和自我批评的武器，开展思想斗争。通过组织党员骨干的整风学习，达到预定目的。取得经验后，就全面铺开，分期分点集中党员进行学习。

1947 年 3 月，黄佚农调往丰顺工作，增加吴扬、陈君霸为县委委员，并由吴扬接任组织部长。

1947 年夏，县城几所中学的地下党员和积极分子，在潮揭丰边县委的直接领导下，利用暑假期间，举办党员学生骨干学习班，时间 5 天。县委委员郭奕祥负责召集。参加的有徐真（徐名堆）、罗舜凯、郑建犹、王思、江滨、张影等人。办班地点开始在北门郑建犹的宿舍，后转移到东门郭奕祥家里。潮汕特委组织部长吴坚和县委书记杨英伟参加了学习班。

举办学习班前后，在城中学的学生运动蓬勃发展。分布在各校的地下党员，通过组织读书会等合法社团，用各种形式，争取团结进步青年学生和进步教师，发展了党的同情力量，培养了一批积极分子，并根据条件在学生中吸收王彻（王泽鑫）、王思、王致锦、吴克、江亮、徐真、刘英、王期晓等参加党组织。同时，在农村中吸收入党的学生有吴者、吴茂、罗舜凯、王浩等。此外，还培养了一批进步青年，有李木、陈仲、谢德仁、郭明、江武等，许多人后来加入共产党，参加了革命。

县委坚持在艰苦的环境里对党员开展思想教育，取得良好效果。通过整风学习，使党员统一了认识，改变了作风，努力克服个人主义思想，增强党性，加强纪律性，坚定了在白色恐怖下坚持斗争，中国革命一定胜利的信心和决心，为配合或参加武装斗争，打倒国民党顽固派，打下了比较坚实的思想基础。

四、占领学校阵地，开展学生运动

1946年6月，国民党顽固派不顾人民的死活，撕毁停战协定，发动全面内战。广大人民大众对国民党的黑暗统治极端不满，学生要求和平民主的呼声更加强烈。为唤起学生的革命热情，开展地下斗争活动，潮揭丰边县委通过各种关系，安插部分党员和革命知识分子到学校读书或任教，占领学校阵地，从中领导学生开展反独裁、争民主，反内战、争和平的斗争。

为掌握学生运动的领导权，揭阳一中学生中的党员骨干通过个别串联做学生的发动工作，把进步学生选进学生会当干部，选举产生的一中学生会，主席罗舜凯，副主席王彻、林德孝（林立），学艺干事黄中涛、王隆滴，财务干事刘庵，体育干事吴道森（吴里）。这些都是学校中较有威信的进步学生。地下党组织通过学生会和这批进步学生骨干去联系团结学校其他师生，开展学生运动。在学生运动中，锻炼与培养了一批革命积极分子，许多人相继被吸收入党，至1947年3月，县城的一中、简师和真理中学的学生党员组织成立了学生党支部。不久，一中单独成立学生党支部，书记徐名堆。学生党员之间实行单线联系。县委委员马千、郭奕祥直接联系这个支部。

在城学校的地下党员依靠进步力量，广泛团结师生，发扬抗日救亡的革命精神，宣传党的政策和主张，发动学生开展斗争。一中、简师、真中的进步学生，通过组织读书会、学生会去团结广大学生。一中成立了新风社、联社、中原社等进步团体。中原社后来又发展了真中、简师学校部分进步学生加入，并出版《正风》壁报。接着又以联社为基础，汇集党的外围同情分子，组成人民之友社。这些社团组成后，一方面组织社员广泛学习进步书刊；一方面撰写文章，出版壁报和刊物，进行学术讨论，揭露社会黑暗。在地下党员的领导下，学生们与学校的进步教师加强联系，组演《艳芳酒家》《还乡泪》《桃李春风》等进步话剧，还组织歌咏比赛，把戏台当成宣传群众、教育群众的场所，寓政治宣传于文娱活动之中。

随着全国民主运动的蓬勃发展，国民党顽固派为了缓和教师、学生的不满和反抗情绪，也施点小恩小惠，给一中、简师等学校师生发一点"敬师粮"、补助粮。但学校当局却从中贪污舞弊，中饱私囊。为揭露这种弊端，一中的进步学生通过壁报发表文章，揭露学校当局贪污师生"敬师粮"和补助粮的行为。学校当局派人撕毁墙报，激起学生们的强烈不满。随着学生反抗情绪的日益高涨，学生党支部和负责学生工作的郭奕祥抓住这一时机，以学生会为核心，成立罢课委员会，组织学生罢课，向学校当局提出八项条件，得到广大学生的支持、响应，使之很快形成全校性的罢课高潮。学校当局惊慌失措，匆忙唆使其亲信组织一支所谓"护校队"，搜查学生宿舍，威胁罢课的学生骨干。一中学生的罢课运动，得到在城各中学学生的响应。第二天，简师的进步学生也以学校当局克扣学生补助粮为名，掀起全校性的罢课斗争。真中的学生闻讯，迅速发出声援书，支持一中和简师的罢课斗争。

此次罢课斗争的起因直接反映师生的合理要求，既为师生所接受和支持，又为社会群众所理解和赞许，罢课运动影响越来越大。一中当局感到不妙，不得不与学生代表谈判。经过多次谈判，学校当局被迫答应复课的八项条件。为期10天的罢课运动终于取得了胜利。这次学潮，对在城各校师生是一次锻炼和深刻的教育，对当时潮汕全区学生运动的影响也是深远的。

1947年下半年，在城的党员学生和进步青年紧密配合党的工作，在榕城张贴和散发革命标语、传单，开展政治攻势。他们把事先油印、书写的标语及传单，当天晚上在榕城各街头巷尾张贴、散发，有的还贴到国民党县政府门口的布告栏。第二天，敌人出动大批人马搜查、撕毁，实行戒严。驻城国民党联防大队长雷英如临大敌，率队到真中恐吓和监视学生。尽管如此，广大革命师生没有被吓倒，他们在斗争中得到了锻炼和考验，越来越坚强。

1948 年 1 月下旬，在城的地下党员学生还配合武工队积极组织系列行动，主动打击敌人，打开揭阳国民党月城粮仓发放给穷苦群众；包围揭阳车站，焚毁敌人汽车；破坏敌人公路桥梁等交通设施。住宿在进贤门和平里的简师进步学生江新、江亮等人，把宿舍作为秘密联络点、情报站，经常为地下党组织和武工队传送情报。为支援武装斗争，一中、简师等校的革命师生主动捐钱，为部队购买物资和药品，有力地支援武工队开展对敌斗争。

潮揭丰边县委不仅在县城秘密控制一中、简师、真中等学校阵地，还选派许多地下党员到村镇小学担任校长或教师，利用学校阵地，对青少年进行革命宣传教育。同时，以学校为立足点，走出校外，深入到农民群众中开展工作，有的还通过校董与当地的乡绅等上层人物开展统战工作。

第
二
节

建立武工队，开展武装斗争

　　为加强党对武装队伍的领导，准备发动公开武装斗争，潮汕特委把直属武工队，普宁、潮阳武装小组，以及原韩纵部队军事骨干共70多人集中起来，于1947年6月7日在大北山天宝堂成立"潮汕人民抗征队"。随后，各地的军事、政治骨干接踵上山，队伍增至100多人。抗征队司令员刘向东，政委曾广。6月下旬，潮汕特委在大北山粗坑召开扩大会议，确定：地委和各县委工作中心转移到武装斗争上来；选择揭阳、丰顺、五华边界的大北山为武装斗争的中心战略据点，以大南山、凤凰山为战略支点，以南阳山、五房山为转动点，建成梅花形的游击根据地；派骨干到永东、河婆、卅岭、汤坑等地组建武工队。会议还正式宣布潮汕特委改为潮汕地委，书记曾广，副书记刘向东。

　　根据粗坑会议精神，同年冬，潮揭丰边县委成立小北山武工队，派杨苏中为武工队队长，孙波为政治指导员，领导第七区（今仙桥、梅云街道）、潮阳上八区（今金灶镇、关埠镇）、普宁十二乡的反"三征"（征粮、征税、征兵）斗争工作。不久，孙波因另有任务，由孙明接任政治指导员。为了广泛开展革命工作，孙明深入革命基础较好的乡村发展革命力量，设立秘密地下联络点：古溪山前的陈君乐家作为武工队联络站，永东村涂库片和下曾片也成为秘密联络点。为了保护农作物，永东村的河内、玉寨和下曾3个片村组织一支守青队，日夜守护田园，同时开展武装斗争。1948年2月，永东村成立了农会，同时成立一支由30多人组成的永东民兵队。永东农会和民兵队在武工队的领导下，参与反"三征"，向地主、豪绅借枪、借粮，送情报和反"围剿"等轰轰烈烈的革命斗争，为解放战争的胜利作出积极贡献。

在潮揭丰边县委的领导下，孙明带领第七区守青队和民兵队员向地主富户借枪、借粮；动员青少年入伍，参加武工队；并在有条件的村庄建立农会、妇女会、民兵组织，发展党员，成立党支部，为揭阳地区开展武装斗争夺取政权打下良好基础。

1947年11月，潮汕人民抗征队挺进潮揭丰边区，攻打汤坑和新亨警察所，破仓分粮，随后开进梅北一带活动。11月19日，国民党揭阳县长张美淦急调政警第四中队吴尉文部配合第五"清剿"区之保警第一、二中队和枫口警察所共170多人，向驻祯祥坑的潮汕人民抗征队第一大队"进剿"，遭到革命武装队伍的迎头痛击。这一胜利，极大鼓舞了梅北广大人民群众。潮揭丰边县委决定以此为契机，组建武装队伍，开展武装斗争。

1947年11月22日，县委宣布成立潮揭丰边武装工作队（也称梅北武工队）。初建时全队只有7人，队长杨兆明，队员有林三、王瑛、徐梅、罗知、李华、罗能。1948年1月底扩编为武装中队。

1948年2月29日，潮揭丰边县委在大葫芦村召开会议，决定先后成立梅北、小北山、山后、西南4支武工队。梅北武工队代号"牛部"，武工队队长先后由林三、孙波、罗知、杨元负责；小北山武工队先后由孙波、孙明负责；山后武工队代号"鼠部"，先后由张桐萱、赵世茂、孙尚、李小刘负责；西南武工队（初叫地武）代号"蛇部"，先后由方思远、王彻、吴克负责。至9月，县委分析了当时敌我形势后，重新划分武工区，在原4个武工区的基础上增设桑浦山、山前2个武工区，新建立的桑浦山武工队代号"虎部"，队长先后由李涛、孙壁负责；山前武工队，又称城北武工队，代号"龙部"，队长李木。1948年11月上旬，从原西南武工队分出部分队员组建西山武工队，代号"马部"，队长王捷生。1949年2月，组建渔湖武工队，队长孙瑞。同年2月中旬成立大和武工队，代号"兔部"，队长罗能。

上述武工队是在潮揭丰边县委直接领导下开展工作的。自1948年4月，根据上级部署，队伍进行整编，有条件的武工区成立区委会，没有条件的武工区成立区工作委员会，实行一元化领导，统管各区内的党、政、军、民等工作。1949年1月，各武工区均建立区委会，领导全区工作。武工区内的中共党员，按实际情况成立支部或由区委直接联系。

武工队的主要任务是深入白区（国民党统治区）发动、组织群众开展斗争，向地主豪绅和公户借枪、募粮，搜集情报，配合连队与兄弟武工队袭击敌人。潮揭丰边各武工队的活动范围几乎遍及揭阳全境及丰顺、潮安、潮阳等县附近的乡村。县城周围的磐东、渔湖、东山、仙桥等地都有武工队的足迹。近城郊的仙窖、营浦施、缶灶，以及有国民党联防队驻扎的月城等村也有武工队的秘密宿营地。凡武工队所到的村庄普遍建立农会、民兵等群众组织。据统计，至解放前夕，全潮揭丰边区有近200个村庄建立农会、民兵。武工队收缴或募借的枪支、弹药、粮食等军需品，源源不断供给解放军连队及后方机关，收集的情报也及时送到潮揭丰边县委、武装团队以及兄弟武工队。

梅北武工队初建时只有7个人，县委只发给2支驳壳枪和200元国民党纸币的活动经费。活动范围开始在车田、牌边、云路等群众基础较好的村庄，之后队伍逐步壮大，活动范围遍及当时的整个下四区（即今埔田、曲溪、云路、玉窖）。在短短3个月内，队伍增至14人，并在老洋村等地收缴长短枪150多支，征粮募粮

1000 多石，并于 1948 年 5 月，协助组建车田第一支民兵队，队员约 120 人。此后，牌边、岭后、月山、溪南山、祯祥坑等地也相继成立了民兵队和农会，至 6 月中旬，梅北各地的民兵共有 600 多人，农会员 1200 人。同年 10 月，在顶八乡村林仔池的沙坝召开梅北民兵大会，参加的民兵近 1000 人。1949 年 7 月，为配合部队攻打新亨的国民党驻军，梅北武工区出动 200 多名民兵到藤吊岭、新置寨等地参战或布防。梅北武工队除在活动区域内组织群众开展减租减息，抗"三征"，惩治反动分子的斗争外，还不时袭击敌军。在整个梅北区内的埔田、北洋、曲溪以及炮台、云路、枫口等村镇均驻有敌人的自卫队或联防队共 400 多人。武工队除经常向这些据点的敌军进行宣传及策反外，还于 1948 年 4 月 23 日突袭蓝和乡公所，收缴长短枪 10 支及子弹、电话机等一批物资。5 月 18 日，梅北武工队协同潮澄饶六连突袭潮安大和乡公所和警察派出所，缴获长短枪 12 支及一批弹药、物品。同时，还带领民兵、群众破开梅东下巷粮仓，缴获稻谷 500 多担。8 月 21 日，与山前武工队智袭新河联防队，缴获长短枪 14 支，子弹 300 多发及物资一批。梅北武工队还通过一些较进步的乡保长与开明士绅去做统战工作，促使国民党埔田联防中队队长张国光率队起义投诚。

1948 年 6 月，由徐梅带领的梅北武工队一支小分队进入接近县城的岐山村开展革命斗争。武工队先在村里做好保长罗水鸡的统战工作。罗水鸡对国民党的腐败政权早已不满，在武工队的宣传和教育下，表示愿意暗中为武工队效力。他随后安排武工队队员在岐山村的油车房、永发居、大厅内和部分有闲置房屋的村民家中食宿。驻扎期间，武工队队员与村民们友好相处。村民大多是贫穷百姓，在武工队队员的教育和启发下，很快觉悟起来，愿意配合武工队开展武装斗争。7 月，在武工队负责人徐梅、林舜的主持下，岐山村成立了一支 10 多人的民兵队伍；9 月，成立村农会；12 月成立村妇女会；隔年 1 月，成立村新民主主义青年团和儿童团。武工队在村里发展了一批共产党员。

武工队利用岐山村位于揭丰公路边的地理位置，组织村里的群众开展革命活动，参与站岗放哨、护理伤员；利用黑夜，到附近村庄散发传单、张贴标语；为武工队传递情报、运送粮食及枪支弹药；并直接参与军事行动，剪断敌人的电话线，烧毁揭丰公路上新洋、岐山、狗母沟上 3 座木桥，阻止国民党军队进攻潮揭丰边解放区。

西南武工队于 1948 年 4 月 9 日成立，队员 8 人，配短枪 6 支，开始活动范围只限于山内的五房村及平原的义康乡一带。同年 8 月，队伍扩大三倍，并分为南、东、北 3 个武工队，活动范围扩大至锡场、磐东、月城、新亨、玉湖、桂岭、霖磐等地，在活动区域内驻有国民党自卫常备队、联防队及其他反动武装近 1000 名。而西南武工队则在其间穿插，开展活动，组织对敌斗争。到 1949 年 7 月，在西南武工区范围内的近百个村庄均建立了农会组织和民兵队伍。经武工队开展工作，许多乡村的群众革命活动更加活跃。

渔湖武工队于 1949 年 2 月组建，开始只有 5 人，以京冈乡为基点，从渔湖乡入手开展活动。渔湖是揭阳的心腹地带，东、南、北三面临河，西与县城接壤。渔湖武工队的建立与西南、小北山、城北等武工区形成了对县城的包围圈，给敌人造成了压力，引起敌人的注意。同年 3 月上旬，国民党揭阳县顽固派调遣 100 多名敌军突袭京冈村，找不到武工队的踪迹，就把参加武装斗争的孙波、孙峰、孙明、孙婉 4 位同志的母亲押禁起来当"人质"。渔湖武工队队员没有被敌人的险恶用心所吓倒，他们更坚定了对敌斗争的决心。当年 6 月中旬的一天晚上，渔湖武工队队员 10 人直抵潮美村，逮捕揭阳自卫总队长袁堃属下的特务小队长袁兴，押送五房山看守所，后将他处决。与袁兴同伙的黄世盛，曾任过巡官，反共成性，平日勾结桑浦山土匪，抢劫百姓财物，合伙分赃，并口出狂言要"掠尽共产党"。6月下旬的一个晚上，渔湖武工队与桑浦山武工队联合行动，到广美村将黄世盛捕获，并将他处决。这两个反动家伙被处决后，许多乡村的保长甚为震惊。渔湖武工队则乘胜采取政治攻势，运用策略，瓦解敌人的政权，迫使渔东乡长黄诗宁交出自家的驳壳枪及乡公所的所有枪支；西寨村当权者陈昌期被慑服，渔北乡公所的反动政权陷于瘫痪；渔江乡公所则形同虚设。这些乡公所对国民党政府的征粮、征税、征兵采取消极、拖延态度，武工队反抗国民党顽固派的斗争取得显著成效。

渔湖武工队在斗争中不断发展，组建9个多月，发展队员30人。在武工区内的16个自然村建立了农会和民兵组织，培养农会、民兵骨干33人，在募借活动中，共借到短枪30多支，长枪130支，还筹募了大批粮食，揭阳县城解放时，渔湖武工队即送稻谷1700担进城，及时解决了入城解放军部队的给养。

1947年11月，潮揭丰边组建的武工队由初建时的7人，发展至1948年1月底，队伍已达70多人，配备有轻机枪1挺，长枪30多支，短枪20多支。其时，边区的群众已初步发动起来，革命武装力量也开始形成，建军条件已经具备。经潮汕地委批准，潮揭丰边县委把潮揭丰边武工队改建为潮揭丰边武装中队（也简称为长枪队或梅北武装中队），杨苏中任中队长，王瑛任指导员。2月下旬，武装中队改名潮汕人民抗征队潮揭丰边独立大队，配有轻机枪1挺，长短枪60多支，倪宏毅任大队长，吴扬任政委。大队下辖2个中队。不久，又组建两个短枪突击队，队伍发展至120多人。至此，以五房山为中心的中共潮揭丰边游击根据地初步形成。

1949 年 1 月 1 日，中国人民解放军闽粤赣边纵队宣布成立。潮汕人民抗征队改编为中国人民解放军闽粤赣边纵队第二支队。这时，潮揭丰边独立大队奉命改编为第二支队第七团（简称二支七团）。杨兆民任团长，杨英伟兼任政委（后为王勃），郭奕祥任副政委，李涛任政治处主任，杨精任军需处主任，江孝任副官，陈仲（后为王捷生）任军事参谋，张国光任教官。七团下辖第一、三、五连。第一连连长陈松，指导员孙善；第三连连长王剑，指导员王瑛（后为江武），第五连连长廖顺，副指导员李林。不久七团又扩编第二、四、六连，分别由林炎、罗长、江锐任连长，郭明、陈忠、刘英任指导员。

潮揭丰边从组建武装队伍到揭阳全面解放的两年多时间，武装队伍从原来的几个人、几支枪发展成为一支拥有 600 多人，配备轻机枪 2 挺，长短枪数百支，有一定战斗力的革命武装队伍。其间，进行大小战斗 60 多次，粉碎国民党军队的多次"围剿"，拔除敌驻埔田、月城、新河、凤塘、曲溪、义康、枫口等据点。计共缴获敌轻机枪 4 挺，长枪 450 支，短枪 165 支，子弹和其他物资一大批，毙伤敌联防中队长及以下官兵 172 人，俘敌乡长、联防中队长及以下官兵 400 多人，配合接受起义官兵 140 多人。在战斗中，革命武装部队牺牲 49 人，受伤 100 多人，被捕 5 人。

揭阳解放前夕，七团第三、五连编入第三支队。解放后，七团第一、二连编入潮汕军分区警卫部队和汕头市公安部队。第四、六连编入揭阳警备司令部武装大队。

第三节 开展抗"三征"和反"围剿"斗争

一、开展抗"三征"斗争

1946 年 6 月，内战爆发后，国民党揭阳县政府在各地加紧"三征"，对人民群众横征暴敛。中共潮揭丰边县委为了配合全国反饥饿、反内战的斗争，从恢复武装队伍一开始，就响亮提出反"三征"的口号，立足于为广大人民群众的政治、经济谋利益。

1947 年 11 月 23 日，县委在梅北的坟背村召开会议，总结吸取过去武装斗争的经验教训，提出武工队的战斗任务是："亮出旗帜，领导人民开展反'三征'，镇压反动分子，破仓分粮，把武装斗争和群众利益结合起来，引导群众广泛开展斗争。"会议明确提出：在政治上，通过镇压地方反动恶霸，使村民摆脱其压迫和剥削；在经济上，通过破仓分粮，开展"二五减租""清债退息"，使村民摆脱生活窘境。

坟背村会议后，潮揭丰边县委从制造舆论宣传发动群众入手，四处张贴标语，散发传单。12 月 17 日，由郭奕祥组织有关人员在简师学校地下党员学生江新的宿舍印制反"三征"标语、传单、文告，并于当天晚上将标语、传单、文告张贴到榕城各街头巷尾。第二天，驻城的国民党当局得知此事，慌了手脚，如临大敌，在西门外交通要道架设轻机枪，盘查可疑行人。人民群众见到反"三征"标语、传单及文告后，无不暗中拍手称快。

随着抗"三征"及减租减息斗争的深入开展，广大人民群众深刻认识到，只有组织起来跟共产党走，才能求得翻身解放，群众的革命情绪日益高涨，不但在国民党统治比较薄弱的山区、乡村建立农会民兵组织，就连原来反动势力较强大的玉白、秋江山、棉浦及接近县城的仙窖、营浦施、盘载等村，也建立了农会、民兵组织，并逐步掌握乡村权力，敢与国民党的保长、甲长进行斗争。到 1949 年下半年，有成立农会组织的乡村，可以说是"一切权力归农会"，乡长、保长、甲长要办什么事得先征求农会的意见。农会、民兵除在村中开展各种斗争外，还为武工队安排宿舍、放哨、带路、转送情报，调查各阶层情况，了解地主豪绅的动态，并协助武工队借枪、募粮。

为了进一步建立和发展妇女组织，培养妇女干部，提高她们的思想觉悟、工作能力与政治素质，潮揭丰边县委于 1949 年春在五房山召开全县妇女干部整风会议，时间 10 天，参加人数 30 多人，杨昭玲主持会议，组织部长王勃、行委会主任陈君霸分别在会上讲话。会议结束后，一批妇女干部按照县委关于"组织农会、妇女会"的指示，积极主动地奔赴各地筹建妇女组织。6 月，潮揭丰边民主妇女联合会筹委会正式成立，杨昭玲为筹委会主任。

青年是革命队伍的主力和后备军。潮揭丰边县委一向重视青年运动，不仅在学校做好青年学生的工作，而且在广大农村做好青年工作，在边区农村广泛发动青年参加各种斗争，吸收一批青年入伍，培养一批积极青年。1949 年 6 月，潮揭丰边新民主主义青年团筹委会正式成立，由孙波任书记（后孙波调地委，由王彻接替）。潮揭丰边新民主主义青年团筹委会成立后，按照县委的部署，选择了群众工作基础较好的梅北行政区作为建立青年团和青联会的试点区，指派杨旭负责。

党组织对妇女、青年的工作十分关心和重视。同年 6 月在五房祠堂召开潮揭丰边妇女、青年工作会议，时间 10 天。会议由杨昭玲主持，孙波传达贯彻潮汕地委对青年、妇女工作的指示，讨论如何深入发动群众，做好群众工作等问题。

新民主主义青年团筹委会和民主妇女联合会筹委会积极响应党的号召，带领广大青年、妇女投入各种活动。特别是在迎军支前运动中，他们站在运动的前列，为党做了大量的工作。在革命斗争实践中，又促进建团、建立妇女会与建立儿童团组织工作的开展，至 1949 年 10 月底止，全边区已有近 10 个乡村建立了团支部，发展团员近百人；建立区一级妇联会 4 个，乡村一级妇女会23 个。

二、开展反"围剿"斗争

1947 年 12 月 27 日，宋子文委派喻英奇任第五"清剿"区（潮汕）司令官兼第五行政督察专员、保安司令，以实施其"清剿"计划。1948 年 1 月，喻英奇到潮汕后，强化"剿共"机构，建立"剿匪"指挥所和联防处，加紧向大北山、大南山游击区进行"围剿"，驻扎在揭阳城及其周围的敌军（包括保安部队、政警、联防队等）增至 2000 人左右。敌人在山地边缘普遍建立联防队，实施所谓"肃清平原，围困山区"等"清剿"计划。2 月 4日，喻英奇在揭阳县城监狱将犯所谓"窝匪、通匪"罪的 9 名地下党员、进步人士游街示众后枪决，一时间血腥恐怖笼罩着整个揭阳县城。

面对敌军压境的严酷现实，潮揭丰边县委带领革命武装队伍，与强敌进行频繁战斗，经受了严峻的考验。2 月 29 日，潮揭丰边县委在潮安县属大葫芦村召开区一级干部会议，贯彻潮汕地委关于粉碎喻英奇进攻的指示，确定了当前的斗争方针是："依山地，向平原，分化打击（或消灭）梅北境内和周围乡一级反动武装。

普遍建立农会、民兵，组织两面政权，为建立红色根据地创造条件。"决定巩固独大队伍，加强武工队活动。采取机动灵活的活动方式，广泛发动群众，开展斗争，处处威胁敌人，使大队主力能够更机动地活动或作短期休整。

3月14日，喻英奇组织大批兵力向大南山发动第一次"围剿"，驻揭阳700多人的国民党军队，同时向驻梅北革命武装队伍进行"围剿"。为及时阻击喻英奇敌兵向大南山进发，揭阳共产党组织接上级指示，任命以许督庵为队长，陈存、杨虎、杨祖程、张木糖、黄英等人和永东村民兵组成敢死队，伺机消灭揭阳驻在梅云石马、大西等地的水上警察检查站。敢死队经过侦察部署，先后两次出击大西、石马，摧毁了敌人水上警察检查站，击毙敌人一马姓的站长及几名警察，还有几名警察被击伤，缴获步枪4支。

驻在梅北赵厝埔的独大队伍和武工队，采取大迂回和小迂回相结合的战术，避开强敌锋芒，主动转移到潮安的枫树员。待敌人撤离后，于16日武装队伍又迂回至梅北的岭后村。18日夜，武装队伍突袭位于潮下村的梅北乡公所，缴敌长枪12支及其他物资一批。第二天，敌人闻讯后组织几百兵力再次进攻梅北。武装队伍得到情报后又主动撤至蔡肚内山岭。20日队伍转到五房山后又迂回到山外活动，威胁揭阳县城，迫使敌人退出梅北。

1948年5月31日夜，革命武装队伍协同民兵组织，分段破坏敌人交通电讯。第一突击队与梅北武工队，以及梅北各村民兵100多人，负责揭安、揭丰公路的锡场至官硕沿线，第二突击队配合西南武工队，带领五房、坪上、顶下坝等村民兵100多人，负责揭丰公路的龙车溪桥至山湖沿线，分组分段破坏敌人的电讯交通，烧毁公路桥梁；同时还袭击揭阳北门外的蓝和乡公所，榕城水上警察所，玉浦、官硕汽车站和西门外敌碉楼等处。这次行动，破坏了敌人"围剿"梅北的计划。

为了更好地宣传发动群众，唤起群众投入反"围剿"斗争的行列，1948年秋，潮揭丰边县委在五房山创办《红星报》社。报社由县委宣传部长马千主抓，王浓担任社长兼编辑。除出版《红星报》外，还编印了大批革命传单、文告，大力宣传共产党的政策，揭露敌人的罪行。编印出来的宣传品由地下党员、交通员分头带送到边区各地，分送各乡村，也散发、张贴至敌统治区。《红星报》在县城张贴、散发后，驻揭阳县城敌人极其惶恐不安，出动大批兵力四处搜查办报人员、地点，但一无所获。

1948年10月，潮汕地委召开会议，研究香港分局8月指示和潮汕形势，为粉碎国民党军队喻英奇部的进攻，提出"保卫秋收"口号，并布置主力与地方部队主力，向平原敌后进击。会后，潮揭丰边县委颁布"减租减息"条例，继续深入广泛发动群众。

1948年10月，吴扬、马千因工作需要调离潮揭丰边县委，增加方思远、林三为县委委员，方思远接任宣传部长。同年底，调派王勃为县委副书记兼任组织部长。这时，随着革命形势的发展，各地党员人数增多，至1948年11月党员已达210人，建立党支部21个。

1948年秋，正值青黄不接之际，处于饥寒交迫的人民群众都急着收割早熟的稻穗以渡艰难日子。为防止敌人抢粮和牵制敌人对大北山根据地的"进剿"，潮揭丰边县委根据上级"保卫秋收"的指示，决定下平原主动进击敌人，采取出其不意，攻其不备，速战速决的战略战术，消灭敌人，保卫秋收。

11月29日凌晨，独大主力和梅北武工队化装成一支50多人的国民党"清剿"大队，智袭距离县城只有3000米的国民党新河常备队和乡公所。此役不费一枪一弹，不到半个钟头，便解决其反动武装，俘敌中队长 1 人，缴获长短枪 30 多支。这次行动，对敌人的嚣张气焰以有力的打击。驻扎在城内的敌人以为来了共产党的大部队，而龟缩于县城不敢妄动。

在反"围剿"斗争中，由于武装斗争和群众斗争相结合的发展，潮揭丰边革命武装力量不断发展壮大，山地游击根据地日渐巩固。

1949 年 1 月 7 日夜，潮揭丰边独立大队在武工队和民兵的配合下，袭击驻月城的磐中常备队，毙敌中队长、队员各一人。同月下旬出击驻曲溪联防中队，毙伤敌 10 多人。3 月 23 日强攻枫口警察所和梅南常备队，缴敌长短枪 63 支，拔除敌枫口据点。至此，桑浦山武工区和梅北武工区连成一片。4 月，边纵主力横扫潮汕平原南线之敌时，第二支队第七团与第三团担负的战斗任务是在揭阳至潮安之间开辟北线战场，以牵制敌人兵力。两个团共同制订了引蛇出洞的作战方案，主动出击围攻曲溪联防队；佯攻揭阳县城，把潮安、揭阳之敌引出来，诱到群众基础较好和地形有利的梅北山区赤鼻岭给予痛击，给敌人以重大创伤，断绝了南线敌人的援兵，胜利完成牵制任务。

三、开展黎明前战斗

1949 年 4 月 23 日，中国人民解放军解放南京，宣告国民党反动统治中心的覆灭。揭阳县的国民党顽固派明知大势已去，但仍垂死挣扎，集中兵力对革命据点进行"围剿"，配合败退南逃的国民党胡琏兵团进攻潮揭丰边根据地。边区军民在县委的领导下，与敌人进行英勇、顽强的斗争。

6 月 10 日凌晨，揭阳的国民党顽固派调集驻揭阳的雷英部与新亨的蔡球部以及大头岭、乔南里等地的联防队"围剿"革命据点潭王村，与此同时，在周围的赤岸、月城、松山、潭蔡、山尾等村派兵驻守。当日凌晨 3 时,国民党军队进村大肆搜查、抢掠,上午 10 时许,在广美围寨后当众枪杀无辜教师黄梅南及农民王再添等 5 人,抓走无辜群众 15 人,抢劫一批财物后,才匆匆撤离。当晚驻宿在该村花篱内围的西南武工队及设于该村门前围一带的副官处的工作人员,在革命群众的掩护下安然无恙,副官处财物无一损失。当夜宿营赤岸村的西南武工队 4 名队员,却因坏人告密而被捕,几天后均在榕城被杀害。

6 月下旬,原属胡琏兵团的第十八军第十一师(刘鼎汉部)由台湾调到潮汕,企图控制出海口,以接应溃逃的胡琏兵团往台湾。这是在反动政权行将崩溃前夕,敌人所作的垂死挣扎。对此,中共华南分局及时发出指示:"反抢掠,将是华南解放前夕的一场残酷的斗争。"并作出军事部署,提出了战斗任务。二支司令部交给七团的任务是:保护群众,保护根据地,袭击敌人,以稳定群众情绪。边区军民按照上级指示,坚壁清野,构筑工事,准备抗击敌人,坚持黎明前的艰苦斗争。

8 月 7 日,南逃的胡琏部与台湾新军刘鼎汉部于揭阳新亨至丰顺一带会合,占领揭丰公路沿线,连同地方反动武装总共 3 万多人,分成几路"围剿"五房山革命根据地。8 日夜,台湾新军刘鼎汉部 200 多人配轻机枪数十挺,从坪上方向抢占五房两侧山峰制高点,对五房山革命根据地形成包围之势。

在五房山根据地危急时刻,林美南和潮汕地委采取"围魏救赵"的战术,令解放军第二、三支队速调 7 个团的兵力,于 8 月 16 日围攻普宁县城洪阳。刘鼎汉部一个营和揭阳县保安营七八百人果然从榕江北岸援救普宁,被打援部队伏击。进犯五房山之敌闻普宁县城告急,忙撤回榕城新亨一线,五房山之围遂解。17 日傍晚,攻击普宁县城的解放军第二、三支队各部队撤出战斗。

9 月中旬,解放军二支主力从潮阳、普宁平原开到揭阳锡场,配合边纵主力阻击胡琏残部。二支七团主力奉命开回潮揭丰边，在锡场外围的胶东岭一线警戒，保护二支司令部。25 日，胡琏残部沿揭丰公路向锡场进攻，解放军二支七团在藤吊岭山头配合兄弟部队进行阻击。下午 4 时敌军败退至揭阳县城。10 月初，胡琏残部开始溃逃汕头。敌军想荡平小北山和大北山革命根据地的希望破灭，企图顺利逃往台湾，同时为补充兵员和给养，疯狂地在缓冲区和白色区抓丁、抢物，无恶不作，残害百姓。全县被拉壮丁达 1500 多人，造成许多家庭妻离子散，倾家荡产，民怨沸腾。七团在潮揭丰边县委直接领导下，灵活机动，伺机出击敌人，协同三支三团猛攻新亨，横扫残敌据点；并在武工队、民兵的配合下，主动保护人民群众生命财产安全，袭击到处劫掠之残敌，给残敌有力打击。

同年秋，闽粤赣边纵队在高湖袭击了国民党雷英部队，战斗持续了一天一夜，甚为激烈。武工队长孙明带领武工队和永东全体民兵及当地革命群众，为一线部队运送子弹，烧水、煮饭、挑担架、救伤员。在这次战斗中，敌方死伤 10 多人，边纵缴获雷英部队的枪机 20 多支和其他战利品。

第四节 揭阳迎来解放，建立人民政权

　　1949 年 4 月 24 日，潮汕地委发出关于"动员一切人力、物力、财力，拥护毛主席、朱总司令的进军命令，支援前线，迎接大军南下，解放华南，解放潮汕"的号召，广大革命群众热烈响应，掀起献金、献粮，拥军支前的群众运动。6 月 10 日，梅北召开了万人献金支前大会。不少妇女、群众当场献出银元、银手环、金戒指、金耳环、银脚环、布匹等物，以实际行动支援解放军。

　　8 月，潮揭丰边县委根据闽粤赣边区党委的指示，成立迎军支前工作领导小组，各行政区、武工区以及较大的乡村也先后成立迎军、支前动员委员会，掀起迎军支前热潮。经过抗"三征"、破仓夺粮、减租减息等斗争锻炼的边区广大群众，阶级觉悟及革命热情大为提高，积极做好迎军支前各项准备工作。

　　为迎接潮汕全面解放，做好接管城市准备工作，1949 年春，中共潮汕地委先后在南山、五经富举办二期干部培训班，解放军闽粤赣边纵队第二支队司令部于同年 5 月分别在河婆、龙潭举办军事干部训练班和开办军政学校，为接管城市训练和准备干部。潮汕地委副书记李平于 8 月 2 日在揭阳灰寨崇正学校向党、政、军、群有关负责人作《城市政策》报告，提出解放潮汕有上、中、下三种不同方式：争取北平式（上式，即和平谈判）；准备天津式（中式，即半和谈半使用武力）；防止南京式（下式，即强攻硬打）。报告中提出入城后的纪律和注意事项。着重强调：

解放后的城市，已成为人民的城市，不再是反动的堡垒，革命者应建立新的（正确的）城市观点，禁止破坏、泄愤与随便没收行为。并指出严格入城的纪律，是执行城市政策的保证。城市纪律要贯彻执行《三大纪律八项注意》，必须把这一精神贯彻到各方面的具体工作中。李平在报告中还提出"三不动"和"五不准"的规定。"三不动"，即不能随便动手、动脚、动口。"五不准"，即不准被人请上酒楼，禁止大吃大喝；不准赌博，不论是明的或暗的；不准嫖妓、住旅馆，一定要集体生活（居住）；不准接受馈赠，即使小如烟支，亦要拒绝；不准乘坐黄包车（人力车）。

解放军第二支队司令部、政治部于9月20日向全军发布八项入城纪律。号召全体指战员学习人民解放军各野战军入城时的纪律，坚决执行保护城市的政策，切实遵守人民解放军总政治部颁布《三大纪律八项注意》，按照《约法八章》与《入城守则》，做好护城工作。

为了在揭阳全境解放之后实行统一领导和分工接管榕城，潮汕地委书记曾广指示揭阳县委书记兼二支六团政委林史，与潮揭丰边县委商讨两个县委合并等问题。8月14日，林史、张华、王道宏等9人从灰寨抵达小北山的五房村与潮揭丰边县委领导王勃、陈君霸、方思远等同志一起商量有关两个县委合并及接管揭阳事宜。林史受曾广委托，宣布揭阳县委、潮揭丰边县委合并为新的揭阳县委。两个县委分头按计划进行有关接管揭阳的准备工作。后因胡琏溃兵窜犯，两个县委的领导班子仍然并存，一直工作至揭阳全面解放，才合为一个县委。

潮揭丰边县委书记王勃一面组织传达五房会议精神，一面布置城内地下党员摸清敌人情况和做好入城前的宣传工作，并筹建一支城市工作队伍。8月间，正式成立城市工作组（简称"城工组"），由方思远、林宽、李木、陈仲等人组成，任务是负责策反、调查、宣传和统战等工作。城工组成立后，与城内地下党员黄烈明、王琳等人加强联络，开展活动。为适应形势的需要，县委把负责榕城组织工作和负责榕城情报工作的两股地下党力量统一起来，设立军事交通情报网点。城里的重要情报联络点设在魁西镇第十三保国民学校（原吊桥外西郊南面）。情报站建立后，经常为县委和解放军二支司令部搜集敌情，传送军事情报。10月中旬，情报组获悉敌人准备逃跑的情报：敌原准备乘电船从水路往汕头，因地方军政人员太多，水运容不了，便计划从陆路由渔湖退至炮台、地都、桑浦山脚一带。情报组马上将这一情报传送给县委，并分工做好城内的策反工作。对未撤走的敌武装人员用党的政策去感召他们，劝他们起义、投诚；对国民党地方绅士头面人物，劝其弃暗投明，立功赎罪。地下党员王琳找到国民党揭阳县原军事科长、区长王镇藩，把由杨兆民、陈君霸亲自署名的一封信交给他，劝其认清形势，做出抉择。他接到信后，既紧张又高兴，经思虑后表示：1. 在城的陈智所带领的一中队人马由他去说降；2. 如果县城真空时，由他负责帮助维持治安秩序。隐蔽在城内以做生意为掩护的地下党员林宽，通过真理中学进步教师陈成宪与县政府建设科庄锡桐的老同学关系，为潮揭丰边县委弄到一张揭阳县全境地形图和一张榕城街道图。陈成宪还通过国民党县政府财政科科员沈光章，为城工组提供了当时国民党党政机关的一些情况。

在揭阳解放前夕，斗争尖锐复杂，搜集敌情的任务更加艰巨、更为紧迫，城工组的同志克服各种困难，获取不少重要情报。城工组的同志经过艰苦努力工作，基本摸清了解放前夕国民党揭阳县党、政机关的机构设置，主要人员情况和军事实力，并掌握了当时揭阳内的社会名流、绅士、各个门头的封建势力代表人物的情况以及市场经济信息等情况，为解放和接管揭阳做了大量细致的准备工作。

为做好入城接管与保卫工作，潮揭丰边县委还在坪上成立一支城市武装工作队（简称"城工武"），全队共 50 多人，王充任队长兼指导员。队伍就地集训 10 多天，主要围绕严明军纪及入城接管工作、肃敌和保卫工作等注意事项进行学习培训，提高指战员的思想觉悟及应对各种突发事变的能力。

10 月 15 日，中国人民解放军闽粤赣边纵队第三支队根据边纵司令部发出向揭阳榕城、潮安、汕头市推进的命令，队伍从棉湖出发，17 日抵达锡场村，18 日队伍向榕城靠拢，逐步缩小包围圈。边纵第三支司令部部署第九营负责北河尖浦沿岸警戒，第三营、第七营登上黄岐山，负责监视榕城、曲溪、炮台之敌。

驻揭阳的国民党军及其地方反动武装采取以进为退的策略，17 日和 18 日两天晚上在西门吊桥外乱放枪炮，虚张声势，制造"反击"假象。另外，敌人逃离揭阳前还故意在江面上游动电船和拖带木船，扬言要去运兵来打仗，暗地里却是准备逃走。19 日凌晨 2 时许，驻县城之敌偷偷从进贤门取陆路向炮台方向逃去。

19 日凌晨 5 时许，由解放军第三支队参谋长张云基带领精干短小的侦察队先行入城。接着支队首长分头率领第三团、第一团先后渡过玉浦渡，从北门进城。第三团的九营则经乔林村，从西门进城。同时，第二支队第六团、第七团抽调部分兵力分别由郑剑夫、杨兆民率领开进揭阳城。

至此，揭阳县城解放了！这也标志着揭阳县全面解放！

潮揭丰边县委领导王勃、陈君霸、方思远等同志 19 日从锡场进入揭阳县城，驻扎在揭阳第一中学。当天晚上，第二支队第七团团长杨兆民等同志到一中会晤县委领导，研究和商议维持县城治安和接管工作等事项。

20 日上午，揭阳县委书记林史率领的接管工作组 40 多人从桂林乡乘船往榕城西门吊桥上岸，列队进入榕城。

当各武装队开进揭阳县城时，群众高兴万分，沿街两旁都站满了欢迎的群众，许多商店燃放爆竹，敲锣打鼓，鞭炮齐鸣，口号声与欢呼声夹杂在一起，气氛热烈，盛况空前。入城的队伍军容整齐，意气风发，一路高唱革命歌曲，并不时向欢迎的群众挥手致意，不时振臂高呼"向乡亲们致敬""解放全潮汕""解放全中国"等口号。

进城的队伍分别驻扎在揭阳一中、学宫、进贤门外商业学校、淑园和郑厝祠等公共场所。干部和战士严守《三大纪律八项注意》及《入城守则》，军纪严明，秋毫无犯。为维护城内秩序，还组织了巡逻队、纠察队，日夜在街上巡逻执勤。

20日下午，潮揭丰边县委及揭阳县委的领导人在一中开会，遵照潮汕地委指示，两个县委正式合并为新的中共揭阳县委员会，并成立揭阳县军事管制委员会。杨英伟任县委书记兼军管会主任，林史任县委副书记兼军管会副主任。王勃任县委组织部长，杨坚任县委宣传部长。县委常委由杨英伟、林史、杨世瑞、王勃、李日、杨坚、方思远7人组成。县委成员按照五房会议商定的方案统一分工，着手接管国民党揭阳县党、政、警、财等部门，同时成立揭阳县警备司令部，郑剑夫任司令员。

县委抽调第二支队第七团二连和四连两个连队部分人员充实城工武力量，由方思远、王充带领，接收县警察局和警察所。当接管的队伍到达时，原国民党揭阳县警察局官兵已经列队在门口欢迎等候。经验收武器、档案材料之后，接管人员对他们训话，就地待命，听候安置，在安置之前，保持正常秩序和工作，保持他们原职原薪。对收缴的枪支、弹药、档案、文件等物品贴上了军管会的封条。接收警察局、警察所之后不久，城工武改编为揭阳县公安大队。

接管工作紧张而有序地进行，商运组接管了县银行、税局、戏院、"裕兴发"米行等；民运组接管了总工会、妇委会、商会；交通科接管了电话所、邮电局；文教科接管县立 4 所中学、县立 4 所小学及 1 所私立小学、县民教馆、县图书馆、南康日报社、南声日报社、榕报社；卫生科接管了县卫生院等。军事接管方面，共收遣国民党残余武装官兵 2000 多人，逮捕了少数反动头子，破获 2 个特务组织。交通方面，恢复了揭阳与国内外邮递及电报通信系统；与潮安、丰顺、普宁、兴梅等县先后通车；与汕头各地水路恢复通航。文教方面，县立商业学校、农工学校合并入师范学校，并迁至商校原址上课；县妇女补习学校并入县师范附小；县私立中正学校改名新生学校；县民教馆、图书馆及光夏图书馆合并为人民文化教育馆；南康、南声、榕报三报社残存印刷设备合并为人民印刷所。民运方面，建立了总工会筹备机构及 17 个行业工会，会员达 3000 多人，并筹组合作社以照顾失业工人。工人阶级地位大大提高。

同月 23 日，成立揭阳县人民政府，杨世瑞任县长，何绍宽任副县长，下设各科、局（股）、院。同时，成立了共青团揭阳县委员会，张烙寂任书记，王彻任副书记；成立揭阳县总工会，县委宣传部长杨坚兼任县总工会主席，张文彩为副主席；成立榕城市人民政府，杨兆民任榕城市市长，林江任榕城市委书记；成立县妇女工作委员会，吴英任妇委书记。

11 月 10 日，中共揭阳县委、县军管会在进贤门外的大操场（后改建为东风广场）上召开"庆祝中华人民共和国成立、庆祝广州潮汕解放、庆祝揭阳县人民政府成立"的"三庆"大会。全县各区和榕城市都派代表参加，同时特邀老革命根据地的革命母亲、功臣参加大会。工农商学兵等各界人民群众共 2 万多人参加大会。大会由县长杨世瑞主持，县军管会副主任林史、县委书记陈彬、地委书记曾广分别在会上讲话。全县人民热烈欢呼解放战争的伟大胜利，欢呼全县人民获得解放。

从此，革命老区人民跟全县人民一道，结束了旧社会苦难的历史，在中国共产党的领导下，团结一致，同甘共苦，迈进社会主义革命和社会主义建设的新时期。

7

第七章

社会主义建设探索时期

第一节 建立各级党组织和人民政权

　　1949 年 10 月 19 日揭阳解放后，新组建的中共揭阳县委员会和揭阳县人民政府分别于 20 日和 23 日成立，随后，着手调整了行政区划，并组建和成立了各级基层党组织。全县划分为 16 区、1 市和 2 镇，原第一区改置为榕城市、渔湖区、安乐区，原第二区改置为桃地区，原第四区改置为新亨区、蓝东区。今榕城区境即为上述的榕城市、渔湖区、安乐区、桃地区，以及蓝东区南部片区。

　　随后，各区（市、镇）党组织和人民政府分别在辖域内设置了乡、村两级基层党组织和基层政权。

　　1951 年 6 月，根据中共中央中南局关于划小区乡范围的指示，揭阳县再次调整行政区划，全县划分为 20 区、1 市和 1 镇，桃地区分设为炮台区、桥上区和地都区。即今榕城区域包括 1 市 5 区，以及蓝东区南部片区。

　　1951 年 10 月，揭阳县所辖 20 区改为数字序列名称，蓝东区改称第十三区，安乐区改称第十六区，渔湖区改称第十七区，炮台区改称第十八区，桥上区改称第十九区、地都区改称第二十区。1952 年 12 月，榕城市人民政府改为榕城镇人民政府。

　　1953 年 3 月，20 区合并为 18 区，第十九区（桥上）并入第十八区（炮台），各区序号重新排列，蓝东为第十二区，安乐为第十五区，渔湖为第十六区，炮台为第十七区，地都为第十八区。

1954 年，改序列名称为地名，今榕城区境仍为 1 镇 4 区，分别是：榕城镇、安乐区、渔湖区、炮台区和地都区，以及蓝东区的南部片区。

在建立基层党组织和基层政权的同时，还相应层层建立了各级群众团体组织：农会组织、工会组织、青年团组织、妇联组织、侨联组织。

新中国成立初期，根据《中国人民政治协商会议共同纲领》规定，采取过渡性措施，召开"揭阳县各界人民代表会议"，属协议机关。从 1950 年 3 月至 1953 年 2 月，全县先后召开六届各界人民代表会议和一次临时会议。

第二节 巩固人民政权

新中国成立初期，国民党残余势力依然猖獗，土匪恶霸、反革命分子、反动党团还在危害社会，阴谋组织武装反攻，杀害党员干部和人民群众，妄图颠覆新生的人民政权。为打击敌人的嚣张气焰，维护社会秩序，巩固人民政权，揭阳县委带领全县人民开展减租减息、清匪反霸、镇压反革命、查禁黄赌毒、取缔反动会道门、贯彻新《婚姻法》等一系列运动，进一步巩固人民政权。

一、开展减租减息运动

新中国成立后，1949 年 11 月 19 日，揭阳县委召开第一次执委会议，具体分析全县的基本情况，揭阳县有老解放区与新解放区之分，人口约各占一半，老解放区为第三、四、五区，是解放战争时期潮汕游击战争的根据地，人民政权已全面建立，群众经过减租减息斗争获得胜利果实，生活初步改善，觉悟有所提高，党组织有相当基础，反动封建势力已受打击削弱，革命秩序已初步建立。新解放区为刚解放的第一、二区，是揭阳县政治、经济、文化、交通较发达的中心区域，基层政权未建立，土匪恶霸、特反横行霸道，群众未经教育组织，思想落后，党组织没有基础。于是，县委决定集中力量，普遍发动新区群众进行"双减"斗争，消灭土匪恶霸、特反，收缴反动武装，迅速建立革命秩序，奠定新区政权和群众组织基础，为建立党组织准备条件。

为开展新解放区工作，并将接着进行全县的土地改革，1950年4月1日，揭阳县委从全县抽调617名干部在梅岗区路篦村举办训练班。4月5日，潮汕地委决定，以揭阳县的干部训练班为基础，加上潮汕干校学员约200名，组成潮汕地委第一工作团，由潮汕地委常委、宣传部长吴南生任团长，在揭阳县开展土地改革试点工作。潮汕地委工作团和揭阳县委选择梅岗、桃地、南龙、磐岭4个区为试点，以新解放的梅岗区、桃地区为重点，开展土地改革运动。4月12日，潮汕地委第一工作团颁发《关于开展梅、桃地区工作方针任务与若干具体政策问题的规定》，提出工作团的总方针任务是："大胆放手发动群众，依靠贫雇农，团结中农，通过生产、度荒、剿匪、反霸、退租减息，彻底打击地主阶级在农村中的当权派并乘胜坚决展开普遍削弱封建势力的斗争，胜利完成剿匪任务，创造今冬实行土改的初步条件。"

4月18日，潮汕地委第一工作团分成若干个工作队深入到试点区各乡村开展工作。梅岗区3个工作队271名队员，工作面45个自然村。工作队从解决群众对剿匪反霸、退租减息迫切要求入手，发动群众批斗封建当权派的代表人物，打击为非作歹的首恶分子，扫除封建地主恶霸势力的威风，使广大农民扬眉吐气。至6月12日，试点区"剿匪反霸、退租减息"工作基本结束。7月7日，工作团召开总结大会，总结桃地、梅岗试点工作所取得的成绩，为全县开展土地改革积累经验。桃地、梅岗54个村参加退租2721户，退得现谷24.65万斤，约期退还3.3万斤。由于退租时间短，一些地方准备不够，小部分中农也被退租，后来得到纠正。

揭阳县新解放区经过清匪反霸、减租减息斗争，在全县范围内基本消灭了土匪，肃清农村封建势力，消除封建械斗，提高群众觉悟，社会秩序得到安定，为全县开展土地改革打下坚实基础。

二、开展清匪反霸斗争

新中国成立初期，揭阳县新解放的第一、二区，土匪恶霸、特反未受到打击，仍横行霸道，基层政权操控在反动封建势力手里，群众未经教育组织，党组织工作没有基础，特别是地处汕潮揭三地交界之处的桑浦山，因重峦叠嶂、道路崎岖、岩洞众多，历来匪患频繁，附近乡民和过往客商，无不深受其害。解放前，桑浦山土匪经常到附近乡村绑掠村民，囚禁于山洞之中，向其家属勒索钱财，致受害家属卖田卖屋，甚至家破人亡。土匪还在地都、炮台一带设立水路陆路检查站，勒索过往船只、客商钱财，索要"保护费"，否则"查办扣留"。

面对新中国成立初期的复杂形势，1949年11月，揭阳县委第一次执委会议确定的总方针是"集中力量，开展新区，照顾老区，工作重点在农村但又兼顾城市"。主要任务是集中力量、普遍发动新区群众进行"减租减息"斗争，消灭土匪恶霸、特反，收缴反动武装，迅速建立新的革命秩序，奠定新区政权和群众组织基础，为建立党组织创造条件。12月，县公安机关组织1万多名农民配合潮汕军分区部队，对桑浦山土匪进行清剿，擒获匪首孙泉，余众被迫投降。随后，潮汕军分区将土匪集中于潮安沙陇村，整编为"解放连"，孙泉任连长，政治指导员由军分区委派。在此期间，孙泉图谋不轨，私将原属下匪徒郑暹泉、郑再如等派返桑浦山，妄图东山再起。并指使郑呢哪在南陇一带招摇撞骗，敲诈勒索，甚至进县城向商船强收"保护费"，影响很坏。

揭阳县委为集中力量打击土匪、恶霸、特务以及封建地主，1950年3月，揭阳县召开第一届各界人民代表会议，确定在全县开展清匪反霸的斗争。同时成立清匪委员会，由县委书记陈彬任主任，县警备司令部司令郑剑夫、公安局局长方思远任副主任，统一指挥全县清匪工作，并以土匪活动比较猖獗的河江、桃地2个区为重点，开展政治攻势，动员土匪亲属做说服工作。经过一个多月的战斗，土匪被抓获193名，投降77名，公安机关缴获武器弹药一批，桑浦山匪首孙泉等41名匪徒被枪决。1952年，为彻底肃清土匪祸害，揭阳县委调整健全县清匪委员会，由县委书记陈彬任主任，县公安局局长李德智任副主任，公安局副局长张华、共青团书记林戈、武装部洪永贞、孙善为委员，并设立办公室于公安局内，洪永贞兼任办公室主任。结合镇压反革命运动，揭阳县委再次发动各方面力量查户口，追逃亡，搜山查海，共出动民兵3.4万人次，主要搜查桑浦山、大北山、小北山、南阳山的68个山洞，榕城、棉湖2个镇，162个村，2.177万户，共抓获土匪恶霸、反动党团骨干、国民党军政人员1400多人。自此，为害揭阳县的土匪基本肃清。

三、开展镇压反革命运动

刚刚解放的揭阳县，国民党反动统治虽然被推翻，广大农村土匪、特务、恶霸、地主互相勾结，猖狂地向新生的人民政权进攻，妄图颠覆新建立的人民政权。他们有的散布谣言，恐吓群众，蛊惑人心；有的分散财产，烧毁房屋，屠杀耕牛；有的抗拒减租减息，甚至把租谷供给土匪，收买土匪枪杀农会干部；有的挑拨群众关系，制造纠纷，引起械斗。1950年初，发生了桃地区恶霸地主收买土匪绑架枪杀南陇村农会副主席郑芳仔，渔湖区楳松乡地主收买农会主席等事件。

为打击敌人的嚣张气焰，树立政府威信，巩固人民政权，3月21日，揭阳县依法镇压了一批犯罪分子。10月10日，中共中央发出《关于镇压反革命运动的指示》，要求各级党委全面执行

"镇压与宽大相结合"的政策，对已逮捕及尚未逮捕的反革命分子，应根据已掌握的材料，经过审慎的研究，分别加以处理。揭阳县委根据中央的指示精神，在全县掀起开展大规模的镇压反革命运动。12月5日，成立揭阳县人民法庭，由县长杨世瑞兼任庭长，各区设分庭，专门负责处理镇压反革命运动中涉及土匪、恶霸及不法地主等案件。

揭阳县镇压反革命运动分两个阶段进行。第一阶段为1951年1月至5月，主要是贯彻执行中共中央对反革命分子"镇压与宽大相结合"和"首恶必办，胁从不问，立功受奖"的政策。广泛进行查敌情、反破坏、起黑枪、算剥削、追祸根，对反革命分子发起强大攻势，从政治上、经济上以及武力上彻底打垮敌人。并根据情节轻重，进行杀、关、管，为人民除害，同时为开展土地改革扫除障碍。县人民法庭在镇压反革命运动中，采用群众斗争与法庭审判相结合的方法，就地审判并召开公审大会，对案情重大、罪恶累累的恶霸地主则组织群众控诉。在镇反中还破获"国民党反共救国军韩江支队"和"国民党闽粤边区司令部"两个特务组织。

1951年2月17日，揭阳县人民法庭在进贤门外广场公审反革命首恶分子、原国民党政府县参议长林象鼎。5月1日，在榕城市、炮台区、安乐区同时召开公审大会，共镇压反革命分子57人。在运动第一阶段中，全县召开公审大会24场次，参加群众17万人次，镇压反革命分子626人。之后有82人坦白自首和戴罪立功的恶霸地主受到宽大处理。

镇压反革命运动的第二阶段为1952年6月至11月，结合土改复查，进行清理积案，追查土匪，加深镇反工作。从查逃亡、查漏网、查不服入手，确定对该杀未杀、该捕未捕、该判未判、该管未管的反革命分子进行处理。在群众中还开展反欺骗、报上当活动，把地主分散隐藏的枪支弹药和财物揭发出来。通过第二阶段的镇压反革命运动，清理积案，给敌人又一次有力打击，基本上肃清国民党的残余武装力量。从此，镇压反革命运动转为经常性的防奸肃敌、治安保卫的群众性运动。

第三节 拥军支前工作

新中国成立后，中共揭阳县委带领全县人民开展各项社会建设，建立人民武装，积极开展拥军支前工作。在抗美援朝中，发动广大人民群众缴纳公粮，组织青年报名参加志愿军，开赴前线，抗击侵略者。

一、建立人民武装

揭阳县全境解放以后，中国人民解放军闽粤赣边纵队第二支队第六、七团合并组建揭阳县警备司令部，司令员郑剑夫。1950年4月，揭阳县警备司令部改称揭阳县武装大队。1951年7月，揭阳县武装大队改称揭阳县民兵支队部。1952年初，揭阳县民兵支队部改称揭阳县人民武装部。1954年8月，揭阳县人民武装部改称揭阳县兵役局。各区（镇、市）分别设立武装部，县、区军事机构同时接受同级党委和上级军事部门领导。榕城镇和安乐、渔湖、炮台、地都4区相应建立起区（镇）武装部，接受区（镇）党委和县兵役局的领导。

二、开展支前工作

1949年11月22—25日，揭阳县人民政府召开各区（市）党政首长及部门主要干部会议，提出要壮大队伍，肃清反动特务，安定社会秩序，担负起国防重大任务，发动及完成双减政策，保

卫及巩固人民政权。扩军主要兵源以人口较多入伍较少的新区群
众为主，老区动员群众在不削弱农村生产的前提下参军。征收公
粮是根据合理负担的财政经济政策来确定标准，征收对象数量用
评议的方法进行，力求做到多粮多出，少粮少出，无粮免出。12
月，县人民政府发布征收公粮布告，规定老解放区以年租额为标
准征收，新解放区采用民主评议办法，当年只征收秋季一造。为
支援解放军，随粮额带征收四分之一的干木柴，是造征收稻谷 24
万多担、木柴 6 万多担。1950 年 3—6 月，揭阳县发行人民胜利折
实公债 11 万多份，折合人民币 32.94 万元。

在恢复生产建设中，揭阳县委带领全县人民开展减租减息斗
争，进行土地改革运动，在运动中贯彻合理负担的政策，筹粮筹
款，发动青年参军，切实做好支前工作。1951 年 3 月，土改运动
结束，全县青年参军 1645 人，完成公粮 44 万多担。

三、开展拥军优属活动

新中国成立后，为表彰革命先烈、人民解放军、革命伤残军
人和复员退伍军人的功绩，关心照顾革命烈属军属，1950 年 12
月，政务院颁布《革命烈士家属革命军人家属优待暂行条例》
《革命军人牺牲病故褒恤暂行条例》等。根据国家的规定，揭阳
县和所属老解放区区级政府，积极采取有效措施，做好拥军优属
工作。

为永远纪念革命先烈的崇高献身精神，歌颂革命先烈的丰功
伟绩，鼓舞后一代继承革命先烈的遗志，发扬革命先烈的光荣传
统，1950—1958 年，揭阳县人民政府先后拨款 2.56 万元，修建
揭阳县革命烈士纪念碑、黄岐山烈士墓等一批纪念碑、烈士墓，
供广大人民群众瞻仰。每逢清明节，组织人民群众祭扫烈士墓、
纪念碑，讲述革命烈士的斗争事迹，教育广大群众。

县、区两级党政部门在每年春节期间，组织群众向烈军属拜年，送光荣灯、年画、贺信及毛主席题写的"发扬革命传统，争取更大光荣"春联，组织座谈会，总结检查优抚复员安置工作，征求光荣家属意见建议，举行文娱晚会，放映电影。对驻军部队，每逢春节和建军节，组织各阶层人民团体代表慰问，对伤病员给予安慰和关怀，同时举办座谈会、宴会、军民联欢会等，从而使拥军优属工作深入人心，营造优良的社会风气。

为关心照顾老区军烈属的生产生活，1949—1955年，县委、县政府实行代耕制度，发动群众组成代耕组或帮工队，帮助缺乏劳动力的军工烈属耕种。各乡都成立优抚代耕委员会，组织开展代耕工作。代耕工作解除了烈军属的思想顾虑，使他们感受到共产党和人民政府的关怀照顾。

此外，县委、县政府还对部分军烈属、残疾军人、复退军人、失踪军人和带病回乡复退军人，在生活、生产、疾病和子女入学等方面确有困难的，给予定期定额补助。1956年，县政府拨出62659元购买生产生活资料和补助，拨给军烈属1448户、复退军人1007户。

1951年，揭阳县第一次发放牺牲烈士家属抚恤粮，战士级获大米600市斤，班长至营长级获大米800市斤，病故军人、革命工作人员及参战民兵、民工获大米450市斤。从1953年起，将抚恤粮改为抚恤金发放。1957年5—8月，在全县范围内开展烈士普查追恤工作，共确认烈士305名，烈属304户，分别发给《光荣烈士纪念证》《病故人员证明书》，未发给抚恤金的给予补发。至1958年，全县共发放优抚金55.16万元、大米151.1万斤，受优抚者达23万多人次。

组织评划老区

　　1952 年下半年，揭阳县人民政府根据省人民政府的指示，进行评划老区点的工作，由各区组成老区工作队，通过重点调查、访问及召开座谈会，对各区的《革命老根据地人民斗争史》的材料进行核对。接着，县政府主持召开评划革命老根据地座谈会，评定 38 个村为革命老区村。

　　1957 年 4 月 17 日，广东省人民委员会《关于评划革命老根据地标准的通知》指出：凡在第二次国内革命战争和抗日战争，即自 1927 年 4 月 15 日（国民党反动派在广东开始反革命大屠杀的日子）至 1945 年 8 月 15 日（日本帝国主义宣布无条件投降）止，这两个时期的革命活动地区，合乎下列条件之一者，可评划为革命老根据地：

　　（1）曾经在一定时期内（一般在一年以上，以下同）建立过革命政权，对敌坚持武装斗争的村庄；

　　（2）在一定时期内，在地下党领导下建立革命的两面政权和群众组织，由于对敌开展过公开或秘密斗争而遭受敌人摧残的村庄；

　　（3）虽无建立革命政权，但在党领导下建立革命群众组织，对敌开展和坚持过一定时间公开武装斗争的村庄；

　　（4）虽无建立革命政权或革命群众组织，但为我（地下党）出入敌区的门户，且大部分群众长期积极参加或采取各种方式支持革命队伍，遭受敌人严重摧残的村庄；

（5）在一定时期中建立了革命政权和党领导下的革命群众组织，坚持对敌斗争，遭受过敌人严重摧残，革命低潮时，敌人重新进行反动统治并建立或恢复了保甲制度，但大多数群众仍暗中支持革命，没有帮助敌人破坏革命的村庄。

1957年上半年，根据广东省革命老根据地建设委员会的通知，县派出工作组到京溪园搞老区普查试点。下半年，开展第二次评划老区的普查活动。12月中旬，召开全县评划老区会议，按照省关于评划革命老根据地的标准评划，全县共评划39个老区村庄。其中：红色根据地（1924—1934）6个；红色游击区（1924—1945）29个；抗日游击区（1936—1945）4个。

这些老区村点分布在10个区，安乐区的林厝寮（竹林村），炮台区的青溪、沟口，地都区的狮山、蕉山、溪头、华美，均被列入其中。全县老区点有4945户21764人。

扶持老区发展

在长期的革命战争中，揭阳县革命老根据地遭受敌人的严重破坏，给老区人民的生产和生活带来一定困难。据县民政科1959年调查统计，全县被敌人全部摧毁的自然村20个，部分摧毁19个，被烧毁房屋1667间，被敌人杀害的革命同志88人，革命群众115人，被迫逃亡在外下落不明的231人，被敌人掠夺的耕牛、家禽、衣物及家具财产总值43.5万元。新中国成立后，县委、县政府从各个方面扶持老区人民重建家园、恢复和发展生产，加速革命老根据地的社会主义建设。

一、成立革命老根据地建设委员会

1957年12月24日，根据广东省委、广东省人民委员会和汕头专区的指示，成立揭阳县革命老根据地建设委员会（简称"老建会"）。县委副书记林清佐为主任、副县长张金城为副主任，县民政、财政、粮食、交通、教育、文化等13个部门的负责人为委员。配专职干部2名，负责日常业务工作。同时，确定卅岭、员埔、南山、京溪园、新亨、钱岗等乡为老区建设重点乡，乡成立革命老根据地建设领导小组。后来，县老建会机构撤销，业务工作归属县民政科。

1963年2月8日，根据县编制委员会（63）第5号文件的通知，恢复揭阳县革命老根据地建设委员会，下设办公室，人员编制归并县民政科（增加民政事业编制 2 人）。是年 11 月 26 日，根据汕头专区革命老根据地建设委员会的通知，撤销老建会，有关老区工作由县民政科负责。

二、慰问老区人民

新中国成立后，每年在春节期间，由县委、县政府组织县直党政机关主要负责人组成慰问团，配合区（乡）党政机关慰问老区人民，激励老区人民"发扬革命传统，争取更大光荣"。

1951 年，中共中央华南分局派出访问革命老根据地代表团赴揭阳县老区点访问，历时一个月。先后召开老区烈属和受害群众座谈会；赠送老区人民一大批衣服、布匹等物资，给老区人民发放救济款，还给老区人民带来毛主席和朱总司令的题词。

1957 年春节前夕，县委、县人委会组织县直机关 81 名干部组成 4 个慰问团，由吴者等几位正副县长率领，行署副专员方思远亲临揭阳参加活动，历时 7 天，慰问革命老区。

1977 年以来，恢复了春节期间慰问老区的活动。一般的慰问形式是通过召开老区人民代表座谈会，由村负责人向县慰问团汇报一年来的工作情况，并提出老区建设项目的要求，然后由县慰问团负责人讲话，接着进行访贫问苦，当天晚上放映电影或演出潮剧。慰问结束后，把各个老区点提出要求解决的问题集中起来，向县政府汇报，能及时解决的给予解决，一时解决不了的列入老区建设规划。

三、开展老区救济

1952 年和 1953 年县政府每年从社会救济事业费中拨出部分金额作老区救济专款，据不完全统计，1950 年至 1958 年共拨给老区特殊救济款 8.0645 万元。其中 1952 年至 1957 年拨出救济款

5.548万元，用于帮助老区人民购买耕牛410头，猪苗772头，犁、耙、水车等农具2.2万件，帮助修建房屋1018户、1311间，建厕所885个，新建学校5所，建卫生站3处，耕牛配种站1处。

此外，每逢荒歉，春夏荒和冬令救济，优先照顾老区人民。

四、支援老区建设

根据恢复和发展老区生产的工作方针，揭阳县政府从当地的实际出发，除拨给老区特殊救济款外，还着重加强老区的基本建设。1957年县财政拨出3.7825万元支援老区点兴建校舍33间，帮助五房村修建公路和青溪村建码头。1958年，县老建会对老区点进行全面调查，实施建设规划，贯彻"动员自建，群众互助，政府扶助"的方针。是年，修建民宅1.6万间，发放无息贷款1.63万元，拨款8万元修建老区公路5处共34千米，拨款9050元帮助老区建制革厂、牧场和炼铁高炉。此外，还重点加强老区的"扫盲"工作。

第六节 开展抗美援朝和土地改革运动

一、开展抗美援朝

1950 年 6 月 25 日，朝鲜内战爆发，美国随即打着联合国旗号武装干涉朝鲜，并派遣第七舰队入侵台湾海峡。侵略者把战火烧至中国门口。关键时刻，应朝鲜民主主义人民共和国的请求，中共中央和中央人民政府决定抗美援朝，保家卫国。

1952 年 3 月 25 日下午，两架美国飞机首次窜入潮汕上空，撒下羽毛、棉絮、碎布片及传单等，撒于揭阳县最多，面积最广。中共潮汕地委立即指示各县全力以赴进行反细菌战。其时，揭阳县正在召开第五次各界人民代表会议，讨论春耕生产和土改复查工作，立即中止会议，转入反细菌战。据榕城、梅北、桥上、地都、炮台、渔湖、蓝东、梅东 1 市 7 区不完全统计，在此次事件中中毒者 136 人，死亡 20 多人，牲畜死亡 182 头。为做好反细菌战，县里成立了潮汕反细菌战防御委员会揭阳县分会，各区成立支会，乡成立工作组，并举办 120 名防疫人员训练班，进行广泛宣传教育，掀起爱国卫生群众运动，全面开展除鼠、蚊、蝇、雀"四害"工作，清理垃圾、水沟，改良饮水等，教育广大群众改变卫生习惯，粉碎美帝国主义的阴谋。1952 年，揭阳县获得全国卫生模范县称号，受到政务院嘉奖。

为抗美援朝，保家卫国，全县人民踊跃参加，各区迅速成立区抗美援朝支会，并开展了捐献购买武装金和慰问金活动，至1952年5月，全县共捐款46.38亿元（旧币）。老区人民更是踊跃支持子女参军，保家卫国。至1955年，全县共征集志愿兵5205名，在朝鲜战场上牺牲的志愿军战士132名。老区的革命烈士名单上增添了一串串为保家卫国而光荣牺牲的英烈名字。

二、开展土地改革运动

新中国成立后，为恢复和发展国民经济，中国共产党和中央人民政府领导亿万农民有步骤地进行废除封建土地所有制的改革运动，解放农村生产力，发展农业生产，为新中国的工业化开辟道路。揭阳县的土地改革在中共中央华南分局、潮汕地委的重视下，作为广东省3个试点县之一。在省土地改革委员会的直接领导下，揭阳县委、县政府密切配合省土地改革工作团第一分团和潮汕地委第一工作团，动员全县人民群众积极开展土地改革运动，取得圆满成功，从根本上废除封建的土地所有制，改变农村的生产关系，解放生产力。揭阳县的土地改革运动为全省的土地改革创造了经验，并为全省的土改工作输送大批有实际经验的干部人才。

（一）土地改革试点阶段

为有计划、有组织地开展土地改革，1950年4月1日，揭阳县委从全县抽调617名干部在梅岗区路篦村举办训练班，其中县级干部9名，区级干部48名；共产党员236名，共青团员225名。潮汕地委工作团和揭阳县委选择梅岗、桃地、南龙、磐岭4个区为试点，而以新解放的梅岗区、桃地区为重点，南龙、磐岭为附点。选择梅岗、桃地为重点的原因是：这两个区有老游击区和新解放区，封建势力较为强大，桑浦山一带土匪尚未肃清；土地情况多样，有山区、丘陵、平原；土地关系复杂，公田很多。

4月18日，潮汕地委第一工作团分成若干个工作队深入到试点区各乡村开展工作。桃地区4个工作队358名队员，工作面96个自然村；梅岗区3个工作队271名队员，工作面45个自然村。工作团干部到达各乡村之后，一是讲清土地改革的政策，说明土改的目的和意义，打消群众的思想顾虑，深入到群众中访贫问苦，与群众一起生活，一起劳动，以争取群众的理解支持；二是采取不同的做法对待地主、富农，对敢于进行破坏活动的予以打击，惩办首恶分子，对一般地主、富农采取讲政策、讲前途、讲罪恶的办法，使他们认识共产党的土地改革政策，安心配合；三是通过诉苦会、说理会、公审大会发动群众，打击剥削阶级的嚣张气焰，树立农民威信。至4月23日，工作团在试点区123个自然村访问约3万名群众。在试点工作取得经验的基础上，渔湖、新亨、磐东、五联、风安、河江等区由所在区干部掌握重点村开展反霸工作，使全县的土地改革运动由点到面逐步铺开。

在土改试点过程中，潮汕地委工作团和揭阳县委根据运动进展情况，及时总结经验指导面上工作。4月23日，地委工作团和揭阳县委召开第一次总结会议，分析试点情况和群众思想动态，强调在运动中必须充分发动群众，对农村各阶层采取不同的工作方法，区别首恶，分化敌人，团结多数。5月5日，召开第二次总结会议，强调工作队必须走群众路线，明确放手发动群众与掌握政策的界限。5月14日，召开第三次总结会议，布置工作队着手整顿农会等群众组织，训练培养农民积极分子，巩固农村领导权。

1950年6月12日，揭阳县土地改革运动试点工作基本结束。试点期间，潮汕地委工作团和揭阳县委根据党的土改政策，依靠贫雇农，团结中农和其他劳动人民，有策略地利用地主、富农，处理旧政权乡保长，消除乡村姓氏房界的对立，分散敌人力量，分清敌、友、我，强调农民的团结，扫除地主、恶霸的威风，树立农民的威信。同时整顿农会，划分阶级，摧毁保甲制度，有87个旧政权乡保长受到法办或教育处分。建立乡村农会机构，取消由地主土豪劣绅控制的旧农会，建立贫雇农领导的新农会。试点工作前，梅岗、桃地的农会会员、民兵、妇女会、儿童团共16030人，试点工作后增加到60474人。培养两个区的积极分子2604人，开办积极分子训练班171次，参加训练7410人次，训练内容是"怎样办好农会、怎样做一个好干部、生产十大政策、划分阶级"等等，最后从训练班中挑选水平较高的积极分子390人参加工作团集训学习，为全县铺开土地改革运动积蓄力量。

根据梅岗、桃地两个试点区88个村初步划分阶级情况，地主占总户数2.6%，人口占4%，土地占12.8%；富农占总户数2.9%，人口占4.5%，土地占7.9%；中农占总户数24.6%，人口占31.6%，土地占19%；贫农占总户数54.6%，人口占51.7%，土地占11%；雇农占总户数7.6%，人口占5.1%，土地占0.1%；其他占总户数7.5%，人口占4.6%，土地占0.4%；公户土地占48.7%。

（二）土地改革全面铺开

土地改革运动全面铺开之前，揭阳县发生较大案件547宗，放火烧屋8宗，这些案件主要是地主、富农破坏土地改革的阴险手段。他们分散土地房屋财产，烧毁房屋，屠杀耕牛，砍伐树木，制造谣言，恐吓群众，收买干部等。如渔湖区散布"今年分地主，明年分富农"的谣言。为打击地主、恶霸的嚣张气焰，顺利开展全县的土地改革运动，1950年11月26—30日，揭阳县委召开第一次干部扩大会议，参加会议的有县委委员、各区委书记、土改工作队队长。会议对全县的土改工作提出三点要求：一要坚决执行依靠贫雇农，充分发动群众的方针；二要使全县干部在工作中得到阶级斗争的实际锻炼，通过运动提高党的威信，巩固党组织，不得形式主义地开展土改；三必须迅速完成土改，准备应付突发事件（如战争和自然灾害等）。

揭阳县委第一次干部扩大会议之后，全县的土改运动转入划分阶级阶段。揭阳县土地改革委员会和省土改工作团根据《中华人民共和国土地改革法》《中央人民政府政务院关于划分农村阶级成分的决定》和省有关土改政策，制订划分阶级的具体措施，要求工作队员严格掌握划分阶级成分的各种标准，提出保护华侨、保护工商业、照顾小土地出租者的要求，充分发扬民主，提倡辩论说理，分别对待，以求划准。同时要求注意掌握地主与富农、富农与中农之间的界限，力求准确打击剥削阶级。在做法上，先划小后划大，先划地主后划富农；先划易后划难，通过自报公议，最后由区政府批准，三榜定案。

1951年3月27日至4月17日，揭阳县召开第一次党员代表大会，总结全县土地改革工作经验。会议总结1950年4月至1951年3月，揭阳县从土地改革试点到全面铺开，直到划分阶级、没收征收、分配斗争果实整个过程。揭阳县委、揭阳县土地改革委员会根据《中华人民共和国土地改革法》等法律政策，发动全县贫雇农，打击地主恶霸、土豪劣绅、反革命分子等封建势力，推翻腐朽的封建剥削制度，实现"耕者有其田"的土地制度，基本上达到土改的目的。

揭阳县土地改革运动的胜利，从根本上废除了封建的土地制度，农民群众摆脱了被压迫被奴役的命运，群众组织得到了很快的发展。在运动中，培养了一大批积极分子，并提拔为区乡村干部。土改后，农民群众焕发出极大的生产热情，大搞农田基本建设，发展农业生产，为农业生产连年丰收打下坚实基础。

恢复和发展国民经济

　　揭阳县完成土地改革之后，结束农村封建剥削的残酷制度，彻底改变农村的生产关系，解放生产力，农民成为土地的主人。然而，由于农村刚从改革转入生产建设，农民在经济上未能摆脱贫困状态，生产资料严重缺乏，同时由于长期封建剥削的结果，农村生产条件极为恶劣，对于一般自然灾害防御乏力，而且土改后的农村还是以户为基础单位的小农经济。因此，揭阳县委加快推动互助合作组织，开展爱国丰产竞赛，同自然灾害作斗争。

　　恢复发展农业生产是解放初期县委的重要工作之一，生产发展起来，农民的生活稳定，其他各项工作才能逐步铺开。在发展农业生产中，通过组织群众开展爱国增产运动，树立典型，奖励模范，打消群众不必要的思想顾虑，全面掀起农业生产热潮。群众通过观摩评比，学习交流，选育良种，改进生产技术，开展互助合作，不断取得新的成绩。1952年，揭阳县荣获爱国丰产模范互助组22个，其中获农业部奖励2个，粤东行署奖励12个，县政府奖励8个。粮食千斤以上乡9个、村21个。个人爱国丰产62名，其中获农业部奖励7名，粤东行署奖励6名，县政府奖励49名。1952年，全县水稻总产量227790.75吨，比1949年173408吨增加54382.75吨，增长31.4%。

　　新中国成立后，党和人民政府即着手解决水利问题，揭阳县政府设置建设科，分管水利事业。1953年，国家开始执行第一个五年计划，揭阳县的水利事业得到进一步的发展。至 1957 年 9 月，全县连续修建安揭引韩工程、东凤引韩工程以及梅东水闸等水利工程。从 1950 年至 1957 年，全县兴修水利工程 1653 宗，受益农田面积 62.51 万亩。全县耕地抗旱能力 60 天以上的有 12 万亩，30 天以上有 13.93 万亩。

第一个五年计划实施期间，揭阳县的农业生产是在与自然灾害不断搏斗中进行的。1953 年 7 月，全县发生旱灾，夏耕夏种受到严重影响，县委提出以抗旱为中心，抽调大批干部深入农村，与群众一道投入抗旱运动，日夜兴修水利，打井拦河。在"一五"期间，全县兴修中、小型水利工程 3269 宗，出动民工 14.8 万人，保证晚造 60 万亩水稻及时插秧。1955 年，全县出动 103.48 万人次，修筑水利设施 3207 宗，堵河 64 处，开水沟 2292 条，开水池 2654 个，打井 5.28 万口，动用成千上万架水车，使全县 45 万亩受旱稻田得到灌溉。这一年，全县出现蓝东、地都、炮台、安乐等 6 个粮食千斤区、75 个粮食千斤乡、193 个粮食千斤社。

为迅速提高农业单位面积产量，揭阳县委、县政府十分重视选育良种工作，1951 年，县、区先后成立选种委员会，领导人民群众选种、留种，提纯复种良种。1956 年，对全县 400 多个水稻品种进行鉴别、整理、归并为 196 个，并评选出 16 个适宜大面积推广的主要品种，30 个适宜局部地区种植的搭配品种，改变全县水稻品种多样、杂乱现象。晚造主要品种有秋布寮、青枝绞盘、溪南矮、澄秋 5 号、塘埔矮、木泉种等。塘埔矮是 20 世纪 50 年代全省著名水稻良种之一，推广种植面积达 477.9 万亩。

1955 年，揭阳县召开劳动模范、技术员大会，总结经验，奖励 1954 年粮食千斤区、乡、村、社、组及个人丰产模范，公布丰产奖励办法，激起人民群众生产热情。同时，积极培养农业技术员，全县当年共训练农业技术员 1333 名，设立区级技术指导站 6 个，为农业增产发挥技术员的指导作用。梅云区云光村林炎城首创双季水稻亩产 1006.3 公斤的全国高产量纪录，被农业部授予"全国农业增产模范"称号。1956 年 6 月 12 日，南方 12 省水稻观摩团专程到林炎城所在的云光村高级农业生产合作社参观访问，交流水稻种植经验。

加强民主政治建设

揭阳县全境解放后，为加强民主与法制建设，根据《中国人民政治协商会议共同纲领》和《中华人民共和国全国人民代表大会及地方各级人民代表大会选举法》规定，全县开展基层普选工作，召开县、区、乡人民代表大会，建立人民代表大会制度。

一、基层普选工作

新中国成立初期，在恢复建设阶段，揭阳县实施各界人民代表会议制度，对各项工作做出决策，各界人民代表通过多种形式民主选举产生。1950年至1953年，揭阳县召开6届各界人民代表会议，代表产生的方式：一是党政军、农民、工人、青年学生代表，通过召开座谈会，协商提名，举手表决的方式产生；二是文化教育、商业、妇女代表，采用推选的办法产生；三是工业、邮电、华侨、开明人士、宗教代表，由县人民政府聘请的方式产生。代表们发挥主人翁的精神，认真讨论审查县委和县政府的报告，通过成立各界人民代表会议常务委员会，对各项重要工作做出决议，为揭阳县国民经济的恢复和发展创造条件。

1953年3月，中央人民政府颁布《中华人民共和国全国人民代表大会及地方各级人民代表大会选举法》，依照规定，各级人民代表大会的代表选举，分为直接选举和间接选举，直接选举是由选民直接投票选举人民代表大会代表，间接选举是由下一级人民代表大会选举上一级人民代表大会代表。揭阳县委、县政府根据上级的指示，部署全县的基层普选工作。1953 年，揭阳县设立 18 个行政区、246 个乡；2 个区级镇、8 个分区；4 个乡级镇。榕城镇、第十五区（安乐）、第十六区（渔湖）、第十七区（炮台）、第十八区（地都）相应设立人民政府，区（镇）长由上级任命，下设乡政委员会，乡政委员会下设民政、财粮股、卫生股，乡政委员会委员多则 23 名至 25 名，少则 9 名至 11 名。乡还成立农协委员会，乡长兼农协主席。

1953 年 8 月，揭阳县制订基层普选工作计划，成立揭阳县选举委员会及办公室，区（镇）、乡相应成立选举委员会和普选法庭，具体负责普选工作及处理普选中的公民案件。1953 年 10 月 2 日至 31 日，揭阳县在第十六区（渔湖）开展普选试点，取得经验之后，11 月中旬至 1954 年 1 月中旬在全县铺开普选工作。

二、召开揭阳县第一届人民代表大会

1954 年 1 月，揭阳县基层普选工作完成后，各区（镇）接着召开人民代表大会，选举出席县第一届人民代表大会代表，酝酿向县人民代表大会的提案。揭阳县委、县政府为动员组织全县人民，克服一切困难，贯彻党在过渡时期的总路线，在农村继续开展以互助合作为中心，以农业生产为重点，办好农业生产合作社、信用社、供销合作社，扩大社会主义在农村的阵地，开展大生产运动。在市镇发展工业和手工业生产，引导手工业者走合作化道路，改造资本主义工商业，努力扩大商品流通，活跃城乡物资交流。经过充分的准备，成立揭阳县第一届人民代表大会筹备委员会，由副县长刘百周任主任委员，下设秘书处、宣传委员会、提案整理委员会。1954 年 6 月 26 日至 7 月 2 日，揭阳县召开第一届人民代表大会第一次会议，应出席会议代表 460 名，实际出席会议代表 434 名。会议听取审议县政府工作报告，听取讨论县委 1954 年工作方针任务建议，传达讨论《中华人民共和国宪法草案》，并作出各项决议；选举出席广东省人民代表大会代表。会议中心议题为：继续贯彻过渡时期总路线，开展以互助合作为中心，以农业生产为重点的全面增产节约运动。

1955 年 3 月 27 日至 30 日，揭阳县召开第一届人民代表大会第二次会议，出席代表 421 名。会议听取和审议县政府工作报告，听取和讨论县委 1955 年工作方针任务报告，依法选举县人民委员会组成人员，选举县法院院长，听取提案执行情况和会议提案（350 条）审查处理意见报告。

文化教育卫生事业得到恢复和发展

新中国成立后，揭阳县的文化事业在县委、县政府的重视下，贯彻中央文艺工作"百花齐放、推陈出新"的方针和为工农兵服务的方向，执行党的知识分子政策，配合新中国成立初期各项政治运动，编写短剧、相声、快板、歌册、对唱等文艺节目演出，宣传党的政策，活跃城乡人民文化生活，文化艺术事业得到蓬勃发展。

1950 年 4 月，潮汕地委在揭阳县开展土地改革试点工作，官硕乡青年农民李昌松在地委土改团领导的启发教育下，创作出揭露恶霸地主罪恶的诗歌《农民泪》，发表于《团结报》，得到地委领导的表扬。之后，李昌松组织村中 8 位农民成立官硕农民通讯组，后于 1951 年 8 月改称官硕农民文艺组，经常为党报写稿，组织群众读报，创作剧本，自编自演，宣传党的政策，丰富群众的文化生活。在县委的领导下，官硕农民文艺组成为全县群众文艺活动的旗帜。全县城乡创办许多文化点、美术组、业余剧团，培养一批文化活动骨干和文艺工作者。

1956 年，李昌松和揭阳县另一名文艺工作者王细级出席在北京召开的全国文艺工作者代表大会，受到毛泽东等党和国家领导人的接见。之后，李昌松创作诗歌《我和毛主席握手》发表于1957 年的《诗刊》。

1950 年 6 月，揭阳县文化馆举办美术学习会，吸收中小学老师和爱好美术的青年60多人参加。会议学习贯彻第一次中华全国文艺工作者代表大会精神，切磋美术技艺。1952年初，揭阳县文化馆组织工人张宜亨，农民陈成光、林毓章等成立美术创作组，配合政治运动创作连环画和幻灯片，一年中创作绘画和幻灯片500多套。县文化馆还帮助锡场、磐东、炮台等10多个区乡建立农民美术组，开展美术创作活动。在这一年举办的全县第一届群众文艺观摩会上，共展出美术作品185件，突出的有幻灯片《饥荒草》《我们有了合作社》，国画《农民俱乐部》《农作物》，剪纸《鸽》。1955年，全县已有幻灯组40个，全年放映333场次，观众达10.86万人次。至1956年，全县拥有业余美术作者138人，美术作品数量多，质量达到较高水平，有的还参加全国美术展览。

新中国成立后，县委、县政府重视人民教育事业，贯彻教育为工农子弟开门的方针，全面接管并改造旧学校，广大工农子弟得到入学读书的机会，教育事业蓬勃发展。

——小学教育。新中国成立后，县军管会文教科接管全县小学526所，其中高等小学156所，初等小学370所。县委、县政府采取一系列措施，整顿和改造原有小学，大力发展小学教育。1951年8月，揭阳县贯彻教育部召开的第一次全国初等教育及师范教育会议提出的"从1952年开始，争取在10年内基本普及小学教育"的要求，调整学校布局，初等小学并入高等小学，成为完全小学，工农子女踊跃入学，学生人数激增。地处边远地区的老区人民也得益于这项措施，广大老区适龄儿童进入乡村学校接受教育。1953年，中国执行国民经济第一个五年计划，揭阳县贯彻"整顿巩固，重点发展，提高质量，稳步前进"的方针，教育事业开始有计划按比例发展。随着国民经济的发展，人民生活水平逐步提高，工农群众对文化的要求更为迫切，纷纷送子女入学读书。至 1956 年，全县有完全小学 165 所，学生 88350 名。

——中学教育。新中国成立后，揭阳县军管会文教科接管县立第一中学、第二中学、第三初级中学、真理中学等 8 所中学。1950 年初创办私立新华初级中学，炮台、地都中学学生就近入学。1952 年，全县私立中学都转为公立中学。1956 年，为解决部分距校较远的地区学生就读问题，揭阳县在渔江小学、北洋小学等附设初中班，一年后，这些小学附设的初中班都另建校舍，开办为初级中学。1956 年底，全县设立 17 所中学，在校学生 1.46 万名。

——成人教育。新中国成立初期，全县青壮年（14—40 周岁）文盲半文盲的人数占总数的 70%，老区、山区及偏僻的村庄文盲和半文盲比例更高。1950 年初，全县掀起大办民众夜校和学习班的热潮，共开办民众夜校和学习班 427 班，近 3 万名青壮年接受扫盲教育。9 月，第一次全国工农教育会议提出"开展识字教育，逐步减少文盲"的目标。揭阳县动员全体中小学教师和部分中学生参加扫除文盲工作，各中小学开设民众夜校班，夜校迅速发展到 1000 多个班，参加读书识字民众达 7 万多名。1951 年，扫盲工作继续发展，城镇和农村普遍开办识字班，农民、市民和职工参加学习增至 17 万人。1952 年 5 月，粤东行署文教处抽调各县文教干部 500 多人，在梅东区新寨、东面等地开展扫盲试点，推行"速成识字法"教学，共组织 1.24 万名农民参加学习，至 6 月底，这两个试点区有 600 多个学员达到脱盲标准。

卫生事业也得到了长足的发展。县委、县政府高度重视卫生事业，带领群众开展爱国卫生运动。1952 年，随着抗美援朝的节节胜利，美帝国主义孤注一掷在我国东北及沿海地区发动细菌战，当年 3 月 20 日至 4 月 19 日，美国飞机先后 4 次在揭阳县境内投放毒物、毒虫。为彻底粉碎美国发动的细菌战争，1952 年 3 月 23

日，潮汕地委和潮汕专员公署联合成立潮汕反细菌战防御委员会，同时派地委常委、宣传部长吴南生率领一支 64 人的工作队奔赴揭阳县，在梅北区设立潮汕反细菌战指挥所，具体部署潮汕反细菌战运动。揭阳全县迅速在县、区、乡三级层层成立工作机构，投入反细菌战运动。工作人员采用黑板报、漫画、广播、幻灯等多种形式进行宣传，发动群众对投放的蚊蝇毒物进行搜查处理。与此同时，全县大搞清洁卫生、清除垃圾、疏通沟渠、改善厕所，大搞灭蝇、灭蚊、灭虫、灭蚤、灭虱、捕鼠活动，组织开凿、改良水井，实行饮水消毒，解决群众饮水卫生问题。经过反细菌战，群众的思想觉悟得到大大提高。7 月 14 日至 24 日，揭阳县举办卫生防疫训练班，有学员 120 人，然后把训练的学员编成工作队分赴各区开展工作，继续在各区、乡开办卫生防疫训练班。到当年底，全县共举办卫生防疫训练班 178 个班次，受训人员 23498 人，成为全县反细菌战的骨干力量。在疾病防治方面，基本消灭天花、鼠疫、霍乱三类烈性传染病。

开启社会主义建设征程

一、实现向社会主义过渡

从 1954 年夏开始，揭阳县对资本主义工商业进行社会主义改造。

揭阳县对私改造分两批进行，第一批为榕城镇和磐西、玉湖、新亨、磐东、蓝东、梅北、梅东、安乐、渔湖、炮台、地都区等11 区 1 镇。第二批为其他 7 区 1 镇。改造分三步进行：第一步是准备阶段，宣传发动，开展调查，摸清情况，制订改造方案。调查内容是全行业户数、从业人数、资金、营业额、费用、工资额、盈亏情况；改造方案包括人员安排、商业网点设置、组织清产核资小组人员。第二步是合营阶段，清产核资定股定息，改组内部，调整商业网点，安排人员。由资本家自填、自估、自核、自报，工人或店员监督，各家商号代表互为评定。商品估价以国营商店为标准，定股定息，统一印发股票。做好人事安排，成立董事会，处理编余人员。第三步是整顿巩固阶段，建立制度，安排营业。

1956 年 1 月 3 日，揭阳县委召开全县对私改造工作干部扩大会议，贯彻省委第一次市（镇）委书记会议精神，对全县城乡改造工作作全面部署。会后，通过开展宣传动员，并在全县农业合作化的推动下，城乡资本家和小商贩纷纷提出合营或合作要求。至 1956 年底，揭阳县基本完成对资本主义工商业的社会主义改造。

随后，全县有条不紊地实现了对手工业、木帆船运输业和民营矿山等的社会主义改造。

二、社会主义建设开端良好

社会主义改造的完成标志着社会主义制度已经基本建立。1956 年 9 月 15 日至 27 日，党的八大召开，中国共产党领导全国人民开始进入全面建设社会主义的新阶段。

（一）开展增产节约运动

1957 年 1 月 21 日至 26 日，召开揭阳县第二届人民代表大会第一次会议，在决议中指出增产节约是建设社会主义的根本办法和克服建设前进中各种困难的有效办法，提出：一是在各机关、团体、企业中，进行调整机构、精简编制，检查与克服官僚主义、文牍主义，提高工作效率，克服铺张浪费现象。全体干部和人民群众要节约粮食、原料、开支，树立艰苦朴素的优良作风。要求贯彻"勤俭办社、勤俭办企业、勤俭治家"，"扩大生产，积累点滴，建国建家"。二是广泛深入进行宣传教育，宣讲政策，使干部群众认识增产节约的意义，在提高思想认识的基础上开展检查工作，要求各单位制订增产节约计划，迅速行动，并坚持下去。三是加强领导，成立揭阳县增产节约委员会，各机关、团体、企业分别成立增产节约机构，加强对增产节约运动的领导。

1957 年，揭阳县的农业增产任务，要求在实现粮食千斤县的基础上，增产 7.4%，其他经济作物和养猪及造林等，也要求增产。各区开展了增产节约竞赛活动，还因地制宜制订技术规程，保证各项增产措施的贯彻落实。据统计，1957 年，全县早造水稻 57.3 万多亩，平均亩产 442.5 斤，突破历史最高纪录，比 1956 年增产 7.7%，总共增产粮食 1.7 万担。1957 年底，云路乡修建磨石坑水库，贯彻"勤俭办水利"方针，节约工程费2370多元。

（二）建成新西河灌溉工程

新西河灌溉工程位于榕江第一支流北河的支流龙车溪上游，是20世纪50代揭阳县最大的水利工程，也是全省的大型水利工程之一。

新西河灌溉工程的建设，是揭阳县委和县人民委员会基于以下两个方面的考虑而决定的：一是随着土地改革的完成和农业合作化的实现，广大农民要求发展生产，迅速改变农业低产的落后面貌，增加收入，同时也是党的中心任务。二是揭阳县解放前以至解放初期的农业基础设施非常薄弱，解放前的农田灌溉面积有天然水可供的只占15%左右，解放初期修建一些小型水利工程，还没有大面积解决问题，如遇几个月不下雨，则旱灾成害相继而来。据揭阳县水利局统计，从1943年至1955年，全县平均每两年发生一次旱灾，估计每年每亩水田因旱灾损失稻谷47斤。如1955年，渔湖区在旱灾中全区早稻损失稻谷21万担，平均每亩比正常年景减产330斤。新西河灌溉工程完成后，受旱威胁解除，受益区域每年可增产稻谷8万担左右。为此，揭阳县委和县人民委员会决定兴建新西河灌溉工程，经水利部门详细勘查和设计，报汕头专署、省和中央有关部门批准后实施。

1956年3月，新西河灌溉工程开始设计，并进行各项准备工作，成立工程指挥部，由县委副书记邱克明任主任，下设大坝工区、溢洪道工区、灌区指挥所、调度室、后方工作组、政工科、财务科、器材科、生活供应科、卫生科、秘书科、保卫科等职能科室。在施工期间还成立揭阳县支援新西河水库工程委员会，由县长吴者兼任主任，负责组织人力和物资支援新西河水库的建设。1956年11月29日至12月2日，揭阳县新西河灌溉工程指挥部召开受益区域代表会议，讨论修建新西河灌溉工程工作，出席会议的有蓝东、渔湖等 7 个受益区的代表 671 名。会议对移民工作、土地作物补偿等问题作出若干项规定及安排。

新西河灌溉工程于 1956 年 12 月 11 日开工，1958 年 1 月 24 日竣工。主体工程包括新西河水库、三洲拦河坝、罗山拦河坝。水利部广州勘测设计院地质科对坝址工程地质进行勘探，由汕头专署治理榕江水利委员会设计，参加建设工人达 1.5 万名，投入 292 万个工日，人民解放军出动 2.3 万个工日，使用钢材 90 吨、水泥 2277 吨、木材 2000 立方米、各种油料 96 吨，用电量 47350 度，其他各种器材一大批，从省内外调用 8 台拖拉机等施工机械，共完成土石方 301 万立方米，总工程费 490 万元。建成工程包括水库大坝、溢洪道、浅水道；灌区的三洲、罗山两座拦河坝，进水闸；港尾、德桥、吊桥三个反虹吸管，及下坝、锡坑两个隧洞等主要工程，渠道全长 65.5 千米，大小附属建筑物 1200 宗。新西河水库坝高 30 米，长 290 米，水库集水面积 91 平方千米，总库容 7010 万立方米，有效库容 6800 万立方米。受益区域包括榕江中游的新亨、玉湖、锡场、桂岭、霖磐、白塔、磐东、渔湖、曲溪和榕城等乡镇，人口 28 万人，灌溉面积 20 万亩，同时解决榕城镇居民的饮水和揭阳糖厂的工业用水问题，还为龙车溪下游蕴藏的几千吨锡矿资源开采提供了条件。

新西河灌溉工程建设得到上级的重视支持，揭阳县委、县政府高度重视，解放军大力援助，全县人民积极配合，广大技术人员、干部、民工发扬不怕苦、不怕累的精神，克服一个个困难，是在技术物质条件较为落后的情况下建成的，是揭阳县社会主义改造完成之后进行社会主义建设的伟大成果，是全县人民劳动和智慧的结晶。工程从根本上解除了揭阳县榕江中游区域的旱、咸灾害，改变农业生产基础设施的落后状况，大大地提高了灌区的农业生产力，保证了城市居民饮水以及工业用水供应。

（三）取得第一个五年计划成就

新中国成立后，揭阳县国民经济得到恢复发展，1953 年开始制订实施第一个五年计划（1953—1957 年）。1957 年，全县工农业总产值 19742.17 万元，比 1952 年 12790.40 万元增加 6951.77 万元。由于工农业生产的发展，促进了市场经济活跃繁荣。1957 年，全县社会商品零售额 10303 万元，比 1952 年增长 94%；全年税收 2115 万元，比 1952 年增长 1.22 倍；财政收入 666 万元，比 1952 年增长 2 倍；财政支出 763 万元，比 1952 年增长 1.44 倍。城乡物资丰富，价格稳定，人民生活有明显改善。

第十一节 人民公社化运动

1958年，全国农村掀起人民公社化运动高潮。

9月9日，中共揭阳县委召开各乡党委书记战地会议，传达广东省委、汕头地委关于办人民公社的指示，经过讨论后，初步制订出规划，将全县261个农业社并为14个人民公社，每个公社2万户左右，一般是两个乡合并为一个公社。会议确定9月13日全县实现人民公社化。9月9日，揭阳县第一个人民公社——红旗（渔湖）人民公社成立。9月13日，揭阳县取消乡建制，把20个乡、2个镇和261个高级农业社合并为14个人民公社，炮台乡、钱岗乡合并为炮台公社，榕城镇改为榕城公社，安乐乡改为安乐公社，渔湖乡改为红旗（渔湖）公社。每个公社平均16166户。全县农村实现人民公社化。

9月15日至16日，在人民公社的架子搭起来后，召开全县各公社第一次干部会议，参加会议的干部共2.1万名，讨论研究公社具体问题，建立各项新机构，订出新制度，组织生产新高潮。9月17日，揭阳县委召开各公社专管经营管理的书记会议，具体部署公社的各项工作，指出处理具体问题时应充分贯彻落实党的政策，处理好集体经济与个体经济的关系。9月中旬，揭阳县办起公共食堂3000多个，参加食堂的有8.3万多户，同时建立托儿组3200多个。

红旗公社在全县最早实现劳动组织军事化。9月18日，红旗公社党委召开全公社小队长以上干部会议，开展对组织军事化好处和重要性的大宣传、大辩论，统一干部思想认识，批判部分人对劳动组织军事化的怀疑顾虑。采取"集中干部，统一规划，统一行动"的办法，以原来的生产大队、中队、小队，编成生产营、连、排战斗队，以大队、中队、小队领导担任营、连、排领导，组织军事化行动。在红旗公社建社过程中还建成301个公共食堂、145所幼儿园、231个托儿组、212个洗衣组、22个缝衣组、8个幸福院，基本实现生活的集体化。9月30日，红旗公社出动3万多人，投入积肥运动，出勤率达到75%，两天中，全社积肥达280万担，施肥面积达1.3万亩。

全县人民公社实行政社合一体制，初期生产组织按营、连、排建制；取消按劳分配制度，取消自留地；社员在排参加生产劳动，也可由公社统一调配；取消出勤评工记分，实行劳动工资制；大办食堂，吃饭不要钱。

1959年9月，县辖人民公社再度划分，炮台公社分设登岗公社。1961年1月，锡场公社又分设城郊公社，安乐公社分为仙桥、梅云公社，渔湖公社分为渔江、梅联公社。炮台公社分设地都公社。至此，今榕城区境内共设置有榕城、城郊、仙桥、梅云、渔江、梅联、登岗、炮台和地都9个公社。

人民公社化运动给经济社会发展造成了一定的影响：

大办公共食堂不适应当时中国农村的生产力发展状况，破坏了按劳分配的原则，"放开肚皮吃干饭"的口号缺乏精打细算的依据，群众的思想认识水平还处在社会主义初级阶段，一下子就要求他们都具备共产主义的思想觉悟，是一种违背客观规律的做法。虚报粮食产量，食堂粮食大量浪费，很快造成粮库空虚，食堂的散伙是迟早的事情。

人民公社的浮夸风在指导思想上忽视自然规律和经济规律，

夸大主观意志和主观努力的作用，急于求成，轻率从事，制订一系列"左"倾的方针、政策，提出许多脱离实际的口号，结果导致出现以高指标、瞎指挥、浮夸风和"共产风"为主要标志的错误。由于生产关系被搞乱，挫伤人民群众的积极性，工农业生产遭到破坏，加上 1960—1962 年上半年，揭阳县连续遭受严重的自然灾害，结果出现经济生活的暂时困难。1961 年与 1957 年比，全县工农业总产值下降 26%。全县特别是老区群众吃、穿、用都有困难，生活水平严重下降，断粮户、困难户、水肿病人普遍出现，借高利贷、出卖家具衣服、外出求乞或逃荒等现象在部分社队出现。人口死亡率超过正常情况，干部和群众的关系严重受损。同时，强调大搞阶级斗争，"左"倾思潮迅速泛滥，党内民主风气受到破坏。

国民经济在调整中摸索前行

一、行政区划调整，分设揭西县

1961 年 1 月，揭阳县贯彻落实"调整、巩固、充实、提高"的八字方针，采取措施纠正"大跃进"和人民公社化运动的错误，集中力量恢复和发展农业生产，同时制订工业、商业、教育、科学、文艺等方面的工作条例，促进全县经济形势的好转。

1963 年，揭阳县委贯彻以农业为基础、以工业为主导的方针，大力支援农业生产；全面开展增产节约运动，掀起"五好"劳动竞赛；进一步调整工业企业，提高工业企业管理水平；改进经济工作，密切工商关系，促进国民经济继续调整。至 1965 年初，揭阳县国民经济有所恢复和发展，银行各项存款逐渐回升，至 1966 年底，农村存款和各项存款总额分别达 518.4 万元和 1341.6 万元。

1965 年 7 月，国务院批准将县境棉湖、东园、五经富以西的 13 个公社（镇）析出，并从陆丰县划出五云、上砂两个公社，分设揭西县。至此，揭阳县仅辖 19 个公社和榕城镇。

二、北河大桥和揭阳汽车站相继建成

揭阳县城被南河、北河两河夹城，来往县城的群众和车辆，全都由摆渡或轮渡入城。为解决城市交通被河道阻隔这个问题，揭阳县委、县政府决定在北河上建设一座连接县城的大桥，突破县城交通瓶颈。经过慎重考察后，选址于北河马牙渡附近，开始建设大桥。

1960年，投资272.5万元的北河大桥开工建设。大桥设计为10孔2台9墩石拱桥，桥长275.5米，宽10米。

1965年6月，历经5年多的建设，北河大桥建成竣工。广东省省长陶铸为这座大桥题写了"北河大桥"。至此，马牙渡为北河大桥替代。北河大桥填补了揭阳城区没有大桥跨越北河的空白。

连接大桥两头的道路随之也被铺筑起来，南达进贤门外路，北通揭汕公路。大桥建成当年，西门、北门汽车运输站合并，并更名为揭阳汽车站，定址于北河大桥南端的新辟道路与进贤门外路交界处。1968年，揭阳汽车站建成投付使用。

北河大桥及至揭阳汽车站的建成，为揭阳县城的交通网搭建起一个新的构架，成为县城交通网的中心干线。

至此，县域北部的群众，都由北河大桥跨入县城，减少了摆渡入城的麻烦。东山、登岗、炮台和地都等地的老区干部和群众，到县城开会、走亲戚赶集也大为方便。

三、十年"文化大革命"结束

1966年5月，中共中央召开政治局扩大会议，通过《中国共产党中央委员会通知》（即"五一六通知"），"文化大革命"拉开序幕。

"文化大革命"运动逐步在全县蔓延开来，教育界、党政机关等随即受到冲击，革命老区所在的公社、乡也被波及。一些老区革命群众为保护祠堂里的革命旧址和革命纪念地，在祠堂的墙壁上刷上"毛主席万岁"等标语，使这些革命旧址和革命纪念地得以保存下来。

　　1976 年 10 月，中共中央一举粉碎"四人帮"，"文化大革命"运动宣告结束。

　　十年"文化大革命"给揭阳县带来深重的灾难，留下极其惨痛的教训。十年间，揭阳县党内外广大干部群众对"左"倾错误的抵制和抗争一直没有停止，使其破坏性受到一定程度的限制，经济社会建设仍取得一定的成果。

第八章

改革开放时期

第一节 改革开放为老区发展注入活力

一、全面拨乱反正，老区迎来新的发展

1978 年 12 月，中共十一届三中全会恢复和发展毛泽东倡导的实事求是的思想路线，作出把全党的工作重点转移到经济建设上来的重大战略决策，揭开中国经济体制改革的序幕，开创社会主义现代化建设的新局面。揭阳县委认真贯彻落实中共十一届三中全会精神，带领全县人民实现伟大的历史性转折，同时，加快平反冤假错案的工作，进一步落实干部、知识分子、上山下乡知识青年回城安置、侨务等方面的政策，调整理顺各方面的社会关系，调动全县人民的积极性。贯彻落实中共中央"调整、改革、整顿、提高"的八字方针，严格执行计划生育政策，控制人口的过快增长；采取一系列有力措施，充分发挥广大人民群众的主观能动性，加快农业生产的发展，使农村的面貌发生较大的变化。同时，加强社会主义民主法制建设，恢复县人民政府，逐步实行党政分开，成立揭阳县人民代表大会常务委员会，实行权力机关和行政机关分开，严厉打击走私贩私活动，保证全县改革开放的顺利进行；恢复揭阳县委纪律检查委员会，改善党的领导，增强广大党员的党性和组织纪律性，实现政治上的安定团结，使全县社会发展开始走上正确的轨道。

老区人民在全面拨乱反正中迎来了新的发展，在农村落实各

种形式的生产责任制中，老区群众的积极性很高，生产门路越来越广，经济越搞越活，富队、富户的数量不断增多。粮食生产与多种经营的比例关系协调发展，农业生产内部结构更趋合理；农村商品生产发展较快，商品率提高；集体、联营和个体等多种经济成分同时得到发展。

1981 年 8 月，揭阳县委提出在继续贯彻落实国家经济政策上，突出放在"包、放、活"三个字，其中"包"字就是坚持从实际出发，因地制宜，落实和完善各种形式的生产责任制，实行包产到组到户到劳动力，把群众的积极性充分调动起来。位于南部地区的梅云，北郊的东山，东部桑浦山的炮台、地都和登岗，以及渔湖等地老区群众的积极性被调动起来，开始承包山林、果林、鱼塘，种植经济植物，提高土地增值，养殖鱼类，增加经济收入。

在关爱老区人民方面，县委提出，要落实对五保户和军烈属的照顾，帮穷扶贫，管好用好集体财产，充分发挥集体经济的优越性。

二、加强农村政权建设

1983 年 11 月，揭阳县着手改革人民公社体制，进行社改区的工作，以公社设区，一社一区，区设区委会、区公所和区农工商联合公司，区委会是揭阳县委的派出机关，区公所是县人民政府的派出机关。区委会和区公所的组成人员由县委和县政府分别任命，区设公安派出所和人民武装部。

12 月，揭阳县社改区工作完成，共设立 20 个区和 1 个镇，今榕城区境内设置为 1 镇 7 区，分别是：榕城镇、东山区、仙桥区、梅云区、渔湖区、登岗区、炮台区和地都区。

为加强基层政权建设，健全社会主义民主与法制，实现党政分开，根据上级的部署，撤销区公所，建立镇人民政府。同时，为适应城市化的发展，为县城扩容，减缓因工业化、商业化生产带来的缺少土地的压力，县委、县政府决定将东山区所辖范围并入榕城镇。1987年3月，揭阳县完成基层政权建设，全县设置20个镇、31个居委会、314个村委会。今榕城区境内设置为7个镇，分别是：榕城镇、仙桥镇、梅云镇、渔湖镇、登岗镇、炮台镇和地都镇。东山区整区划归榕城镇管辖。

1988年4月，揭阳县委、县政府发出《关于在行政村建立村公所的通知》，在全县行政村建立村公所，受镇政府委托，指导支持和帮助村民管理委员会、经济联合社的工作。1988年，揭阳县民政部门配合县政府做好建立卫星镇的调查、申报工作。3月，经上级批准，揭阳县20个镇均为卫星镇。

三、农村商品生产蓬勃发展

1984年，中央1号文件提出在稳定和完善生产责任制的基础上，提高农业生产水平，梳理流通渠道，发展商品生产。要求土地承包期一般延长到15年以上，鼓励农民增加投资，培养地力，实行集约经营；果树、林木荒山、荒地等承包期应当更长一些；制止对农民的不合理摊派，减轻农民的额外负担。指出自给半自给经济向较大规模商品生产转化，是发展中国社会主义农村经济的必然过程，只有发展商品生产，才能促进社会分工，提高生产力，使农村繁荣富裕起来，加速实现中国社会主义农业的现代化。2月13日，揭阳县委召开县直机关干部大会，指出，农民要克服怕政策变的思想，大胆地勤劳致富，自觉地在商品生产中运用科学技术搞好经营管理，提高经济效益。干部要深入调查研究，摸清本地区哪些方面的优势，注意发展那些传统的，又是适销对路的项目和产品。提倡用抓粮食生产的劲头来抓商品生产，加快全县农村商品生产的发展步伐。

当年秋收前,揭阳县在延长土地承包期的基础上,引导农民群众大胆调整种植布局,扩大经济作物比重,收到很好的经济效果。特别是蘑菇生产,在资金、技术、销售等方面给予扶持,全县蘑菇生产出现大发展的局面,成为农村家庭经济收入的一大门路。此外,还有藤艺加工、草席加工、腌制品生产等,从而推动产业结构的改革,使农村进一步分工分业,农村企业蓬勃发展。

1985年10月29日,揭阳县委召开常委扩大会议,强调以调整农村产业结构为核心,深入进行农村第二步改革,大力发展商品生产;调整粮经比例,合理安排种植布局;大力开展非耕地经营,抓好蘑菇生产和发展饲养业、养殖业;发展劳务输出,发展乡镇企业,搞好农田水利基本建设;县直有关部门要为发展农村商品生产服务,切实加强社会主义精神文明建设,实现农村社会风气的根本好转。当年,全县粮食和经济作物比例调整为69.5∶30.5,全年农业总产值3.43亿元,其中,经济作物总产值3920.6万元,香蕉、柑橘等水果种植面积达14.99万亩,总产量达105万担,水产养殖面积2.23万亩,总产29.24万担。

经过调整农作物布局,改革农村经济结构,整顿发展乡镇企业,开拓发展农村第二、三产业,建立以种养业为主的商品生产基地,大力发展香蕉、柑橘等水果和水产养殖业,鼓励扶持重点户、专业户发展商品生产,实行农村剩余劳动力向外地输出等,使揭阳县农村的经济逐步向商品经济转变,促使农、林、牧、副、渔生产获得全面发展,人民生活水平得到不断提高。

老区人民利用山区宜于种水果的有利因素,纷纷投身到水果种植业上来，大力发展有地方特色的水果种植业。仙桥、梅云群众贯彻县里提出的以发展经济为中心，提倡水田园林化，多次下达种柑计划，力争高投入，高产出，不断提高柑橘产量。至 1985 年底，全县柑橘总产 8909 吨，为新中国成立后柑橘生产最高纪录。

四、乡村企业为老区经济注入活力

经济体制改革使农村面貌发生巨大变化，建立家庭联产承包责任制，发展农业生产，乡镇企业、乡村企业异军突起，带来农村生产力的又一次飞跃。1984 年 3 月，中共中央、国务院转发农牧渔业部《关于开创社队企业新局面的报告》，把"社队企业"更名为"乡镇企业"，提出发展乡镇企业的总方针是热情支持，积极引导和管理，使其健康发展。为加强对乡镇企业的领导，8月，揭阳县农村集体企业管理局更名为揭阳县乡镇企业管理局，大力扶持乡镇企业。

1984 年，揭阳县委贯彻落实中共中央、国务院转发农牧渔业部《关于开创社队企业新局面的报告》的精神，放开手脚，发展多种经济形式，打破国营企业一统天下的局面，大力支持和扶持集体、个人进城镇投资办企业，务工经商，发展多层次、多种经济形式的企业。1985 年 10 月 29 日，揭阳县委召开常委扩大会议，要求各区乡要结合落实企业承包方案，抓好企业的整顿，重点是抓好调整企业领导班子和完善承包责任制两件事。在整顿好乡镇集体企业的同时，积极支持和大力发展专业户、联合体。农村的个体户和联合体，作为新的生产力的代表，纳入乡镇企业的范畴。乡镇企业要积极开展外引内联，引进新技术。同时，利用地处沿海，毗邻经济特区的优势，大力发展"三来一补"业务，利用外资企业来料加工、来件装配、来样加工，解决农村剩余劳动力出路，增加农民经济收入。通过提供对外加工、合资经营、技术培训或者有偿转让、租赁等形式，把技术、设备和产品输送到农村，带动农村工业的发展。1986—1991年，全县乡镇办及村办企业从18979家增加到23222家，增幅22.4%，总收入从3.75亿元增加到16.36亿元。

仙桥区在这场乡镇企业创办活动中，诞生了一批乡镇企业，为乡村经济发展注入了新的活力。仙马路一带形成了生产铝制品、汽车零件和轧钢为主体的五金企业一条街。渔湖塘埔从事理发剪刀生产的人数占劳动力的88%，年产126万把，产值250万元，产品销国内及欧美市场。东山的淡浦、沟口等村，成为制作模具的专业村，年产模具近千套，产值300多万元。

五、工业生产获得长足发展

改革开放使全县的工业生产获得了长足的发展，工业的主导地位基本形成。至1991年，全县工业已具相当规模，总量增大，行业增多。全县拥有各类工业企业11889家，其中乡镇以上工业企业366家，工业总产值20.15亿元，占社会总产值38.37亿元的一半以上。形成了以塑料、服装、纺织、机械、电子、钟表等为骨干行业的工业生产体系。全县有100多个工业产品获得国家、省优质产品和行业优质产品称号。手表、塑料制品、电子元件、电焊机、电子、碾米机、布料胶鞋、啤酒、酱油等产品远近闻名。揭阳无线电元件二厂、揭阳运通塑料包装有限公司、榕泰高级瓷具有限公司、华迅夹板有限公司、广东省电焊机厂、揭阳棉纺厂、揭阳氮肥厂、揭阳农械厂、揭阳机床厂、揭阳手表厂、揭阳金属表带厂、揭阳糖厂、揭阳酱油厂等企业，成为国家或全省或粤东地区同类企业中的生产规模较大的厂家。

（一）国营企业

1986 年，国营企业在改革中探索前进，企业分别采取了股份制、集体承包厂长负责制、厂长任期目标责任制和老企业内部技术改造等改革措施。全县乡镇以上全民所有制工业企业总产值逐年增加，至 1991 年，全民所有制独立核算工业企业单位有职工 4.48 万人，工业产值 3.264 亿元，年末固定资产净增 1.6182 亿元。

（二）集体企业

1986—1991 年，全县乡镇以上集体所有制工业企业生产总趋势继续发展，产值逐年增长。至 1991 年，已有集体所有制工业企业 273 家，职工人数 3.84 万人，工业产值 3.9093 亿元。

揭阳县藤厂、揭阳县自行车配件厂、揭阳县钢窗总厂、揭阳家具总厂、揭阳锁厂等单位，分别获得国家、省、市优秀企业称号，产品获得优秀产品称号。1986 年，揭阳县藤厂的 SO249 仿上花屏 4 件套家具获省优质产品奖；揭阳家具总厂的直径 600 毫米电镀小餐桌获省同行评比第一名，揭阳县自行车配件厂的叉子碗获省同行评比第一名，前后轴皮获第二名。1987 年，揭阳县自行车配件厂的前后轴皮获省同行评比第一名，五件叉子碗获第二名；揭阳县钢窗总厂的钢窗获第二名。1991 年，揭阳县藤厂被评为全国工艺美术行业质量管理优秀企业；揭阳县自行车配件厂的变速前后轴皮获省优质产品称号；揭阳锁厂被省二轻工业厅评为优秀质量管理企业；揭阳县自行车配件厂、揭阳锁厂获汕头市全面质量管理优秀企业称号。

六、第三产业在老区蓬勃发展

在改革开放大潮中，第三产业在各地迅猛发展，老区人民也在大力发展经济的同时，办起了一大批第三产业项目。原来以农业经济为主导的老区经济逐渐转变为既有农业经济，又有乡镇企业工业经济，兼有服务业等第三产业的第一、二、三产业共同发展的经济。

东山区岐山村，因地处市区北部，且国道 G206 线从村境穿过，老区群众于国道旁办起了各种地方特色的餐饮店，服务过往群众。紧随餐饮店在路旁出现的，还有汽修店、汽车配件店等一些服务店。此外，理发店、个体印务部、个体药店等服务性商店也如雨后春笋般出现。

炮台区青溪村，也因位于国道 G206 线旁边，交通便捷，过往车流量多，老区群众在路旁办起了一些餐饮店村里也办起了各类美发美容、汽车摩托车维修等小型服务店。

仙桥区永东村，地处街区中心，老区群众在古溪市场附近办起服装、餐饮、理发店、停车场，以及各类服务性的零售便利店，发展经济，增加村民收入。

七、老区交通环境大为改善

革命老区大都位于山区腹地，由于地理环境差，交通多为落后，不利于发展老区的农业生产，发展乡村经济。改革开放以后，各级党政加大对老区交通基础建设的投入，一批等级公路通抵各个革命老区，老区的村道通镇道，并基本实现道路"硬底化"，使老区人民出入搭上了交通的"快车道"。

70 年代开始，国道 G206 线烟（台）汕（头）公路揭丰段开始进行改造，以沥青路面为主，部分为四级砂土路，1991 年再次改建为平原微丘区水泥砼二级公路，1993 年 8 月建成通车。这一路段的建造，使地都、炮台、榕城等地的老区人民有了南来北往的交通大道。

揭普公路于 1929 年开筑，1931 年建成通车，原为砂土路面，尘土飞扬、崎岖不平。1987 年，揭普公路开始大规模重修，改建为宽广舒畅的沥青路面。这一路段改造完成后，改善了仙桥、梅云一带老区人民的交通环境。

在铺建和改造公路的同时，一大批桥梁也相继建成投入使用。1987 年 2 月，新北河大桥建成通车，9 月，南河大桥建成通车。至此，县城跨越南、北河均有了大桥。两座大桥连同 60 年代建成的北河大桥环绕县城北、西北、西南，从仙桥、梅云、东山地区来往县城，不再摆渡过河。

筑路修桥，路通财通，老区人民从此走出山区，踏上了致富路。

八、教育事业得到良好发展

1983 年 11 月 8 日，揭阳县委、县政府发出《关于进一步办好我县教育事业的决定》，提出要充分认识教育事业在四化建设中的重要地位和作用，积极发展各项教育事业，为加快揭阳县经济发展做好人才准备。各区（镇）、乡要在基本普及小学教育的基础上，做好小学改为六年制的工作。结合农村体制改革，适当调整小学布局，统一实行以乡办完全小学，村设分教处。

1984 年秋季，揭阳县小学开始实行五年制向六年制过渡，计划 3 年完成。1985 年 5 月，中共中央发出《关于教育体制改革的决定》，提出教育改革的目的和任务，改革教育管理体制，扩大学校办学自主权，把发展基础教育的责任交给地方，有步骤地实行九年制义务教育。10 月，揭阳县委、县政府召开全县教育工作会议，把小学、初中分别下放给村、镇管理，初步实行分级办学、分级管理的教育体制，有效地调动各级办学的积极性，拟订全县普及九年制义务教育规划。

1986 年，《中华人民共和国义务教育法》颁布，普及九年义务教育，揭阳县把发展初中教育作为普及九年制义务教育的重点，调整初中布局，落实发展初中规划，全县新办独立初中5所，总共92所。

1989年初，全县推行"两聘两制、一包一奖"的教育内部管理体制改革。当年暑假，全县开展"两聘两制"的中小学共210所，任教职工5521名。

在教育机构改革中，革命老区的村委会基本承担本村的小学教育管理工作，并切实实施九年义务教育。与此同时，一大批的村办幼儿园、私办幼儿园在老区村庄中办起来，老区孩子基本在家门口便直接接受幼儿教育和小学教育。

九、卫生事业发展迅速，卫生站在各村建立

1980年，揭阳县被卫生部和省确定为全国三分之一县卫生事业整顿建设试点县和广东省第一批三分之一县建设两个重点县之一（另一个为增城县）。按照卫生部和省卫生厅建设标准，1982年，揭阳县政府将大队一级卫生机构管理改革为以集体办医为主，由赤脚医生集体承包办大队卫生站，一些边远大队由赤脚医生个人承包办卫生室等多种形式办站（室）的管理形式。当年底，全县有一半以上大队由赤脚医生承包办站。在改革中，揭阳县正确理好卫生院与赤脚医生队伍的关系，医疗与预防的关系，经济收入与医疗效果的关系，门诊与住院、临床科室及医技科室的关系，使卫生院管理改革得到较好发展。

改革中，老区各村纷纷建立起村卫生站（室），服务村里群众就医问病工作。镇级卫生院负责对各村卫生站（室）医生进行业务培训和指导。

十、文化体育事业有了长足的发展

改革开放以后，揭阳城乡文化活动活跃，人民群众的文化生活丰富。揭阳县文化馆协助各地建立文化站和文化室，形成以乡村文化室为基础，以区（镇）文化站为枢纽，以县文化馆为指导中心的城乡群众文化工作网。1985 年，全县乡村、街道、工厂、学校设立的图书馆（室）有 200 多个，基本实现了县、区（镇）、乡图书阅览网。

随着改革开放的深入发展，新旧思想观念的更替，城乡经济体制的转型，新兴文化娱乐形式的传入，给文化工作提出新的挑战。揭阳成为"小戏之乡"，文艺创作硕果累累。业余作家陈章泰创作的潮剧《李队长筹粮》，荣获文化部金奖，并代表揭阳小戏作品上京会演。传统潮剧百花齐放，推陈出新，县级和一些区（镇）级潮剧团走出剧场，重返民间和广阔的农村演出广场戏，使潮剧获得新的发展空间。电影放映的形式、影片来源、服务质量等方面有了提高。广播电视事业也得到了很大发展，到 1991 年，全县有乡村广播室 435 个，收音机、录音机走进百姓家庭，部分家庭用上了电视机，当年全县有各类电视机 11 万台，每户至少有 1 种广播、电视接收工具。电视机也开始进入革命老区，看电视成为老区人民日常生活的一部分。

体育事业长足发展，群众体育运动经常开展。老区村大多建起了篮球场，购置了乒乓球台，方便村民进行体育活动。老区村利用传统节日组织篮球赛、乒乓球赛、拔河赛等群体活动，活跃了人民群众的文化生活。

1986 年，县老干部局联合县体委等 10 个单位在全县评选 30 位 70 岁以上的健康老人，评选条件为：身体健康，对社会有一定贡献，在民众中有良好声誉。仙桥区兽医站 94 岁的退休女兽医陈笑咀"从医几十年，爱牛如宝，90 多岁仍上门医治牛病"；县建筑第一公司 84 岁的退休工人刘老堂"参加过北京钓鱼台工程和其他国防工程建设，受过国务院奖励"；县人民医院 83 岁的医师陈金声"医术精益求精，荣获省、市著名老中医称号"；县华侨联合会 77 岁的顾问陈昌文"热心公益事业，重视智力投资，带头捐资办学校，培育后代，家有两名大学生"。这些老同志被评为健康老人，成为全县和老区群众学习的榜样。

第二节 榕城设区翻开新一页

一、设立县级榕城区

1991 年 12 月 7 日，经国务院批准，撤销揭阳县建制，设立揭阳市（地级），将原揭阳县析为榕城区和揭东县，并管辖揭西、普宁和惠来县。揭阳的历史翻开新的篇章。

新设置的县级榕城区管辖原揭阳县的磐东、渔湖、仙桥和梅云 4 个镇，以及由原榕城镇改置的西马、中山、榕华、新兴和东山 5 个街道。区人民政府驻新兴路原揭阳县委机关办公大院。

新设置的揭东县管辖原揭阳县地都、炮台、登岗等 15 个镇，县人民政府驻曲溪镇。

榕城自此由县城升格为 50 多万人口的市辖城区，开启了城市建设的新征途。

地都、炮台、登岗 3 镇也成为新县揭东的一部分，当地的老区群众跟全县人民一道，开始新县轰轰烈烈的建设。

1992 年 5 月 1 日，榕城区委、区人民政府在新兴路 17 号原揭阳县委机关办公大院举行揭牌仪式。1994 年 10 月，区委、区政府迁至东二路五七桥东侧办公，原办公地点改建为进贤商城。1996 年 3 月，区直机关办公大院在榕华大桥北引桥东侧的南河滨建成，区委、区政府迁至新址办公。

1993 年 7 月 21 日，经揭阳市人民政府同意，从渔湖镇析出燎原、陆联两村，设置榕东街道。至此，榕城区辖6街道4镇。

二、榕城区行政区域内增设东山区和揭阳试验区

1994年5月9日，揭阳市政府为适应市区政治、经济、社会发展的需要，调动各方面积极性，加快市区经济建设和城市建设步伐，将榕城区划分为3个行政管理区域，保留榕城区，增设东山区和揭阳试验区。

新设置的东山区辖磐东镇和东山街道，将东山街道析为东升、东兴和东阳3个街道。

新设置的揭阳试验区辖渔湖镇，在保留渔湖镇建制的同时析出京冈、凤美和溪南3个街道。将渔湖镇彭南村划归榕城区榕东街道管辖。

区域调整后，榕城区人大常委会、区政协仍负责3个区的人大、政协工作，依法履行大会职能。区法院、检察院仍负责3个区的审判、检察工作。

区域调整后，榕城区仅辖新兴、中山、西马、榕华、榕东5个街道和仙桥、梅云两镇，区域面积91.26平方千米。

革命老区方面，由于东山、磐东、渔湖三地划出，榕城区只剩下梅云和仙桥两镇8个老区村庄。

发展社会主义市场经济，老区加快发展步伐

1992 年，我国明确了发展社会主义市场经济是中国经济体制改革的目标。榕城区的革命老区加快了发展的步伐。

一、农村饮水难问题得到解决

为解决农村饮用水问题，榕城区从 1994 年起，狠抓落实农村水改工程，逐步将市自来水公司的供水管道输送到梅云、仙桥和榕东等地，实现了边远农村群众用上自来水。

1994 年 10 月，投资 20 万元的仙桥寨内水改工程竣工，实现日供水量 1000 吨；12 月，投资 51 万元的榕东南厝水改工程竣工，铺设供水管道 2.5 千米。1995 年 2 月，投资 200 万元的仙桥桂林供水工程竣工，铺设供水管道 4 千米；同月，榕东彭林工业区供水工程竣工，铺设直径 16 厘米的供水管道 700 米；5 月，投资 300 万元的西马仙滘供水工程竣工，铺设直径 30 厘米供水管道 2 千米，实现日供水量 1600 吨；6 月，投资 25 万元的仙桥东厝水改工程竣工，实现日供水量 1500 吨；当月，投资 30 万元的仙桥田东供水工程竣工，铺设供水管道 1.2 千米；8 月，新兴东郊、上义、下义水改工程竣工，铺设供水管道 1.8 千米；10 月，投资 200 万元的西马西郊供水工程竣工，铺设供水管道 2 千米，实现日供水量 1500 吨；12 月，投资 910 万元的梅云供水工程竣工，铺设总长 15 千米的供水管道到达各村。

新市区的东升、东兴、东阳 3 个街道片区的饮用水由市第二自来水厂供给，供水管道所到之处，当地的群众全都用上自来水。老区群众饮水难问题得到切实解决。

二、广梅汕铁路建成通车

1995 年 4 月 10 日，广梅汕铁路铺轨到达揭阳火车站，揭阳人民盼望已久的铁路铺到了家门口。

广梅汕铁路西起广州，东行东莞、惠州、河源至梅州，再由梅州东南行经揭阳、潮州，最终抵达汕头，全长 480 千米。广梅汕铁路揭阳段全长 42.13 千米，经过揭东县和榕城区境内。

揭阳火车站为地市级规模客货站。站房大楼坐落于黄岐山大道北端，北靠黄岐山，南临北河，东联岐山汽车站，国道 G206 线从站前通过。站房大楼由 3 部分组成，中区是候客规模达 1500 人的站房综合楼，东西两侧为副楼。站房大楼由前后连接一体的两座楼构成，占地面积 5500 平方米，总建筑面积 2.8 万平方米。站前广场占地面积 1.6 万平方米。

1995 年 6 月 1 日，揭阳火车站试开货物营运，6 月 30 日正式开通货物营运。12 月 28 日广梅汕铁路客运全线开通。老区人民从此可以坐上列车到市外、省城、省外经商、旅游，而一大批老区农产品也搭上了火车，快速销往全国各地。

三、江泽民总书记考察榕城

1995 年 12 月 30 日，中共中央总书记、国家主席、中央军委主席江泽民在中共中央政治局委员、广东省委书记谢非，省长朱森林，广州军区司令员李希林，政委史玉孝，以及中央有关负责同志傅全有、曾庆红等陪同下，从汕头来揭阳考察。江泽民一行考察了揭东县埔田镇"三高"农业基地后，来到榕城区，考察了揭阳市运通塑料包装有限公司。

揭阳市运通塑料包装有限公司位于榕城区西关路 689 号，是 1989 年底由榕城南门塑料厂与香港厚意发展有限公司合作经营的企业，有固定资产 2.8 亿元，厂房占地 6000 平方米，建筑面积 3 万平方米，职工 238 人，年生产规模 2.4 万吨。该公司主要生产通用型双向拉伸聚丙烯薄膜（简称 BOPP 膜）、热风型双轴拉伸聚丙烯薄膜（包括香烟膜）、双向拉伸聚丙烯珠光膜（简称 BOPP 珠光膜）、聚丙烯自粘保鲜膜，其中 BOPP 珠光膜被评为"国家级重点新产品"，BOPP 薄膜定为鼓励生产和使用的国产先进技术产品（替代进口产品）。该公司建立起一套完整的质量保证体系和管理体系，1993 年被定为"广东省高新技术企业"，1995 年取得德国 RWTUV 国际标准质量保证体系，IS9002－94 认证和中国 CCIB 中心注册证书，并荣获 AAA 级中国最佳企业形象。

榕城塑料工业起步较早，发展快，在 20 世纪 70 年代就有"塑料城"之称，建区以后，塑料行业仍然是全区工业经济的重要支柱。1993 年，全区共有塑料制品企业 343 家，总产值 16937.4 万元，1995 年扩展为 485 家，总产值 44726.8 万元。至 1997 年底，全区共有国有、集体塑料制品企业 18 家，乡镇、街道塑料制品企业 579 家，这些企业中规模较大的就有揭阳市运通塑料包装有限公司。

当天上午 11 时 10 分，江泽民一行结束对揭阳的考察，离开揭阳。

江泽民总书记考察榕城区重要企业，关心新区的工业生产、生活，给榕城人民带来关怀和鼓舞。榕城人民群众加快改革步伐，建设美好家园的信心更加坚定。

四、桥梁建设突飞猛进

揭阳素有"浮出葫芦""水上莲花"之称，榕江南河、北河如玉带从揭阳城夹城蜿蜒流过，至双溪嘴汇合，经汕头注入南海。双溪夹城至汇合处的地貌，状如葫芦浮于水上。这些美称既是揭阳得天独厚的优势，也是汽车火车时代的交通短板。

榕城区是揭阳市的中心城区，地理位置正处于两河夹城之处，因而，加快经济发展的一个关键因素，就是要补齐交通上的这个短板。设区之后，榕城区迅速规划和建设了一批桥梁，使由江河阻碍的地区都由桥梁连接起来。

1996 年 9 月 25 日，榕华大桥在南河榕华大道南段耸起。榕华大桥 1995 年 5 月开工，全长 807.28 米，宽 25 米，通航净空 10 米，共 34 跨，其中主桥 270 米，最大跨径 80 米。这是南河揭阳市区段的第二座大桥，也是靠近市中心的一座大桥。榕华大桥的建成，大大方便了仙桥、梅云一带群众来往城区，拉近了两地的距离，对加快榕城区南部工业基地开发建设有着重要的意义。

同月，仙桥河大桥竣工。仙桥河大桥跨越南河支流仙桥套河，于 1995 年 6 月开工，长 245 米，宽 25 米，共 15 跨，最大跨径 16 米。大桥使得仙桥、梅云群众出行城区更为方便。

1999 年，芳禄大桥在梅云镇厚洋村建成通车，大桥跨越南河支流厚洋溪，于 1998 年开工，桥长 112 米，宽 9.5 米，共 7 跨，最大跨径 16 米。

2000 年 12 月，榕东大桥竣工通车。榕东大桥跨越北河，连接揭阳试验区塘埔村和揭东县炮台镇，是北河下游靠近南北河汇合处距离最近的大桥。工程于 1994 年 3 月开工，桥长 1246.2 米，宽 28 米，通航净空 18 米，共 31 跨，最大跨径 107.5 米。榕东大桥为揭阳市区首座特大桥，它的建成，使炮台、地都、登岗乃至汕头、潮州一带群众来往揭阳市区，不再经过曲溪，大大缩短了距离。

此外，梅东大桥、西凤大桥、环市北河大桥相继建成投入使用；揭阳大桥、进贤大桥动工兴建。这些桥梁的建成，提高了城市的品位，彻底改变了市区道路基础设施的落后面貌，为城区经济腾飞发展注入新的动力。

五、加强老区基层政权建设

1998 年 9 月，揭阳全市按照管辖范围不变、农村集体经济权属关系不变和农村基层干部队伍相对稳定三项原则，依照《村民委员会组织法》全面理顺农村基层管理体制。

1999 年上半年，榕城区全面铺开理顺农村基层管理体制工作，在各村推行村务公开、民主管理制度，积极开展村民自治示范活动。

榕城所属各个革命老区村，全部由村公所改建为村委会，实施民主选举村委会组成人员，实行村民自治。每届村委会任期3 年。

从 1999 年开始至 2017 年，每届村委会换届之前，榕城区、街道（镇）部门组织街道（镇）、村相关人员进行集中培训，加强对换届选举工作的组织领导，确保选举在严格规范程序上进行，并顺利产生新一届村委会成员。区、街道（镇）还定期举办村务公开民主管理工作业务培训班，提高街道（镇）级、村级干部村务公开民主管理工作业务水平。

与此同时，全区城乡基层组织全面推行监委会制度，加强全区基层民主建设。2012 年，榕城区率先在全市村（居）建立事务监督委员会，实行监委会制度，统一承担原村（居）务公开监督小组和民主理财小组的职能，全区各个村（居）依法完成推选任务，共推选出监委会成员 352 人。在完成推选任务的基础上，制定出台监委会成员守则、议事规则、监督办法和考核方法等相关制度，明确监委会职责、任务，规范监委会的运作，促进基层实行民主管理。

六、高速公路网初步形成

在圆了铁路梦之后，榕城区境内的高速公路逐步配套，初步形成了高速公路网。老区人民出入有了更多更便捷的交通选择方式。

2006 年 12 月 30 日，汕梅高速公路揭阳段建成通车。汕梅高速公路揭阳段北起揭东玉湖北斗，途经新亨、锡场、埔田、云路、玉窖、登岗、地都进入汕头，全长 46.5 千米。2001 年开工，2006年底竣工。其中在登岗镇设置登岗出入口，并建有埔上、登岗两座立交桥。

2016 年 12 月 28 日，潮惠高速公路全线建成通车。潮惠高速公路揭阳段东起揭东玉窖，进入榕城区登岗，经炮台过汕头市潮阳区，再由金灶第二次进入榕城区仙桥，西出普宁、揭西后，进入汕尾陆河，全长 74.65 千米。潮惠高速公路在榕城区境内设有机场东、机场西、仙桥 3 个出入口，并建有埔上、湖心两座立交桥。由炮台过潮阳的榕江大桥主桥长 640 米，为矮塔斜拉桥，主跨长度 380 米，塔高 94.35 米，主桥通航净高 38 米，在国内同类桥梁中跨度最大。

2018 年 10 月 24 日，揭惠高速公路全线建成通车。揭惠高速公路北起榕城区仙桥，南往普宁，过潮阳、潮南，终点在惠来县前詹镇，全长 63.4 千米。揭惠高速公路在榕城区境内设有仙桥出入口，并在湖心附近连接潮惠高速公路。

七、揭阳潮汕国际机场建成通航

2011 年 12 月 15 日，位于炮台镇和登岗镇之间的揭阳潮汕机场建成，正式投入运营，取代位于汕头市龙湖区的汕头外砂机场的民航，成为广东省内继广州白云国际机场和深圳宝安国际机场之后第三大干线机场。揭阳人民盼望已久的机场梦终于圆梦。

揭阳潮汕机场的建设始于揭阳建市初年。1992 年，潮汕民用机场开始酝酿。1993 年 3 月，广东省政府将潮汕民用机场列入"九五"期间大中型建设项目；10 月 19 日，广东省人民政府同意成立粤东机场筹建领导小组，由省计委、民航中南管理局以及汕头市、揭阳市和潮州市各派领导同志参加筹建领导小组。1996 年，粤东机场筹建领导小组完成《关于潮汕民用机场场址比选报告》。当年 8 月，民航总局批复同意潮汕民用机场场址选在揭东县炮台镇附近。1999 年 3 月，国务院、中央军委批准同意新建潮汕民用机场。2000 年，国家发改委将潮汕民用机场项目转入"十五"计划，列入广东省"十五"计划大中型项目。2004 年 11 月，广东省机场管理集团公司组织召开了潮汕民用机场可行性研究项目启动准备会议。2005 年，上交了地质勘查、地形测绘、环境影响评价、水土保持评价、地质灾害防治评价、地震安全性评价、潮汕民用机场建设项目用地预审等可行性研究报告必需的附件；3 月份，潮汕民用机场空域和飞行程序等问题获广泛支持。2006 年 11 月，筹建领导小组在揭东县召开了潮汕民用机场跑道位置调整专题研讨会，对原方案进行了优化调整。2007 年，国家发改委批复潮汕民用机场可行性研究报告；9 月 26 日，国家发改委同意新建广东潮汕民用机场工程。这标志着备受社会各界关注的潮汕民用机场建设项目正式获准建设。10 月 16 日，广东省机场管理集团公司决定成立"广东省机场管理集团公司潮汕机场建设工程指挥部"。2008 年 3 月 19 日，国家民航总局正式批准广东潮汕民用机场命名为揭阳潮汕机场；10 月 13 日，国土资源部发文《国土资源部关于潮汕民用机场及相关项目工程建设用地的批复》，正式批准揭阳潮汕机场建设用地；12 月起，揭阳潮汕机场工作区、航站区、飞行区土石方工程相继动工。2009 年 1 月 10 日，揭阳市人民政府与广东省机场管理集团公司举行揭阳潮汕机场建设用地移交仪式，标志着备受社会各界关注的揭阳潮汕机场建设前期准备工作就绪，可以正式全面铺开建设；6 月 16 日动工建设；10 月中旬，主体工程航站楼开始建设。2011 年 12 月 2 日，环保部发布拟对揭阳潮汕机场工程环境影响评价文件作出批复的公示；12 月 9 日，环保部正式批复了该补充报告；12 月 15 日，机场正式通航。2014 年 7 月，揭阳潮汕机场更名为揭阳潮汕国际机场。

揭阳潮汕国际机场通航后，航线数量 66 条，通航城市 51 个，旅客吞吐量 649.39 万人次，货邮吞吐量 2.52 万吨，起降架次 5.55 万架次（均为 2018 年数据）。揭阳实现了与全国大中城市、东南亚城市的空中连接，老区人民借助这个航空港，把家乡产品远销到外地，也实现了在家门口到全国各地游赏大好河山的愿望。

第四节 揭阳市区扩大规模，榕城成为城市核心区

一、榕城区步上扩容提质发展路子

2012 年 12 月 17 日，国务院作出《关于同意广东省调整揭阳市部分行政区划的批复》，批准对揭阳市部分行政区划实施调整，同意撤销揭东县，设立揭阳市揭东区，将榕城区的磐东街道划归揭东区管理，将原揭东县的地都镇、炮台镇、登岗镇划归榕城区管理。

根据国务院的决定和广东省委、省政府的部署，结合揭阳经济和社会发展的实际需要，揭阳市对市区区域进行调整，在揭东区范围内划设蓝城区，管辖磐东街道和桂岭、月城、霖磐、白塔、龙尾 5 镇。在榕城区范围内划设揭阳空港经济区，管辖京冈、溪南、凤美 3 街道和渔湖、地都、炮台、登岗 4 镇。

区域调整后，榕城区实际管辖新兴、中山、西马、榕华、榕东、仙桥、梅云、东升、东兴和东阳 10 个街道，面积 181.09 平方千米。

榕城区在揭阳市的城市扩容提质迎来新机遇，成为揭阳市核心区。

二、榕城创建"教育强区""文化体育强区"

进入 21 世纪以后，榕城区认真贯彻落实《教育部关于进一步

推进义务教育均衡发展的若干意见》的精神以及省委、省政府"创强争先建高地"的决策部署，坚持以办人民满意的教育为目标，大力实施"科教兴区"战略，把教育作为增强发展后劲、提升核心竞争力的战略任务来抓，切实履职尽责，致力改革创新，保障教育优先发展、均衡发展，着力打造揭阳教育最优区。榕城区高度重视广东省教育强区和义务教育发展基本均衡区创建工作，举全区之力，大办教育民生实事，以"教育创强"作为解决教育发展问题的重要抓手，统领教育发展大局；以"全面改薄"为着力点，千方百计加大教育投入，优化教育资源配置，积极改善薄弱学校的办学条件，逐步实现义务教育的均衡发展，全面提升教育教学质量；坚持合理调配，促进教师队伍素质均衡，加强教师专业能力建设，进一步提升教师队伍整体水平；积极实施素质教育，促进学生全面发展；推动各级各类教育协调发展，全面提高城乡教育水平，教育整体水平大幅提升，教育综合实力不断增强，人民群众对教育的满意度不断提高，为创建广东省教育强区和义务教育发展基本均衡区打下了坚实的基础。

2014年，榕城区投入"教育创强"资金2.14亿元，完善一批学校校舍和场馆设施配套，仙桥、新兴、东阳等7个街道通过省"教育强街"督导验收。目前已顺利启动"教育强区"申报工作。

设区以来，榕城区重视发展文化体育事业，榕城区图书馆、文化馆、体育馆、体操训练馆、游泳训练馆、东风体育广场、东湖公园、榕江公园、西湖公园、学宫广场、望江广场、揭阳楼广场、滨江长廊，以及各村、社区的图书文化阅览室、文化广场配套投入使用。区运会、国际半程马拉松赛、行彩桥、醒狮文化节等大型文体活动定期举行，活跃市区人民群众的体育文化生活，"讲科学，爱运动，保安康"成为市区群众的自觉行动，人民群众生活质量、幸福指数不断提高。2018 年底，榕城区被广东省教育厅授予"广东省推进教育现代化先进区"称号。

三、全区实现社区平价门诊全覆盖

2014 年，榕城区把开展平价门诊建设作为落实党的十八大精神和深化医药卫生体制改革的重点工作，经卫计等相关部门和街道办事处共同努力，多方协调，积极落实门诊场地及工作人员，短短数月筹备后，至 2014 年 8 月底，榕城区 10 个街道共设立 13 家平价诊室，实现了平价门诊所有街道全覆盖，为群众提供平价医疗和平价药包。这些门诊的开设，使单病种医疗费用较普通门诊降低 15%—20%。

平价门诊诊室由有多年临床经验的职业医师坐诊，以治疗常见病、多发病、慢性病为主，使用平价药包和基本药物，合理检查，科学用药，照顾低保人群，面向社区群众，方便群众看病。社区卫生服务中心加强对平价门诊的管理，定期派出医务人员到平价诊室加强诊疗服务，提供必要检查，简化治疗手续，有效控制门诊人次费用，让群众真正感受到平价医疗服务带来的实惠。

截至 2014 年底，各平价门诊共完成诊疗 2 万人次，体检 2000 多人次，取得实实在在的便民、利民、惠民效果。

老区群众得益于这项民生实事，看病难、看病贵的问题得到解决。

四、社会治理实现网格化管理

网格化治理是依托统一的城市治理以及数字化的平台，将城市治理辖区按照一定的标准划分成为单元网格，通过加强对单元网格的部件和事件巡查，建立一种监督和处置互相分离的形式。

2013 年市部分行政区划调整以后，榕城区加强调研分析，针对行政区划更广、管辖人口更多、经济活动更活跃，而社会治理相对滞后的实际，决定由区委、区政府主导推动社会网格化治理建设，结合加强党的基层建设和践行党的群众路线，推动力量下沉，从社区居民小网格单元入手，解决民生实事，促进干群关系向好发展。

2014 年，榕城区建立了网格化治理制度以及网格化治理网络，科学合理地将全区 10 个街道 111 个社区划分为 751 个大网格 2595 个小网格，根据实际情况实施动态调整，覆盖到社区所有区域、居民群众、非公经济和新社会组织，以及商业门店等，实现了网格治理无缝对接，切实形成了区、街道、社区、居住小区纵向到底的四级治理网络。各街道社区制作了社区（村）干部责任区划示意图、包户分布网格图和工作流程图，合理确定责任网格，形成了多级网格化治理组织体系。区还以街道社会工作办公室为依托，建立集治安维稳、环境卫生、社区医疗、消防安全、志愿服务等为主要内容的多种信息集中处置平台。实施社区网格员基础信息一月一报、重要信息一周一报、突发信息当天当时报告制度，由中心对网格信息集中协调、处置、反馈，优质高效为社区群众服务。

五、平安建设取得优异成绩

从 2005 年开始，榕城区在大力推进平安建设中，以党建引领，抓基层、打基础、建队伍，全力抓好"夯党基，为人民"主题活动，领导下访、干部下派、队伍下驻、重心下移、力量下沉，全面推广社会治理网格化，着力完善立体化、信息化社会治安防控体系，以及综治信访维稳中心，促进基层社会和谐稳定；坚持以人民为中心，坚持走民生引领型务实发展之路，通过抓好民心工程和民生实事，提高人民群众福祉，着力打造揭阳"首善之区"；通过创新多项举措，逐步探索适合本地的基层治理新路子。

2008年，榕城区在全区各个社区范围内的各个主要道路安装视频监控，利用"天眼"来协助公安民警破案。视频监控"天眼"在治安防控中发挥了重要作用，全区盗窃案件逐年下降。

随后，榕城区组建区治安联防两个大队，这是继续构筑专群结合的"地网"建设的又一举措。在治安防控上，区公安机关积极组织开展"粤安13"、打击"两抢一盗"、"百局千所"等专项整治行动，实行24小时巡查执勤制度，保障全区重点时段、重点路段及重点区域、重点场所警力全覆盖，构建起联防联控、巡防管控、卡口堵控、社区防控、群防群治群控、特种行业管控、社会治安视频监控"七张网络"，提升群众安全感。

2012年，东升街道社区社工综合服务中心成立，这是榕城区创新社会管理的又一平台。榕城区正是通过创新社会管理，打造平安细胞等，不断深化平安建设。并把深入开展双联双促工作、"两新建设"、挂钩帮扶"问题村"、选派优秀年轻干部到经济落后村担任"第一书记"、强化社会组织建设、实施社会治安源头综合治理、开展"清三办，治五乱"和"乡乡乐起来"文化创新等有效举措融入平安建设中，夯实基础，抓好试点、突出重点、打造亮点，全力推进深化平安建设工作。

2009年，榕城区首次被中央综治委评为2005—2008年度"全国平安建设先进区"。2013年和2017年，接连两次再获这一殊荣，成为揭阳市唯一一个连续12年获得"全国平安建设先进区"的县（市、区）。榕城区又荣获全国社会综合治理最高奖项"长安杯"，成为全省唯一获此殊荣的县区。

榕城区的平安建设受到全区人民群众的称赞，也给老区人民平安发展提供安全保障。

老区新农村建设壮丽广阔

　　进入新世纪，榕城区的各个革命老区在社会主义新农村建设征程上发挥各地的优势，注重革命传统教育，在红色土地的新发展上画上了浓墨重彩的一笔。

一、竹林村打造红色文化旅游村

　　梅云街道竹林村利用区位优势，推进经济建设，引进广东省揭阳市大兴不锈钢实业有限公司、紫峰不锈钢实业有限公司、揭阳市美度实业有限公司、广东省雅得实业有限公司等几家大型企业到家乡落户，总占地面积350亩，改变了社区单一纯农的落后面貌。先后投资更换供水管道，整治排涝沟、田间灌溉系统，恳复社区后山头80多亩山地为观光型果园，改造旧寨场，建设老人活动中心、竹林小学，并设立革命教育基地，村容村貌焕然一新。

　　竹林村保留着一批清代民居及古祠堂、寨墙、寨门，2010年北京满堂春影视有限公司利用竹林村古民居的独特风格作为主场景拍摄电视连续剧《七妹》（又名《属羊的女人》），获得"七个一"奖项。而作为土地革命战争时期的老区村，村里更有一批革命烈士故居、革命遗址，以及紫峰山革命烈士纪念碑等红色文化景点，有着丰富的红色文化旅游资源。2012年，竹林村整合这些资源，着力打造红色文化阵地，并朝着把竹林村打造成集文化休闲旅游、影视拍摄和古民居保护开发于一体的综合性影视文化基地。从当年起，陆续有游客到村里游赏古居民和红色文化景区。2013 年，梅云街道依托竹林村和相邻的另一个老区村群光村，创建了梅云街道廉政教育基地，随后，一批街道、区、市的机关、事业单位党员干部前来教育基地参观学习，接受廉政教育和革命传统教育。

二、群光村建设村文化广场

群光村地处揭阳市紫峰山北麓，群山环绕，翠竹繁茂，与普宁市接壤。大革命时期，村民前赴后继，与敌人浴血奋战，写下了可歌可泣的革命英雄故事。进入新世纪，群光村着力进行新农村建设，努力发展经济，加强基础设施建设，先后争取华侨捐资和村筹资，建设了瑞璇希望小学、改造饮用水供水道、铺设水泥村道、建设村文化广场，并安装一批体育运动器材给村民健身锻炼，修建榕南干渠公路桥，改善村居生活和交通环境。还引进占地 100 亩的大兴不锈钢工业基地和 11 万伏群光发电站在该村落户。

2007 年社区在广东省委三级联创活动中被评为"五个好"村党组织。

三、岐山村建设文化活动中心

进入新世纪，东阳街道岐山村城市化步伐加快，村里大部分土地被纳入中心城区。但由于大部分村民的经济来源主要靠进厂务工，岐山村的基础仍较差、底子仍较薄，许多村政基础设施亟待完善。

2015 年，岐山村投资 120 多万元，在村中心空地建设一个占地面积 120 平方米的三层文化活动中心，设置图书室、老年人活动室、多媒体室、青少年活动室、未成年人活动室等多个功能室，在文化活动中心正面建设一个 500 平方米的文化广场，配有健身器材、乒乓球台、羽毛球场、篮球场等设施，配置有旧衣回收箱、泔水回收箱、废品回收箱等，以便资源再利用。实现了有场地、有人管、有计划、有活动，特色鲜明、群众喜爱的惠民文化中心，让群众充满了归属感和幸福感。

四、永东村加快商品经济建设

永东村原来是一个纯农的乡村，1996 年 2 月，仙桥镇政府新办公大院落户于永东村境内，永东遂成为新镇区，城市化步伐加快。

进入新世纪，仙桥古溪综合市场商贸活跃，永东村村民借助毗邻市场的优势，纷纷涉足商海，发展商品经济，村里适时规划了新的商住环境，一幢幢小楼房依镇机关大院和古溪市场周边而建，村西部和南部地带基本城镇化，村民在新建成的楼房生活，做生意。

仙桥撤镇改街道之后，一批汽车美容、维修，摩托车经营，电信，超市也进驻永东，一些村民成为这些企业的员工，既在家门口就业，也从事了商品经济建设。

五、青溪村做大石材加工产业

改革开放前夕，青溪村作为一个纯农村庄，村民以种植蔬菜瓜果为生。20 世纪 80 年代，改革开放之风吹至青溪村，村民结合当地实际，依托资源优势，开始寻求改善生活之路。由于石材开采加工的科技含量低、资金投入少，便有村民将开采的石材加工成石板售卖。随着经济社会发展，青溪村原有技术含量低的人工开采和加工方式已无法满足市场需求。

进入 21 世纪，青溪村立足本地资源优势，大力调整产业结构,集体经济有了长足发展。以加工石材为主的企业达 20 多家,企业规模、生产能力等都发生了很大的变化,改变了以前一家一户单干的"小打小闹"局面,使村里的石材产业朝着做大、做强方向发展。石材产业的发展也带动了该村其他产业发展,村里的饭店、汽修、物流等相关服务业也得到了相应发展,有效地解决了周边群众的就业难题,也引来江东码头等大型物流公司的进驻。

第九章

中国特色社会主义新时代

第一节 实施乡村振兴战略

2017 年 10 月 18 日至 24 日，中国共产党第十九次全国代表大会在北京召开。党的十九大，是在全面建成小康社会决胜阶段、中国特色社会主义进入新时代的关键时期召开的一次十分重要的大会。承担着谋划决胜全面建成小康社会、深入推进社会主义现代化建设的重大任务，事关党和国家事业继往开来，事关中国特色社会主义前途命运，事关最广大人民根本利益。

十九大报告作出了"中国特色社会主义进入新时代"的重大判断。

十九大报告提出实施乡村振兴战略，指出："农业农村农民问题是关系国计民生的根本性问题，必须始终把解决好'三农'问题作为全党工作重中之重。要坚持农业农村优先发展，按照产业兴旺、生态宜居、乡风文明、治理有效、生活富裕的总要求，建立健全城乡融合发展体制机制和政策体系，加快推进农业农村现代化。巩固和完善农村基本经营制度，深化农村土地制度改革，完善承包地'三权'分置制度。保持土地承包关系稳定并长久不变，第二轮土地承包到期后再延长三十年。深化农村集体产权制度改革，保障农民财产权益，壮大集体经济。确保国家粮食安全，把中国人的饭碗牢牢端在自己手中。构建现代农业产业体系、生产体系、经营体系，完善农业支持保护制度，发展多种形式适度规模经营，培育新型农业经营主体，健全农业社会化服务体系，实现小农户和现代农业发展有机衔接。促进农村一二三产业融合发展，支持和鼓励农民就业创业，拓宽增收渠道。加强农村基层基础工作，健全自治、法治、德治相结合的乡村治理体系。培养造就一支懂农业、爱农村、爱农民的'三农'工作队伍。"①

报告还提出要加大力度支持革命老区发展②。

党的十九大报告提出实施乡村振兴战略和大力支持革命老区发展，在榕城区革命老区人民心目中引起强烈共鸣，老区离退休同志、党员干部和群众对贯彻落实十九大报告、深入实施乡村振兴战略，全面准确把握"产业兴旺、生态宜居、乡风文明、治理有效、生活富裕"的总要求抱有热切的希望。

---

① 《决胜全面建成小康社会　夺取新时代中国特色社会主义伟大胜利》，人民出版社 2017 年版，第 32 页。

② 《决胜全面建成小康社会　夺取新时代中国特色社会主义伟大胜利》，人民出版社 2017 年版，第 32—33 页。

榕城乡村振兴战略良好开局

2018年是实施乡村振兴战略的开局之年，榕城区认真贯彻上级的决策部署，强基础、补短板、促改革，抓住现代农业和新农村建设两个重点，推动乡村振兴战略实现了良好开局。

榕城区坚持把美丽宜居作为第一目标，彰显城乡面貌新气象，在这一基础上着力夯实乡村振兴基础。在全区大力推进产业扶贫，全面落实"两不愁三保障"措施，确保脱贫有实效、可持续、经得起历史检验；在全区全面推进"五村共建"，做好水岸同治、"厕所革命"、村道硬化、光纤到户、"新屋戴帽"等工作；在全区健全环卫保洁管理网格化体系，推进市场化运行试点。

榕城区还着力加快第三批省级新农村示范片建设工程（榕城片区）建设，打造乡村环境整治标杆和乡村休闲旅游示范点，带动美丽乡村建设。

一、竹林村践行"绿水青山就是金山银山"发展理念

进入新时代，竹林村两委坚持以中国特色社会主义理论为指导，以为村民谋福祉为目标，明思路、重实措、抓经济、促发展、惠民生，营造良好招商环境，推动经济大力发展。村里抓住引进大兴不锈钢实业有限公司、开盛钢铁实业有限公司、雅得鞋业有限公司、美度实业有限公司等大型企业投资创业为契机，着力发展工业经济，同时鼓励村民种植经济价值高的药材及农产品，党

参、牛膝、鱼藤、甘蔗、荔枝、淮山等已成为该村的特色产品，有效增加了农民收入，壮大了集体经济，切实改变了老区村的落后面貌。

至2020年春，竹林村村民的衣食住行已发生了翻天覆地的巨变，从贫穷到温饱，从温饱到小康，大部分村民从狭小的泥瓦房搬进了宽敞的楼房；交通从偏僻闭塞到四通八达，村道从泥砂土路到水泥大道，并配套了路灯、视频监控等设施；学生就读从破旧祠堂到楼房式的新校舍；村民饮用水从地下水到村自建水厂引来的山泉水；摩托车、小轿车进入寻常百姓家，老区人民幸福指数大大提高，过上和谐幸福的新生活。

经过全村干群的共同努力，现在的竹林老区村道路宽敞，夜晚闪烁的路灯、中国结，交相辉映，形成一道亮丽的风景线；老人活动中心配套齐全、高雅大方，每逢星期六，这里潮韵曲乐，汇成美妙的旋律；每天傍晚，体育广场灯光灿烂，老的小的体育健身、体育舞蹈，各种球类运动轮番上场，其乐融融；恪守"绿水青山就是金山银山"理念，抓好雨污分流，注重生态环境，村前屋后绿树成荫，红色主题公园周边池塘水清岸绿，成了村民休闲的好去处；切实抓好创文创卫，村容村貌焕然一新，村民安居乐业，治安稳定，竹林老区村呈现一派欣欣向荣的景象。

二、永东村做好村规划，迎接城市化

2018年，连接揭惠高速公路的揭阳大道南段开始在永东村境内征地建设，大道由北往南经过永东村3000米，征地290亩。这条大道建成之后，永东村直接成为城市干道上的村庄，大大缩短了到揭阳市区主城区的距离，城市化步伐势将大大加快。

与此同时，市政府在永东村征地建设了仙梅污水处理厂，村境内的仙桥河堤围建设也加快了步伐。

永东村主动迎接城市化的到来，着手谋划村规划建设，拓宽了驳接揭阳大道南和仙桥河堤围的村道，投资500多万元建设了德贤路。

在宜居建设方面，永东村发动全村干部群众进行了一场大规模的环境卫生整治行动，对路边、堤边、桥边、村边、屋边的垃圾污染物进行清理，同时对河、溪、沟、渠、塘上的漂浮物进行打捞，村容村貌大为改观，村南的引榕干渠南渠、村北的仙桥河都出现水清岸绿的景观，成为村民休闲的好去处。

三、岐山村建成美丽乡村

进入新时代，岐山村努力打造美丽乡村。村里的南门池建于20世纪60年代，曾是村里生活用水、农田灌溉的池塘，但在村民用上自来水后，池塘被搁置，逐渐变成一个污水池，水质变黑，臭气熏天。2018年，为治理南门池，还村民一个清澈的池塘，村里召开村民代表大会，通过了南门池整治工程方案，整治工程由村公益理事会组织实施。村里投资70万元，对南门池进行清淤、筑石篱、加护栏，并在池旁安装健身器材。工程完成后，南门池恢复为清水塘，村民往池里放养了一批锦鲤。每天都有村民到池边观赏和进行健身活动。

2018年，岐山村投资140多万元，将全村主村道全部水泥硬底化，并在村道上安装照明路灯，两旁植树，村道全面绿化。与此同时，村里通信、电网、广播电视、卫生站、垃圾转运站、公厕等基础设施更趋完善，农村面貌发生了翻天覆地的变化，成为村民喜爱的美丽乡村。

四、群光村倡导移风易俗文明新风尚

进入新时代，群光村为进一步弘扬革命老区勤俭节约、艰苦奋斗的优良传统，净化社会风气，引导广大群众崇尚科学、健康、文明的生活方式，以实际行动支持全市创建文明城市工作。特别通过全体党员并向村民提出倡议，倡导婚事新办、丧事简办、喜事俭办、凡事从简，移风易俗，破旧立新，坚决抵制不良风俗。为把宣传活动传达到各家各户中，村里特别印制了《群光村移风易俗宣传手册》，分发到村民家中。

在党员的带动下，村民们积极响应，自觉做到婚事新办、丧事简办，其他喜庆事俭办甚至不办，积极践行文明新风。

五、青溪村把垃圾场改造成公园

炮台镇青溪村在美丽乡村建设中，把农村生活垃圾治理作为突破口，通过解决生活垃圾问题，实现村容村貌质的飞跃。2019年，青溪村建成占地1000多平方米、日垃圾处理量达8吨的微型垃圾处理站，有效解决了生活垃圾处理不及时、裸露污染环境和垃圾转运过程中产生的"二次污染"问题。村里同时成立了一支保洁队伍，负责定时清运全村垃圾，通过综合施策，着力破解"垃圾围村"难题，建立健全环境卫生长效管理机制，营造干净、整洁的人居环境。

与此同时，村里投资480多万元，将原先的垃圾场和边角地经过处理、合理规划设计，改造建设成建筑面积8000平方米的青溪公园，主体部分包括戏台、球场、中心广场、步行道、凉亭、池塘，配套园林绿化、江畔观景台及乒乓球台、羽毛球场等一批体育健身活动设施，形成水中有园、园中有水的特色景观，并在园内打造景观绿化，增加绿化植物种植，丰富景观植物层次，供群众休闲娱乐、放松身心、锻炼身体。

　　除了青溪公园，近年来青溪村还建成了青溪文化广场、青溪综合性文化服务中心、老年人活动中心等，老区村民的幸福感和获得感不断增强。

开启建设"首善之区"新征程

从 2018 年开始,榕城区开始了建设"首善之区"新征程,坚持稳中求进工作总基调,突出"首善之区"定位,全面推进"北拓、南改、中优"。

一、坚持高质量发展,强健"首善筋骨"

传统产业提质增效。榕城工业园区通过省政府审核,继续列入省级开发区。塑料工艺鞋省级质检站正式获批成立,全国塑料鞋团体标准化修订工作扎实推进。完成工业投资 41.8 亿元,工业技术改造投资 22.6 亿元,引导 57 家规上工业企业实施技术改造,新增机器人应用 10 台。引进产业共建项目 2 个。加大市场主体培育力度,新增注册企业 1788 家。

动能转换明显加快。深入实施创新驱动发展战略,新增国家高新技术企业 7 家、省级众创空间 1 家、院士工作站 1 家、科技型中小企业 31 家;省、市级工程技术研究中心累计达到 9 家。与中科院过程工程研究所开展产学研合作项目 3 项。新增专利申请量 1770 件,发明专利授权量达 21 项,创历史新高。

发展后劲全面增强。深入推进"百日百项大行动",完成投资 8.45 亿元,带动 39 个市级重点项目完成投资 44.65 亿元,123 个区级重点项目完成投资超 80 亿元。"九路一河一桥"等基础设施建设加速推进、"五小"工程全面完工、宏兴隆水产品批发市场建成投入使用，城市综合功能更加完善。

二、创建文明城市，提升"首善颜值"

人居环境有效改善。立足创建全国文明城市主战场地位，累计投入资金1.18亿元，推进"五河毓秀""五水清漂""五边清污"等工作，动员全体公职人员下沉基层，开展"门前三包"劝导、环卫清理巡查，城市形象进一步提升。投入资金1532.8万元，全力推进"五路绿化"，植绿补绿道路总长67.8千米。

功能品质整体提升。省道S234线仙金公路及市政配套工程竣工。天福东路榕华段、望江北路东段、西环城路、环岛路、滨江北路东段建成通车。

空间布局逐步优化。中部片区棚户区改造项目回迁安置区建设扎实推进。完成揭阳大道两侧200米范围内土规和现状情况调查，榕东片区土地征收储备整合顺利推进，全面完成南厝1号地、旧寨2号地征拆协议签订。揭阳古城保护建设逐步深入，完成古城旅游发展规划，制订以业态为引领的古城活化保护利用方案。

三、守护绿水青山，厚植"首善气质"

设施建设持续用力。东湖、龙石2个国考断面水质自动监测站建成交付使用。仙桥南污水处理厂加紧推进，望江南路西段建成截污管网3.6千米。投入雨污分流资金7865万元，启动建设行政村64个，建设管网184千米。东风河、揭阳楼后渠黑臭水体完成底泥清淤，东风河排水工程开工建设。城市环境卫生基础设施配套进一步完善。

监督管理坚定有力。坚决落实"治水先治河，治河先治污，治污先治人，治人先治官，治官先治党政'一把手'"要求，压紧压实各级河长责任。科学划定禁养区、限养区，严格实施管理。

强化固体废物规范化管理，与企业签订承诺书77份。加强大气污染监管，PM2.5年均浓度为35微克/立方米，大气质量六项指标全面达标。

四、持续改善民生，共享"首善品质"

公共服务更加优质。累计投入资金3.8亿元，新（改、扩）建新兴学校、东兴初级中学等5所学校，完成"三通两平台"及中小学教育信息化设备设施建设。10个街道均通过省教育强街复评，成功创建"广东省推进教育现代化先进区"。新建小公园和体育运动场所一批。完善3个街道文化广场配套，建成111个社区综合性文化服务中心，实现社区全覆盖。区图书馆获"全国文明单位"称号，再次获评"国家一级图书馆"。

保障体系更为健全。新增城镇就业4404人。城乡居民基本养老保险参保13.6万人，城乡医保参保率98%，城镇低保标准提高到660元。全年实现脱贫1393户、3593人，超额完成年度脱贫任务。积极推动社区卫生服务中心标准化建设和村卫生站规范化建设，加快城市公立医院综合改革，稳步实施分级诊疗制度。家庭医生签约服务超23万人。

社会环境更趋和谐。扎实抓好信访工作，安全生产、消防安全、食品药品安全形势稳定。

第四节 区老促会致力于老区建设和可持续发展

榕城区老区建设促进会成立于 1996 年 10 月 30 日，自成立之日起，就致力于服务老区的建设和发展。

进入新时代，区老促会按照揭阳市老促会的统一部署，主动作为，多次深入老区村调查摸底，掌握实际情况，采取一系列强有力的措施，关心支持老区建设，老区经济社会发展发生了翻天覆地的变化，老区人民的生活水平得到了较大提高。

一方面，区老促会弘扬老区精神，增进对老区的关心和支持，立足老区实际，大力宣传革命老区的革命精神和建设成就，宣传贯彻党的十八大、十九大精神和习近平关于革命老区的讲话精神，推动习近平新时代中国特色社会主义思想在老区落地生根；组织撰写《竹林群光英烈传》，广泛宣传革命英烈英雄事迹和老区的历史贡献；积极宣传先行致富的先进典型和脱贫创业的致富经，讴歌老区发展新篇章。

另一方面，区老促会认真办好老区实事，促进老区发展和民生改善。以促字当头，实字为先，积极做了一些促实落实务实的工作，收到良好效果。在精准扶贫精准脱贫攻坚战中，注重发挥扶持老区建设的社会功能和发展效益，帮助老区打赢脱贫攻坚战。榕城区老区村贫困人口共 348 人，截至目前，预脱贫 235 人。做好烈士后裔助学工作。坚持把助学工作作为开展革命传统教育、革命英雄主义教育，弘扬社会正能量，为老区人民送温暖的一件实事来抓好。按照市老促会的工作要求，精准确定助学对象，认真核实材料，在省、市老促会一贯支持下，2015—2019 年，共发放助学金 2.5 万元，资助烈士后裔贫困学子 25 人。抓好项目建设。积极发挥老促会专项资金作用，先后建成竹林、群光革命教育基地、紫峰山烈士纪念碑、竹林革命陈列室。同时，联合捷和学校打造爱国主义教育基地。榕城区 3 个老区村规划打造为红色公园，1 个老区村修缮革命烈士故居，各老区村想发展、谋发展、敢发展的势头十足。抓好扶贫慰问。每逢中秋、春节，区老促会都组织党员、干部到革命老区看望慰问困难党员和群众，为老区人民送上党和政府的关怀和问候。

2020 年，区老促会多次到永东、竹林、群光和岐山等社区走访，与"两委"干部深入座谈，倾听他们的意见，了解各老区村发展情况和存在的困难，帮助各老区村出谋划策，共同挖掘潜在发展机遇，在统筹推进疫情防控过程中，抓紧老区村经济社会发展主线，千方百计加快老区建设发展步伐。区老促会还积极争取各方面支持，推进老区发展。协调区宣传、文化等部门，帮助永东社区做好图书馆项目规划和建设；发动竹林社区乡贤，筹集资金改造建设紫峰山革命烈士纪念碑道路；加快推进革命老区红色主题公园建设。至当年 6 月，永东、竹林红色公园建设项目已进入实施阶段，群光、岐山正在抓紧规划筹建；投资 100 多万元的华美村周鲁故居修缮工程建设开始动工。革命老区萧畔沟口村加快建设社会主义新农村步伐，筹措资金 500 多万元，改善村容村貌，建设美好家园。并着手搜集革命历史资料，把为彭名芳等革命烈士树碑立传、修缮农会旧址、擦亮老区名片工作列入工作计划，努力把萧畔沟口村打造成红色革命传统教育基地。

附　录

附录一 大事记

1919 年

5 月 7 日，榕江中学学生杨石魂、林希孟等领导学生响应北京"五四运动"，成立榕江中学学生会，在校内召开大会后，上街游行，并通电北京学生，表示声援。

5 月 14 日，岭东学生联合会揭阳支会在揭阳学宫紫光阁成立，下设在城分会，霖田、蓝田、磐岭三都分会，桃山、地美、梅冈三都分会，官溪、渔湖二都分会共 4 个分会。

1923 年

冬，榕江中学新学生社成立，领导骨干有江明衿、许涤新等。

1924 年

春，地下党员、青年教师杨嗣震到榕江中学任教，在校园广泛传播马列主义。

1925 年

3 月 6 日，第一次东征军抵达揭阳县城，黄埔军校校长兼粤军参谋长蒋介石，黄埔军校政治部主任周恩来随军到达，下榻县国民协议会厢房。

3月7日，周恩来在揭阳县城考院前向集会群众作题为《国民革命的宗旨和三民主义的真谛》的演说。

5月，共产主义青年团揭阳县支部正式成立。

同月，中共揭阳县支部在揭阳学宫大成殿正式建立，支部书记颜汉章。共产主义青年团揭阳县支部成员参加党支部一切活动。

1926 年

2月，揭阳成立第一个区农民协会——第二区农民协会。

4月，共青团揭阳支部改为共青团揭阳特别支部，书记江明袊。

5月，揭阳县农民协会筹委会在县城成立，9 名执委是颜汉章、梁良蕚、彭名芳、卓献弼、陈剑雄、黄峰、林声望、陈卓然、张香吉，秘书陈祖虞，顾问郑德初。县农会下辖 4 个区农会、75 个乡农会，有会员 6.4 万人。

6月，成立揭阳县农民协会。

7月，揭阳县农民协会召开全县农民代表大会，有几百名代表参加，省农运领导人彭湃到会指导。

冬，揭阳县党员人数增至 100 多人。中共揭阳特支转为中共揭阳部委员会，颜汉章仍任书记，组织委员卢笃茂，宣传委员张秉刚。

1927 年

1月，揭阳农民自卫军改称为赤卫队。

4月，揭阳县三区农民在颜汉章、卢笃茂带领下，与普宁县八区农军围攻揭、普交界的东林村太史第，以此回击国民党反动军队的"围剿"。

5月12日，揭阳县国民党反动派下令通缉共产党员和进步人士颜汉章、卢笃茂、谢培芳、彭名芳等22人。

9月26日，八一南昌起义军抵达揭阳。下午，起义军领导人周恩来、贺龙、叶挺等在商民协会楼上召开军事会议，并成立揭阳县工农革命委员会。

9月28—30日，八一南昌起义军贺龙、叶挺部在揭阳白石村至汾水村纵深10多里的丘陵地段，与国民党陈济棠部激战，双方伤亡惨重，后因力量悬殊，起义军被迫向普宁流沙退去，此次战役史称"汾水战役"。

11月中旬，揭阳县先后建立了第二区、第四区苏维埃政府。

1928 年

5月，中共揭阳县委机关报《红光报》创刊，为周刊。颜汉章主编，只出版2期。此为揭阳县委最早印行的刊物。

7月，广东省委派员改组揭阳县委，喻奇辉任书记，委员有喻奇辉、张静民、卢笃茂、张家骥、陈达。

1929 年

秋，揭阳县委在卅岭山区边沿小北山区的乡村建立革命活动点，恢复农会组织，并在下坡村建立地下交通站，主任周阿祥，交通员周德群。

1930 年

6月，古大存、卢笃茂带领红军及地方革命武装近千人攻打新亨镇，进占24小时后撤出。

1932 年

春，成立中共揭阳第三区委及区苏维埃政府。区委书记陈子山，区苏维埃主席张阿最。

10 月 1 日，潮普揭边区第一大队伏击敌警卫队，歼敌 22 人。

1934 年

年初，东江游击总队改为东江工农红军第二团，卢笃茂任团长。

6 月 11 日，红二团团长卢笃茂率红二团和卢秋贵带领的潮普揭第一大队 100 多人，在揭阳与五华交界的胡头山遭敌邓龙光部及当地反动自卫团 1500 多人重兵包围，苦战中卢笃茂负伤后被捕，1935 年 2 月 3 日就义于广州黄花岗。

1935 年

1 月，成立中共潮（安）澄（海）揭（阳）县委，书记陈圆圆。

7 月 11 日，揭普惠游击大队长张木葵率领红军两个中队 140 人赴五房石角山袭击国民党警兵（实是国民党"清乡"先头部队），但被发觉，反被邓龙光部 2000 多人包围，激战两个多小时，张木葵及大部分指战员牺牲，仅 20 多人突围转入凤凰山根据地。

1936 年

3 月 29 日，坚持斗争的中共潮普揭县委书记张锄及工作人员 3 人被敌邓龙光部所捕，不久牺牲。

1938 年

2 月，成立揭阳妇女抗敌同志会。

同月，中共揭阳党组织派杨兆民等第一批揭青抗骨干参加国民党在揭阳梅冈书院开办的广东第八区统率委员会干部训练所训练。

3月10日，成立中共揭阳县第一区委员会，书记林美南。

4月22日，成立揭阳学生抗敌联合会。

4月，中共揭阳县工作委员会成立，书记林美南，组织部长曾广，宣传部长曾畅机，武装部长黄梅杰。

5月17日，为准备开展抗日游击战争，抵御日军对潮汕的侵略，揭阳县工委通过揭青抗，建立以揭青抗成员为主体的抗敌先锋队，开展民众抗日武装自卫运动。

10月，中共揭阳县工委在水流埔召开会议，林美南传达潮汕中心县委的指示精神，确定地处揭丰边的五房、坪上山区作为游击支点，同时成立中共第四区委，书记曾广。

12月，中共揭阳县工作委员会改为中共揭阳县委员会，林美南任书记。时丰顺县工作由揭阳兼管，故又称揭丰县委。

1939 年

9月中旬，潮揭丰边县委领导人林美南、陈勉之、卢叨等移往洪厝寮。不定期出版刊物《前卫报》，报道抗战前线的情况，以此鼓舞人民抗战的信心。

1940 年

4月，成立中共揭阳县委，书记林美南。

1941 年

9月，林美南任潮梅特派员。

1943 年

春，揭阳旱情严重，早稻插不下，官商勾结，囤积居奇，操纵粮价。有 24000 名饥民逃往江西、福建，许多人死于路上。全县饿死约 68000 人，少女幼婴被拐卖 22000 多人。

6 月 20 日和 26 日，中共汕头市区委书记蔡耿达（揭阳坤山村人）和他的妻子马雪卿（潮阳籍人）在汕头市先后惨遭日军杀害，壮烈牺牲。

1944 年

12 月 9 日，日军田中部，集中兵力 3000 多人，首次占领揭阳城，12 日退出；翌年 1 月 26 日凌晨，日军再次占领揭阳城，29 日退出；1945 年 3 月 8 日，揭阳城第三次沦陷，至日本投降光复。

12 月 11 日，林美南在揭阳九斗埔汪硕波家召开党员骨干会议。会议决定成立揭阳人民抗日游击大队，大队长曾畅基。

12 月底，钟声被任命为中共潮揭丰边特派员，驻足于梅北陈君伟家里，着手审查恢复揭阳党组织，筹建揭阳抗日武装队伍。

1945 年

6 月下旬，根据中共广东省临委指示，潮汕人民抗日游击队改成广东人民抗日游击队韩江纵队（简称韩纵），韩纵司令员兼政委林美南。

8 月 13 日，周礼平、李亮、陈维德、许杰等率领潮澄饶敌后抗日游击队 100 多人到居西溜与小北山人民抗日游击队独立大队会合，成立广东人民抗日游击队韩江纵队第一支队，周礼平任支队长兼政委，李亮任副支队长。

1946 年

3 月，潮揭丰边县委在锡场东仓召开党员骨干会议。会议确定"交好朋友，为村民办好事，改善群众生活"作为今后开展工作的指导思想。

7月和10月，潮揭丰边县委在揭阳岭后村召开两次干部整风会议，潮汕特委组织部长吴坚到会指导。

1947 年

11月20日，潮汕人民抗征队发布《减租减息的暂行办法》。

11月22日，潮揭丰边县委在岭后村徐贤林家里成立潮揭丰边武工队（也称梅北武工队），队长杨兆民。

1948 年

1月底，经潮汕地委批准，潮揭丰边武工队改编为潮揭丰边武装中队（也叫长枪队或梅北武装中队），杨苏中任中队长，王瑛任指导员。

2月下旬，潮汕人民抗征队潮揭丰边独立大队成立，大队长倪宏毅，政委吴扬。

2月29日，潮揭丰边县委在大葫芦村召开区一级干部会议，决定独立大队和武工队分开活动，新成立4支武工队：梅北武工队，队长林三；小北山武工队，队长孙波；山后武工队，队长张桐萱；西南武工队，队长方思远。

5月，在南山成立潮揭丰行政委员会，主任杨世瑞。

9月，潮揭丰边县委在原四个武工区的基础上增设桑浦山、山前二个武工区。桑浦山武工队代号"虎部"，山前武工队代号"龙部"。

11月上旬，潮揭丰边县委在五房山召开各武工队骨干会议。决定从原西南武工队分出部队队员，组建西山武工队，代号"马部"。

1949 年

1 月中旬，成立潮揭丰边行政委员会，主任陈君霸，副主任方思远。

1 月，潮汕人民抗征队编为闽粤赣边纵队第二支队。

2 月中旬，揭阳成立大和武工队，代号"兔"，称"兔部"，队长罗能。

同月，潮揭丰边独立大队改编为闽粤赣边纵队第二支队第七团，团长杨兆民，政委杨英伟。

4 月 2 日，山后武工队在田东山脚接受国民党革命委员会广东东区军事特派员公署上将特派员兼所属武装部队第一师师长蔡武辉部起义。

5 月中旬，潮揭丰边县委书记杨英伟调地委工作，王勃接任县委书记。

6 月，成立潮揭丰边新民主主义青年团筹委会，孙波任书记。不久，孙波调地委工作，由王彻接任。

同月，成立潮揭丰边民主妇女联合会筹委会，主任杨昭玲。

9 月下旬，潮揭丰边县委在玉湖坪上成立城市武装工作队，全队共 50 多人，王充任队长兼指导员，准备入城后搞肃反和保卫工作。

10 月 19 日凌晨 5 时许，中国人民解放军闽粤赣边纵队第三支队、第二支队分别从北门和西门开进揭阳县城，宣告揭阳全境解放。

10 月 20 日，潮揭丰边县委及揭阳县委合并为新的中共揭阳县委员会，并成立揭阳县军事管制委员会。杨英伟任县委书记兼军管会主任，林史任县委副书记兼军管会副主任。王勃任县委组织部长，杨坚任县委宣传部长，同时成立揭阳县警备司令部，郑剑夫任司令员。

10 月 23 日，成立揭阳县人民政府，杨世瑞任县长，何绍宽任副县长。

11 月，陈彬任中共揭阳县委书记。

革命遗址

揭阳学宫——周恩来同志革命活动旧址

揭阳学宫——周恩来同志革命活动旧址位于榕城区思贤路东段、韩祠路南段东侧，1978 年被广东省革命委员会命名为"周恩来同志革命活动旧址"。

大革命时期，周恩来 3 次到揭阳，在揭阳学宫下榻和办公，1925 年 1 月，国民革命军开始第一次东征，周恩来以黄埔军校政治部主任的身份参与领导和指挥东征右路军。3 月 6 日，周恩来率黄埔学生军抵达揭阳。3 月 7 日晚，搬进学宫崇圣祠东厢房下榻、办公。8 日，在学宫召开政治部工作会议，制定了《军队经过地方政治工作案》和《组织行营医院案》。12—13 日，东征军挥戈棉湖，在棉湖以西与十倍于我的敌军决战，取得决定性的胜利，迫使敌军向闽南溃退。

1925 年 10 月，第二次东征开始，周恩来时任东征军总政治部主任兼第一军政委。11 月 3 日，周恩来同志率国民革命军第一军政治部入驻揭阳，下榻学宫崇圣祠。当晚在商民协会楼会见工农商学代表。指示他们要组织起来，开展国民革命运动。11 月 4 日，革命军离开揭阳向汕头进发。

1927 年 8 月 1 日，南昌起义爆发后，8 月 5 日，起义部队主动撤离南昌南下。9 月 26 日，叶挺、贺龙率起义军 6000 人进入揭阳县城。近午，周恩来、叶挺、贺龙等集中揭阳学宫崇圣祠，召集各部汇报工作。午后，在周恩来同志直接关怀指导下，在学宫大成殿成立第一个红色政权——揭阳工农革命委员会。下午，周恩来、叶挺、贺龙、彭湃等齐集在商民协会楼上召开军事会议。会后，周恩来乘轮船回汕头。

揭阳学宫在崇圣祠辟有"周恩来同志在揭阳革命活动"专题展览。分为东厢房和大厅两个展室，面积约 300 平方米，东厢房展出周恩来生平图片和陈列周恩来当年在这里下榻、办公的日用品。大厅用实物、文字展示周恩来 3 次来揭阳的活动事迹。

揭阳学宫——周恩来同志革命活动旧址于 1978 年 7 月被广东省革命委员会公布为广东省文物保护单位，1996 年 1 月被揭阳市委、市人民政府公布为揭阳市爱国主义教育基地，2000 年 4 月被广东省精神文明建设委员会、广东省委宣传部公布为广东省爱国主义教育基地，2013 年 5 月被国务院公布为全国重点文物保护单位。

南昌起义军总指挥部旧址（揭阳县商民协会旧址）

南昌起义军总指挥部旧址位于榕城区思贤路东段，该地也是揭阳县商民协会旧址。

1924 年春，中共党员杨志白、朱希博等发动店员及手工业者成立"商界职员会"，会员发展至 300 余人，遂改称"商民协会"，集资建成 3 间楼房作为会址，建筑面积 168 平方米。商民协会是揭阳县第一个革命群众组织。党团员较多，政治基础较好，彭湃、杨石魂等到揭阳指导工作，常住宿于此。1925 年第二次东征，周恩来及彭湃等在商民协会楼前广场上向群众演讲。1927 年 9 月 26 日南昌起义军入驻揭阳榕城，总指挥部设于揭阳县商民协会。是日下午，周恩来、贺龙、叶挺、刘伯承、彭湃、聂荣臻等领导在商民协会的总指挥部召开军事会议，揭阳县委书记张秉刚等列席会议，在部队参谋人员提出地方支援任务后，地方党组织人员先离开会场，布置支前任务。会后，周恩来乘轮船回汕头，彭湃到揭阳学宫检查布置战勤情况。

揭阳县商民协会旧址于 1988 年 1 月被揭阳县人民政府公布为揭阳县文物保护单位，1993 年 3 月被揭阳市人民政府公布为揭阳市文物保护单位。

姚氏学苑（姚梓芳故居）

姚氏学苑位于中山街道中山路史巷，为民国藏书家、书法家姚梓芳（1871—1951）故居。姚梓芳号秋园。揭阳县鸟围村（今属桂岭镇）人，清末廪生，民国初曾为华侨宣慰使。姚购买了史巷旧游击废署地，建学博第，置有"秋园藏书楼"于其中，藏历代珍籍累万册，其中多为文字学著述。因称其府第为"姚氏学苑"。

1927 年 9 月 26 日"八一"南昌起义部队进入揭阳时，贺龙、叶挺等同志驻扎于姚氏学苑，开展革命活动。

榕江中学学生会旧址（西斋）

榕江中学学生会旧址位于西马街道西门社区揭阳一中众智外国语学院西斋。1919 年榕江中学学生会领袖杨石魂、方临川、林希孟等在此领导组织学生运动，大革命时期共产党员领导的揭阳新学生社亦于此成立，杨嗣震、许涤新等在此传播革命火种。抗日战争时期，丘及、林美南等在此吹响战斗号角。1949 年 10 月 19 日，中国人民解放军进城，揭阳全境解放，中共潮揭丰边县委主要领导王勃、陈君霸、方思远等同志驻扎地。

2014 年公布为揭阳市第六批市级文物保护单位。

春泽公祠——揭阳县一区农会旧址

春泽公祠——揭阳县一区农会旧址位于渔湖镇江夏村,为江夏村林氏的祖祠,占地面积480平方米。

1924年,受海丰农民运动影响,陈卓然、杨日耀在揭阳县一区的林厝寮(竹林村)、白宫、江夏等地,积极发动群众,组织秘密农会小组。1926年4月,在中共揭阳县特别支部指导下,成立区农协筹备处。陈卓然、杨日耀、林运盛等以春泽公祠作为农会活动地址,在林厝寮、白宫、江夏、新寮姚等地开展革命活动。

友梅轩——揭阳县党代会旧址

友梅轩——揭阳县党代会旧址位于渔湖镇江夏村。

大革命失败后,中共揭阳县部委员会于1927年9月13日,在渔湖江夏村友梅轩召开党代表会议,到会代表20多人。会上选举产生中共揭阳县委,张秉刚为县委书记,林运盛为组织部长,陈卓然为宣传部长。中共潮梅特委代表颜汉章传达了中共八七会议精神,会议决定:广泛深入发动群众,恢复农会,组织武装暴动,开展打倒一切封建豪绅的斗争;没收地主土地,分给农民,建立苏维埃政权。同时部署建立桑浦山根据地。县委机关驻地为渔湖白宫、新寮姚,负责上下联系。此次会议宣告了揭阳县土地革命的开始。

友梅轩占地面积95平方米,现已残破不堪,原住户已搬迁。

朝阳轩——揭阳县党员代表会议旧址

朝阳轩——揭阳县党员代表会议旧址位于渔湖镇中联玉宫村。

1927年11月13日,中共揭阳县委在玉宫村朝阳轩召开党员代表会议,出席会议代表20多人。县委书记张秉刚主持会议,颜汉章传达中共八七会议精神，会议讨论决定：发动群众，恢复农会，开展武装暴动，建立苏维埃政权，进行土地革命。

关帝庙——炮台"三日红"旧址

关帝庙——炮台"三日红"旧址位于炮台镇炮台社区南侧。

1926年4月19日，炮台（二区）工会在关帝庙成立，岭东民船工会炮台分会成立后也以此为会址。

1927年4月21日，第二区委书记彭名芳率二区农会赤卫队打进炮台镇，接管国民党反动派掌握的区署、警察所。同时，二区农协也搬进关帝庙与工会联合办公，行使政府职权。至23日，与汕头派来之国民党正规军激战后撤离炮台镇区，因时间只有3天，故称"炮台三日红"。

1927年10月1日至3日，叶挺、贺龙率南昌起义军及东江工农自卫军部分兵力，在揭阳县汾水村（今属揭东区玉湖镇）与陈济棠率领的国民军激战失利后，绕道炮台镇过京北渡往普宁流沙，在炮台镇组织横渡榕江的临时指挥所也设在关帝庙。

关帝庙建于明万历二十九年（1601），总建筑面积420平方米，为三山门两进欧堂结构。清康熙甲辰年（1664）、乾隆丙申年（1776）两度重修。炮台关帝庙是炮台镇境内保存较为完整的明代建筑，其总体结构雄伟壮观，飞檐斗角。屋脊山墙上，"双龙抢宝""双凤朝牡丹""三国戏屏"等嵌瓷泥塑，多姿多彩。具明清两代建筑风格，清代揭阳北寨司就曾设在这里，以署治政，为县级行政机构，辖梅冈、地美、桃山3个都。昔时，炮台镇每年农历二月初八开埠纪念日和农历五月十三的关公诞日，都在关帝庙举办庙会，有彩街、赶集、游艺、做大戏等，规模盛大。1992年，炮台镇斥资修葺关帝庙，1993年秋竣工。

炮台"三日红"旧址于1990年7月被揭阳县人民政府公布为

揭阳县重点文物保护单位，2008 年 11 月被揭阳市委、市人民政府公布为揭阳市爱国主义教育基地，2009 年 8 月被揭阳市人民政府公布为市级文物保护单位。

沟口书斋——揭阳县第二区农民协会成立旧址

沟口书斋——揭阳县第二区农民协会成立旧址位于登岗镇黄西沟口村。

沟口书斋原系沟口村萧氏群众的私塾。1925 年冬，国民革命军第二次东征攻克潮汕后，省农民运动特派员颜汉章、梁良萼、彭名芳、卓献弼到揭阳县开展农民运动。彭名芳负责第二区，他深入炮台、登岗一些偏僻乡村串联，宣传组织农会的好处。在彭名芳的宣传发动下，萧成兴、萧亦峰很快成为沟口村组织农会的骨干。

1926 年 2 月 18 日，经过彭名芳、萧亦峰等人的积极筹备，在萧畔沟口村成立揭阳县第一个区农会——揭阳县第二区农民协会，区农会执行委员有林永安、萧成兴、萧亦峰、陈孟志、孙清来，秘书谢文敏，会址设于沟口书斋。区农会成立之后，执委们分头到各村做宣传发动工作，萧畔村和邻近乡村的农民群众纷纷参加农会组织。至 1926 年 8 月，全区有会员 2.5 万人，占全区总人口数的 25%。

为适应农民运动发展需要，二区农民协会于 1926 年 4 月迁至林乡。不久，又迁至炮台镇青溪村明经公祠。

明经公祠——揭阳县二区农民协会旧址

明经公祠——揭阳县二区农民协会旧址位于炮台镇青溪村。明经公祠为青溪村吴姓居民的祠堂，四合院式布局，硬山顶建筑结构，建筑面积 252.5 平方米。

1926 年，揭阳县二区农民协会从林乡迁至明经公祠办公，领导全区农运工作。明经公祠成为二区农会新驻地。1927 年 4 月 21 日，随着农民赤卫队占领炮台镇，二区农会机关一度迁至炮台镇与炮台区工会联合办公。

明经公祠在 1927 年 4 月底大革命失败后遭国民党反动派烧毁，1934 年重建，1944 年又遭侵华日寇破坏，仅留下前厅三山门。

名芳小学——革命烈士彭名芳纪念小学

名芳小学位于登岗镇黄西沟口村。

1925 年 11 月，国民革命运动进入新的历史时期，中共党员、广东省农运特派员彭名芳被派到揭阳县开展农民运动。彭名芳负责发展揭阳县第二区的农民运动，他深入炮台、登岗一些比较偏僻的乡村，与贫苦农民一起生活，一同劳动，并向他们宣传组织农会好处。在群众集会上，他操着浓重的海丰口音，用孙中山先生的"联俄、联共、扶助农工"来教育人民；以"革命尚未成功，同志仍须努力"来激励群众的革命意志；号召广大农民群众团结起来，打倒地主、土豪、劣绅；串联进步青年作为骨干，再由他们去组织发动群众。1926 年 2 月 18 日，经过彭名芳的积极筹备，在萧畔沟口村成立揭阳县第一个区农会——揭阳县第二区农民协会。在萧畔沟口村的带动和影响下，萧畔和邻近乡村的农民群众纷纷参加农会组织。至当年 8 月，全区共有会员 2.5 万人，占全区总人口数的 25%。"四一五"之后，彭名芳挑起武装团队长之职，以桑浦山风荡石为根据地，坚持斗争，反抗国民党反动派的屠杀，打击反动势力。1927 年 11 月 19 日，彭名芳在与国民党军队战斗撤退过程中，被区农会叛徒杀害，时年仅 28 岁。

1986 年，革命老区村萧畔沟口村的干部群众深切怀念彭名芳和萧亦峰等革命烈士，在上级党政的大力支持下，重建萧畔小学，并将校名改为名芳小学，占地面积7230平方米，建筑面积1230平方米，在校内设立烈士纪念室，刻上"流芳谱"，歌颂彭名芳和萧亦峰等革命烈士在沟口村的革命事迹。

春祖祠——中共桑浦山特委成立旧址

春祖祠——中共桑浦山特委成立旧址位于地都镇军民社区寨内新乡田泽中。春祖祠建于清代道光年间（1821—1850），为军民村陈姓村民祖祠，占地面积约780平方米。因周围杂草荆棘丛生，隐蔽性强且四周视野开阔，被选为革命根据地办公场所。1925年农历八月，村民陈亚奴、陈耀壁、陈炳松等人在东江特委代表许日新同志的帮助下，于春祖祠成立农民协会。1931年6月17日，桑浦山特区委员会（潮澄揭边区委员会）在春祖祠宣布成立，许日新同志任特区书记，陈耀佳任组织部长，陈圆圆任宣传部长，陈秋兰任妇女主任，陈岳松任共青团特派员。后春祖祠一直是共产党在军民、华美、溪明一片开展革命活动的主要根据地和办公场所。抗日战争时期，春祖祠被侵华日寇大炮轰炸，破损严重。新中国成立后至1980年前后，因生产需要，春祖祠被生产队用作牛舍，现仅存大门、石鼓以及门前石，大部分已荒废。春祖祠后被评为县级文物保护单位和县级爱国主义教育基地。

吴氏宗祠——中共潮澄揭县委旧址

吴氏宗祠——中共潮澄揭县委旧址位于地都镇溪明社区，为当地吴姓的宗祠。1935年1月，潮安、澄海和揭阳各地党代表在吴氏宗祠开会，正式成立中共潮澄揭县委，选举陈圆圆为书记。吴氏宗祠在抗日战争时期，被日本侵略者在潮安郭陇横山鸢其尖上用火炮炸塌，新中国成立后，村民自筹资金对宗祠作了简单修复。

红军洞

红军洞位于地都镇华美社区华美山半山腰，原名白眼镜蛇洞，土地革命战争时期为农会同志秘密议事地点，红三连主要活动地点之一，故改称红军洞。

揭阳青年抗敌同志会旧址

揭阳青年抗敌同志会旧址位于中山街道永革社区韩祠路、南门社区东桥巷西段。1937 年抗日战争全面爆发后，该旧址是中共揭阳党组织宣传和领导全县人民进行抗日救亡运动的办公场所。该旧址原在韩祠路，后移至中山南门东桥巷西段。

适庐

适庐位于榕华街道进贤社区八社郑厝围围美宫，抗日战争时期"揭阳青抗会"领导人之一郑玲的家。1937 年，抗日战争全面爆发后，榕城成立党支部，林美南等同志于此开展革命活动。抗战初期，该处是榕城党支部、妇女党支部、一区委、县工委的主要活动点，也是潮汕各县联系工作、沟通情况的场所。马士纯、王武、曾应之等同志曾在该处养病。

翰林府——京冈书友会活动旧址

翰林府——京冈书友会活动旧址位于京冈街道京南社区。翰林府为潮汕传统民居，建于清代。

抗日战争时期，京冈乡一大批知识青年在中国共产党的领导下，纷纷投入中华民族抗战的行列，也锻炼造就一批革命干部。1938 年，孙波在揭阳第一中学读书，便加入中国共产党，他是京冈乡的第一位中共党员，一年后，孙波又发展同乡知识青年孙向荣加入中国共产党。

1940年，揭阳县委宣传部长曾冰与孙波谈话，分析抗战的形势，决定派他回家乡京冈发动群众开展抗日活动。孙波回到京冈后，在家里与孙向荣、孙德展商量，根据京冈乡比较大，在外读书学生人数多，思想进步的具体情况，决定从发动青年入手，以"学习、团结、进步"为号召，组建青年学习团体——书友会。经过一段时间的酝酿之后，于1940年冬，京冈书友会在翰林府成立。书友会宗旨和任务有三：第一，联络感情，增进友谊；第二，学习科学文化知识；第三，宣传中国共产党的抗日救国主张。孙波、孙向荣是书友会负责人。他们以京冈乡翰林府中的乐社为据点，以交流学习、拨弦弹奏为掩护，秘密从事抗日救亡活动，时而募捐，时而为党组织传递情报，后来他们中有很多人参加革命，成为游击队员。

1996年，翰林府列为揭阳市文物保护单位。

启蒙小学旧址

启蒙小学旧址位于中山街道南门社区东桥巷。1938年3月中共揭阳第一区委员会会址。1938年4月中共揭阳县工委亦于此开展革命活动。

刘百泉家

刘百泉家位于中山街道中山路，1938年12月揭阳县委机关主要活动旧址。

吴凯痔疮诊所

吴凯痔疮诊所位于中山街道韩祠路末段揭阳学宫旁，1938年

12 月中共揭阳县委机关主要活动旧址。吴凯利用医生的职业掩护党组织秘密开展活动，曾广、曾冰、曾畅机、林美南等地下党领导常住该处，也曾在这里油印资料和举行纪念建党 18 周年活动。

健生药房旧址

健生药房位于西马街道西马路西端南侧，1942 年揭阳县委机关秘密活动点，揭阳抗日武工队宿营地，解放战争时期潮揭丰边县委落脚点，县委领导人常在此开展革命活动。

刘百松家

刘百松家位于西马街道新风社区儒房前 32 号，抗日战争时期潮揭丰中心县委革命活动旧址。

三学精舍

三学精舍位于榕华街道进贤社区八社郑厝围郑英略家，抗日战争时期中共揭阳地下组织建立的主要交通联络站、秘密活动旧址。

松泰米店

松泰米店位于中山街道中山路 203 号，抗日战争时期，中共揭阳地下组织建立的主要交通联络站、秘密活动旧址。交通联络站的主要任务是传递情报、运送资料物资、护送过往革命同志。

新庵头斋堂

新庵头斋堂位于西马街道新风社区新庵头，抗日战争时期，中共揭阳地下组织建立的主要交通联络站，以做抽纱生意为掩护秘密开展革命活动旧址。

王国清家

位于中山街道东门社区，抗日战争时期，中共揭阳地下组织建立的主要交通联络站、秘密活动旧址。

刘家祠

刘家祠位于西马街道滘墘火烧地。1945 年，潮汕特委于此设立地下交通联络站，以开办"航船牌"卷烟厂作掩护，县副特派员巫志远和区特派员廖志华在此驻扎开展革命活动。

郑敦家

郑敦家位于榕华街道进贤社区，抗日战争时期进步刊物岭青通讯处旧址、《抗日导报》印刷地。

永发居——小北山武工队龙部革命活动旧址

永发居——小北山武工队龙部革命活动旧址位于东阳街道岐山村老厝围 70 号。

1948 年 6 月，潮揭丰边县委先后派徐梅、李木等带领梅北武工队的一个小分队 10 多人到岐山村，组建了山前武工队，番号"龙部"，永发居是武工队的驻地。1948 年 7 月，在永发居成立村民兵队伍，9 月成立村农会，12 月在永发居成立村妇女会，林秀香任妇女主席。永发居是林秀香的住宅，她经常以走亲戚的名义为驻扎在黄岐山后的武工队送情报，有时送子弹。她的儿子也常为武工队刺探敌情。在林秀香的支持下，永发居便成了为武工队提供食宿、传达消息的秘密据点。

永发居是一座建于清末的潮汕传统小四点金民居建筑，占地面积 320 平方米。

德里旧家

德里旧家位于中山街道永革社区，解放战争时期，潮揭丰边县委主要领导革命活动旧址，杨英伟、马千等同志常在这里开展革命活动。

倪宏毅家

倪宏毅家位于西马倪厝。抗日战争时期，榕城抗日游击小组秘密活动旧址。

郑建犹宿舍

郑建犹宿舍位于中山街道北门社区，1947 年夏潮揭丰边县委开会办公旧址。

郭奕祥家

郭奕祥家位于中山街道北门社区，1947 年夏潮揭丰边县委开会办公旧址。

魁西镇第十三保国民学校旧址

魁西镇第十三保国民学校旧址位于西马街道西郊社区南。1949 年 8 月，榕城解放前夕，中共地下组织于此设立军事情报站。

鲶鱼嘴洞

鲶鱼嘴洞位于地都镇溪明社区桑浦山上，是一个天然形成的山洞，由此洞进入可以直接走到山顶出口，在出口上有一座天然形成的炮楼。在土地革命战争时期和抗日战争时期，许日新等带领的游击队多次在此洞活动，抗击国民党反动派和日本侵略者。

龟泉洞

龟泉洞位于地都镇溪明社区桑浦山筐下山，洞中终年流水不断，洞前有一平台。抗日战争时期，龟泉洞是游击队重要的活动和议事据点。

塘边四村大书斋——桑浦山武工队活动旧址

塘边四村大书斋——桑浦山武工队活动旧址位于炮台镇塘边社区四村。大书斋建筑占地面积 300 平方米，为传统的潮汕老屋。1948 年 5 月 10 日，潮揭丰边县委成立桑浦山武工队，代号"虎"，称"虎部"，李涛任队长。桑浦山武工队把塘边四村大书斋作为立足点，开展革命活动。

革命烈士纪念碑、革命纪念馆

揭阳革命烈士纪念碑

揭阳革命烈士纪念碑位于榕华街道公园路榕江公园内。

1958 年，揭阳县人民政府为纪念在历次革命战争中为国捐躯的先烈，建立革命烈士纪念碑。纪念碑坐北朝南，用花岗岩砌成，由座基、碑座、碑身三部分组成。座基及台阶通高 3.5 米，宽 14 米，碑座四面刻和平鸽、麦穗和彩云浮雕图案；碑身呈方形，连座通高 10 米，顶端为五星红旗，正面刻有金色"革命烈士纪念碑" 7 个字。1990 年曾作修缮，2003 年揭阳市和榕城区人民政府决定重修革命烈士纪念碑及榕江公园，2004 年春节前竣工。新的榕江公园及革命烈士纪念碑占地面积 4 万平方米。

揭阳革命烈士纪念碑于 1991 年 7 月被揭阳县人民政府公布为揭阳县重点文物保护单位，1993 年 3 月被揭阳市人民政府公布为揭阳市文物保护单位。1996 年 1 月被揭阳市委、市人民政府公布为揭阳市爱国主义教育基地。

紫峰山革命烈士纪念碑

紫峰山革命烈士纪念碑位于梅云街道竹林村紫峰山北麓。

紫峰山革命烈士纪念碑修建于 2000 年，是由梅云镇人民政府倡议，市觉世慈善福利会组织发动，香港知名实业家纪玉然先生捐巨资，社会各界热心人士捐资出力建成的。梅云竹林、群光二村是革命老区，从 1924 年开始，中国共产党人开始在此地建立革命根据地，40 多位革命志士为了革命事业长眠于此，最年轻的洪圆鹭烈士牺牲时年仅 16 岁。

革命烈士纪念碑包括主碑、碑林、八角亭和牌坊等建筑。2013 年，梅云街道办事处在竹林、群光两村创建梅云街道廉政教育基地，紫峰山革命烈士纪念碑成为区、街道廉政教育基地的一个主要场所。

马士纯烈士墓

马士纯烈士墓位于榕城区仙桥街道紫贤路紫陌山南麓。

马士纯（1910—1941），原名马大明，又名马伯元，潮阳县和平（今属汕头市潮阳区）里美人。读高中时加入中国共产党，1930 年往普宁大南山参加工、农、商、学代表大会，途中被捕。狱中受尽痛苦而严守机密，在法庭上与敌人针锋相对，1932 年出狱后到上海参加进步文学活动，因散发传单被捕，再度入狱，后经党组织营救获释。1937 年至 1941 年间先后任普宁特支组织委员、普宁县工委组织部长、普宁县工委书记、潮汕中心县委组织部长、潮普惠南分委统战部长、梅县中心县委书记等职。1939 年创办南侨中学第三分校，为抗战培养了大批骨干。1941 年 11 月11 日，在揭阳仙桥高美村逝世，由战友陈勉之等将其葬于今址。碑文为"祖考伯元马公墓"。1957 年被追认为革命烈士。

1962 年，仙桥人民公社重修烈士墓地，竖立新碑，碑文为"先烈马士纯同志之墓"，该墓为半月状，贝灰沙墓面，花岗长方形石碑，碑后卫小型封土堆。

马士纯烈士墓于 1996 年 4 月被揭阳市人民政府公布为揭阳市文物保护单位。

黄岐山革命烈士墓群

黄岐山革命烈士墓群位于榕城区黄岐山森林公园南麓。

为纪念新民主主义革命时期牺牲的烈士郑英略、卢根、林美城、蔡传醒、陈烈荣、陈鸿高、罗佩卿等，1957 年，揭阳县政府拨款在黄岐山修建烈士墓群。

黄岐山革命烈士墓群于 1996 年 4 月被揭阳市人民政府公布为揭阳市文物保护单位。革命烈士墓群所在地黄岐山森林公园于 2003 年 6 月被揭阳市委、市人民政府公布为揭阳市爱国主义教育基地。

黄岐山塔仔陵革命烈士墓群

黄岐山塔仔陵革命烈士墓群位于黄岐山森林公园南麓，广梅汕铁路线北侧。

墓群先后安葬了 45 位在抗日战争、解放战争和社会主义建设中献出生命的革命先烈。墓群由揭阳市黄岐山森林公园（塔仔陵）烈士墓群鼎新理事会投资 58 万元，分两期进行修筑和修缮，于 2016 年 11 月全面完成。墓群修筑有墓前小广场、绿化道等。

该墓群被命名为揭阳市爱国主义教育基地。

狮尾山抗日烈士墓

狮尾山抗日烈士墓位于地都镇狮尾山。

1939 年 6 月，随着汕头、潮州沦陷，日本侵略者不断派出飞机对揭阳县内的村庄进行狂轰滥炸，首当其冲的就是与汕头接壤的地都邹堂各村落，这一带成为揭阳的抗战前沿。7 月，广东省保安二团二营从锡场到桑浦山、地都一带设防，设防近半年时间，多次打退进犯日军，11 月下旬，广东省保安二团二营调防往梅县一带。

1940 年，闽粤边区预备第六师到地都设防，师长吴德泽、副师长杜骏伯，下辖十六、十七、十八团（当地人俗称一二三团）。由于焦山华美是敌占区，日军经常从这里进犯地都。

1940 年 8 月，驻潮安、澄海的日军海军陆战队 300 余名、配合伪军四五百名分兵三路进犯揭阳县地都邹堂一带。预六师在狮尾山与日本侵略者激战，打退日军的进攻，预六师阵亡战士近 200 名，100 多名受重伤。日军伤亡惨重，有二三百名。之后，预六师还多次打击日本侵略者。

1942 年春，独二十旅前来接防地都邹堂，与日军多次在这一带发生激战。1943 年 8 月，一八六师增援地都，协同独二十旅共同抗日。然而，因被叛徒陈光辉出卖，致守军在狮尾山一带战败。1943 年 9 月，日军占领塔岗、青屿、后田、南陇诸乡村，强迫各村成立自治会，并在南陇村建军部。至此，中国守军在地都之邹堂、榕江、桑浦山一带的抗日阵线全部瓦解。

历时 4 年的保卫战，中国军队在这里与日本侵略者作战伤亡的将士均由钱岗普庆善堂及时组织抢救和掩埋。死者被收埋于地都镇狮尾山下义冢埔，掩埋时给每位将士的坟墓立一尺见方的石碑，碑上只有编号，没有名字。

1946 年冬，同善社在狮尾山下修葺一座抗日阵亡将士公墓，俗称狮尾山抗日烈士墓，里面埋葬着 1939 年至 1943 年在地都邹堂一带抗日阵亡的 700 多名战士。1980 年，钱岗普庆善堂将该墓园修缮成总墓。

陈卓然烈士故居

陈卓然烈士故居位于渔湖镇中联玉宫村。

陈卓然（1892—1928），原名阿超，曾用名去腐、亦凡，出生于渔湖玉宫村。是揭阳县早期的中共党员，也是揭阳县人民革命事业的组织者和开拓者。

陈卓然 1919 年参加学生爱国运动。1925 年春，受杨石魂之命，回揭阳筹建革命团体，建立农会筹备小组。后参加社会主义青年团，不久转为中共党员。历任揭阳县农协筹委会宣传部长、中共揭阳县部委会宣传部副部长兼印刷科长、揭阳县委宣传部长。

1928 年 4 月，陈卓然在前往五房山开会途中被国民党反动派围袭，后遭敌杀害，时年仅 37 岁。

谢培芳烈士故居

谢培芳烈士故居位于中山街道永革社区谢家祠东巷 1、2 号。

谢培芳（1904—1928），揭阳榕城人，在榕江中学读书时，便受杨石魂、林希孟等共产党员的思想影响。1924 年夏天考进广州农民运动讲习所，其间，曾参加平定商团叛乱、保护孙中山大元帅府等活动，并加入共产主义青年团。是年 10 月，奉命任省农民协会揭阳特派员。回揭阳后，积极筹建农会，改组学生自治会。1925 年初东征军抵达揭阳，在周恩来的直接指导下工作。棉湖战役后，按周恩来指示，在工人、农民中培养发展团员，成立青年团揭阳支部，任书记。是年冬，县总工会成立，任联络员兼秘书。11 月，由共青团员转为中共党员，奉派往东洲等地搞农运。翌年，被委任为第一区负责人。1927 年，第一次国共合作破裂，谢培芳受命转移到香港，在广东省委工作。1928 年 11 月回潮汕，在汕头被捕，在狱中受尽严刑拷打，他坚贞不屈，大义凛然。同年 12 月被国民党秘密杀害。

许玉磬烈士故居——迎紫轩

许玉磬烈士故居——迎紫轩，位于中山街道永革社区禁城脚，该宅第坐南朝北，右边设门楼，迎紫轩牌匾挂于门楼上，厅前一小阳埕，一进为前厅，配左右房，中间为天井，配左右过水房，二进厅为后厅，配左右大房，整座贝灰沙石木结构，配套齐全，小巧玲珑，为潮汕传统四点金式建筑。

许玉磬（1908—1932），大革命时期，积极投身于彭湃、杨石魂领导的反帝反封建革命斗争，是揭阳妇女解放运动组织者和领导者，也是揭阳乃至广东较早投身革命斗争的一位较突出的女英雄烈士。

该建筑整座保存较完整，是古城内一座爱国主义教育活教材，具有较高的人物历史研究价值和建筑艺术价值。

周鲁烈士故居

周鲁烈士故居位于地都镇华美村新楼巷直巷9号。

周鲁（1911—1943），又名周温亮、周相亮、周劳生、柯维舟等，揭阳华美村（今属地都镇）人，国际共产主义战士，革命烈士。1925—1928年就读于省立第二师范学校（韩山师院前身），1930年加入中国共产党，先后任中共上莆区委书记、桑浦山特别委员会主席、华美村农会主席等职。曾参与救护彭湃烈士遗孤彭士禄。1934年革命进入低潮后，周鲁赴越南继续革命，任当地《全民》周刊主笔，积极呼吁东南亚各被压迫的弱小民族团结起来抗击日、法殖民统治。为抗击残暴的殖民统治，周鲁和何伯翔等发动南圻大起义。1942年11月30日在越南头顿不幸被捕，1943年4月16日在越被日法殖民者杀害并沉入海底。越南解放后，越共中央和越南政府授予其"国家民族英雄"勋章和"革命烈士"光荣称号。

　　周鲁烈士故居建于 1928 年，为二层小洋楼。2019 年进行修缮后，展出周鲁生平活动事迹及其遗留的档案、文物，以及社会各界敬题的书法条幅作品。2019 年 3 月，黄旭华院士为周鲁烈士故居题匾，并题词"赤胆丹心献革命，机智护孤留传奇"；当年 6 月，彭湃之孙、彭士禄之子彭浩到故居参观并题词"初心"。

附录四 历史文献

一、文献资料

中共苏区中央局通告

1931 年 1 月，中共苏区中央局发出第一号通告，明确划定了闽粤赣苏区 28 个市县的地域，加上原有东江地区 10 个市县，合计 38 个市县。

闽粤赣边区（苏区）市县一览表

福建	龙岩、上杭、永定、武平、连城、宁化、清流、明溪、漳平、宁洋、平和、南靖、诏安
广东	海丰、陆丰、惠阳、紫金、潮阳、普宁、惠来、揭阳、潮安、澄海、饶平、龙川、五华、兴宁、梅县、大埔、丰顺、蕉岭、平远
江西	寻邬、安远、会昌、瑞金、石城
福建涉及闽粤赣边区市县	
南安、同安、海澄、厦门、华安、漳州、长泰、大田、德化、永春、安溪、惠安、晋江、漳浦、云霄	
广东涉及闽粤赣边区市县	
汕头	

（摘自《闽粤赣边区的历史丰碑画集》，中央文献出版社 2011 年版）

揭阳青抗会为纪念"五四青年节"告各界同胞书

同胞们：

今天是青年节，全国人民都很热烈地纪念着，但这并不是一个乐观的日子，中国人太苦命了，中国青年的命更苦。我们为什么会苦命？不是天注定，亦不是地生成，而是百年前给帝国主义扼住了命脉！他们不让中国进步，不让中国解放！他们和封建势力勾结在一起来镇压中国人，特别是镇压中国青年！

但我们中国青年不怕他们，一百年来中国青年不断地反抗着。"五四"就是日本人要占我们的青岛，和迫我们承认二十一条约，而引起北京学生起来反日反汉奸的日子。当时实在痛快极了！把汉奸卖国贼打得一蹋（塌）糊涂，并且烧毁了他们的房屋，结果把日本鬼子吓抖了！

从此中国大大地进步了！

同志们！你说，像这样伟大的日子，怎么不值得纪念？特别是今日敌寇和汪派汉奸正在加紧来灭亡中国，有些顽固分子却也上了他们的当，跟他们同一鼻孔出气，什么"反共"呀！"清党"呀！"青年思想复杂"呀！"解散青抗会"呀！……不用说的，这完全是因为敌人和汉奸怕我们团结，怕我们青年的力量大，他们要灭亡中国，要投降日本，便不能不首先来迫害青年，摧残青年救国团体。现在，听说有些顽固分子主张"统一"青年组织，把原有救国团体都解散。其实他们的"统一"是假的，"包而不办"是真的，我们何尝不主张统一？我们拥护政府，拥护蒋委员长，服从三民主义，响应政府的一切号召，这不是"统一"吗？为什么偏要"统一"成一个"名"？无非是扼绝青年救国而已。

这个，我们是不答应的，我们的家乡已在敌人的铁蹄下，或在枪口下了！谁敢叫我们束手待毙么？让他去做梦吧！我们总是要救国的！抗战到底的！反对投降的！反对分裂的！反对开倒车的！

同胞们！来吧，我们青年是愿意打先锋的！一定要打先锋的！跟着来吧！援助我们吧！

揭阳青年抗敌同志会

1940年5月4日

（选自《揭阳县志》，广东人民出版社1993年版，第855页）

潮汕人民抗征队告各界同胞书

各界亲爱的同胞：

日本投降以后，我潮汕人民，正（真）切望和平民主，以图复兴建设，安定民生。不料蒋政府竟皈依美帝国主义，出卖国家民族，撕毁政协决议，实行内战专制政策，两年以来，征兵、征粮、征税，苛重无以复加；保甲管制，清乡进剿（"剿"），事事以人民为敌，生杀予夺，任所欲为，迫得商旅裹足，鸡犬不宁，人民骨肉离散，饥饿冻馁，转徙流亡，将何以堪！

同人等深感在蒋政府苛政迫勒之下，饱受凌辱恐怖和饥饿死亡之威胁，已无生存自由之可言。计自其执政20年以来，国家民族日陷危境，人民无时不在火热之中。时至今日，反动派业已走向众叛亲离，天人共愤之绝境，同人等为求得自由解放，乃高举义旗，出而组织本队，反抗"三征"，借以达到改善民生，结束内战，实现和平民主独立自由之目的。半年于兹，深得各界同情、拥护与支持，感幸无似！兹谨略陈本队态度主张于各界同胞之前，希维亮签：

蒋政府反人民反民主之内战独裁政策，已严重威胁各界人民的生存，故为争取和平，结束蒋政府四大家族专制统治，乃为全民的共同任务。在此共同目标下，本队同人除对特务及反动分子外，愿与一切民主党派、地主、绅商、工人、农民、学生、市民、知识界、自由职业者、公务人员、退伍官兵等，真诚密切合作，争取和平民主的最后胜利。

我们主张不分地域、阶层、性别、宗教信仰，团结一致，维护各阶层人民利益，共同反对"三征"与清乡进剿（"剿"）的一切反动措施。举凡地方治安，社会福利，商旅维护，乡里守望，纠纷调解，本队同人必竭力以赴。深望地方人士通力合作，共同维持；尤望各界着重生产救济，实行减租减息，确保佃权，照顾债权债务业佃双方利益，救济失业饥饿和被难的人民，使免于转徙流亡：庶我潮汕同胞痛苦得以减轻，社会得早日趋于安定。

同胞们！时机到了，大家应迅速奋起自救！目前反动派前线军事已遭受严重挫败，后方政治经济危机日形（益）尖锐，全国大规模反内战反饥饿的运动，风起云涌，这一切表现民主革命高潮快要降临，反动派自食其果，已为期不远。愿各界同胞迅速奋起，争取真正和平民主日子的到来！

一切被蒋政府压迫剥削的人民联合起来！

反对"三征"，反对内战独裁！

反对美帝国主义干涉中国内政！

清除特务分子，反对勾结蒋政府残害地方的歹徒！

减租减息，确保佃权！

争取和平民主独立自由！

潮汕人民解放万岁！

中华民族解放万岁！

潮汕人民抗征队

1947 年 7 月

（选自《揭阳县志》，广东人民出版社 1993 年版，第 860 页）

潮揭丰人民行政委员会通知

潮通字第 1147 号

各乡政府、妇女会负责同志：

（一）3 月 8 日是国际妇女节，更是面临着全国解放、妇女翻身的前夕。为此，各乡政府、妇女会应举行隆重的但并不铺张的庆祝，以达到教育干部、群众的效果。

（二）在庆祝大会上，我妇女干部应向群众作报告。报告的内容要包括妇女节的来由，并解释当前各种政策，特别是妇女政策和方针。

（三）所有工厂、学校、机关、乡村的女教师、女学生、女职员应予休假一天，工资照给。

特此通告

1949 年 3 月

主任委员　何绍宽

（选自《揭阳县志》，广东人民出版社 1993 年版，第 864 页）

揭阳县军事管制委员会布告

揭管金字第陆号

（一）南方人民银行，为谋安定本县金融起见，本县在省银行原址建立办事处，发行南方券；同时挂牌收兑港币，以求统一币制，稳定市场。今后南方券即为本县之合法通货，一切税捐缴纳，公私买卖，借贷往来，债务清偿，薪资发放与学费房租之支付等等，一律凭该南方券流通使用，无论何人均不得拒收。各界人民并应自即日起，自动停止以港币、银元为流通手段及计值单位。并晓谕亲朋爱护南方券，以谋本县经济之健全发展。倘有拒不使用或予以低折使用者，统以破坏金融论罪。

（二）中国人民银行发行之人民券，为流通全国之法币，本县应一律通行使用。其比值为每二百伍拾元对换南方券一元。

（三）今后所有侨批及持有外币、银元者，应尽先持往该行兑换南方券使用为要。切切。

此布

主任：杨英伟

副主任：林史　杨世瑞

1949 年 11 月 2 日

（选自《揭阳县志》，广东人民出版社 1993 年版，第 866 页）

国务院关于广东省调整汕头潮州两市行政区划的批复

国函〔1991〕84 号

广东省人民政府：

你省 1991 年 8 月 8 日《关于调整汕头市行政区划的请示》、1991 年 10 月 23 日《关于调整汕头潮州两市行政区划和设置榕江市的请示》及补充请示收悉。同意你省：

一、潮州市升格为地级市，市人民政府驻潮州市昌黎路；设立潮州市湘桥区，辖原潮州市西湖等 8 个街道办事处，意溪镇及枫溪镇、古巷镇的部分行政区域，区人民政府驻潮州市太平路；设立潮安县，辖原潮州市的庵埠、龙湖、凤凰等 19 个镇和 3 个乡的行政区域，县人民政府驻枫溪镇；将潮安县和原汕头市的饶平县划归潮州市管辖。

二、撤销揭阳县，设立揭阳市（地级），市人民政府驻榕城区新兴路；设立揭阳市榕城区，辖榕城的 3 个街道办事处及渔湖、磐东、仙桥、梅云 4 镇，区人民政府驻榕城区店马路；设立揭东县，辖原揭阳县的龙尾、白塔、曲溪等 15 个镇，县人民政府驻曲溪镇；将揭东县和原汕头市的揭西、普宁、惠来共 4 个县划归揭阳市管辖。

三、汕头市管辖潮阳、澄海、南澳3县。

上述行政区划调整，要认真贯彻精兵简政的原则，严格控制机构设置和人员编制，控制基本建设规模。

1991年12月7日

［选自《中华人民共和国国务院公报》（1991年第45号）］

国务院关于同意广东省调整揭阳市部分行政区划的批复

国函〔2012〕207号

广东省人民政府：

你省《关于调整揭阳市部分行政区划的请求》（粤府〔2012〕77号）收悉。现批复如下：

一、撤销揭东县，设立揭阳市揭东区，将揭阳市榕城区的磐东街道划归揭东区管辖，以原揭东县（不含地都镇、炮台镇、登岗镇）和榕城区磐东街道的行政区域为揭东区的行政区域。揭东区人民政府驻曲溪街道金溪大道南侧1号。

二、将原揭东县的地都镇、炮台镇、登岗镇划归榕城区管辖。

上述行政区划调整涉及的各类机构要按照"精简、统一、效能"的原则设置，涉及的行政区域界线要按照规定及时勘定，所需人员编制和经费由你省自行解决。要严格执行中央关于厉行节约的规定和国家土地管理法规政策，加大区域资源整合力度，优化总体布局，促进区域经济社会协调健康发展。

中华人民共和国国务院

2012年12月17日

［选自《揭阳年鉴》（2013），广东人民出版社2013年版，第28页］

二、重要人物记述文章

警告揭阳女学生

杨石魂

今日之中国危矣，危而几于亡矣，卖国贼将尽举我四万万炎黄华胄置水火中。国人犹扰扰营营，顾目前小利害，甘自沉溺。于是京津学生，痛神州之沦亡，昌言挽救，奔走呼号，四方云起响应，争揭救国旗，图与卖国贼抗。乃悍贼不顾公理，不恤民意，辄肆摧残，遂有解散全国各界学生联合会之恶剧，必达其奴售之目的为快。嗟嗟，我国人其能堪此乎！诸君亦学生也，何以自京沪倡义（议）以来，绝无所表示耶？弟念祖先创业数千年，经营惨澹，耗无量数之心血，以为我后生者谋幸福，乃我侪不能扩张之，反悉举以付东流，并夷我炎黄金玉之遗躯为倭奴之奴隶。嗟呼！诸君能置之勿闻耶？吾侪既不能奋发倡建，乃并景从而不能耶？京沪学生，叠遭巨创，再接再厉，不惜牺牲以救亡，秉救国之热诚，无男女之畛域。彼学生也，我学生也，彼能是，我岂不能是?！况彼处淫暴政府下，吾处护法旗下，境遇既千万倍于彼，我何甘自不齿于人类哉！闻诸君自称救国事业，男子为之足矣，何须女子哉。嗟呼，诸君，诸君试自思，将为人乎？抑非人乎？原男女同天赋气成形，赋理成情者，女何为自菲薄若是哉？仆深疾夫我国之恶习，男子以女子为玩物，而为女子者，萎靡不振，甚至玩物自居，遂成惯例。同是人也，同是有贤不肖也，而男竟夷女子玩物之列，抑何其无人道哉！而女竟自居于玩物之列，抑何其卑污龌龊哉！此仆之深抱不平而为女界哭者也。方今新潮流淹被中国，平等主义实行，京沪等处之救国行为，男女同刻诚尽力，此我国女界之曙光，而诸君奋励之一绝好机会也，诸君急宜自振，勉为完人。既同为中国人，当同尽救国义务；同侪于学生界，当同尽今日学生应尽义务。苟谓女子不必救国，则中国人除愚不肖外，复除二万万之大数，能救国者几人，国事犹可问耶？此仆之痛伤厥心而为中国哭者也。呜呼！国之将亡，学将何益？国亡也，诸君能无恙乎？仆知诸君咸愿一生不辱，愿筹所以自救即至乏大辱者。事急矣，情迫矣，累黍成邱，稍纵即逝，诸君其图之。

（录自 1920 年揭阳中学"五四"运动《周年纪念号》）

纪念我亲爱的彭湃同志

许玉馨

料不到我亲爱的彭湃同志不是牺牲于冲锋陷阵和敌人决死战的疆场战事中，而死于党内的叛徒升官发财的幻想而告密！竟于去年 8 月 30 日在上海遭帝国主义买办资产阶级国民党阴谋之下暗地惨杀了！这是中国革命史中多么不幸，多么痛心，鲜红悲惨的一页呵！

彭湃同志不单是工农兄弟唯一爱戴的领袖！而且是我们党中最坚决，最努力，最踏实，最虚心的一个党员！在他一切的工作，言论，行动百折不挠的精神所表现，无处不证明他是一个难得，真正的一位布尔塞维克的模范者。

我彭湃同志虽然死了，但他光荣的历史，伟大的战绩，英勇的精神不能磨灭！一般革命兄弟都是为他的牺牲表示十二分的哀悼和叹惜！何况冰和他四年的结合的历史大半同出生入死于枪林弹雨中，怎不为他的惨死而椎心泣血呢！可是半年来的悲哀已给了我的教训：一切敌人完全不会因我的悲哀而消灭，心中的创痕也没有因我的痛哭而填补，生仇大恨丝毫不会因我的热泪狂流而报复！

　　从今以后只有掷却一切的感情，继续我彭湃同志的精神，遵从他的遗嘱——"冰妹：从此永别，望妹努力前进，兄谢你的爱！万望保重！余言不尽！你的湃"（这是他给冰的最后一封信）。踏着他的血迹坚决的到群众中间去磨利我的刺刀，杀尽一切敌人——帝国主义军阀豪绅地主买办资产阶级来纪念我亲爱的彭湃同志！安慰我彭湃同志的忠魂！

1930 年 4 月 5 日于上海

　　（许玉磬，别名许冰，彭湃夫人。此文原载 1930 年 4 月 12 日《红旗》第 92 期）

附录五 红色歌谣

天顶一条虹

天顶一条虹，地下浮革命。

革命剪掉辫，娘仔放脚缠。

脚缠放来真驾势，插枝花仔动动戏。

（录自《揭阳县志》，广东人民出版社 1993 年版，第 627 页）

天顶一条虹

天顶一条虹，地下闹革命。

革命革做呢？革命分田地。

田地一下分，硗仔有米炊，

细伙有书读，老伙笑吧纹。

（录自《揭阳县志》，广东人民出版社 1993 年版，第 627 页）

大革命时期妇女歌

劳动妇女听原因，听我从头细说情。

自古及今个天下，生做姿娘人看轻。

自从落地叫哇哇，人人看做别家婆。

倘若会活是造化，不然溪边给犬拖。

养大起来真不甘，件件都是不如人，

所食所穿无块好，束缚自己惨难言。

婚姻自由理正宜，情合意投好夫妻。

谁知父母自主张，将女买卖如猪儿。

男女交游本无奇，可恨礼教束缚伊。

说道男女不可亲，禁女闺房不见天。

婶姆姐妹欲知机，天下不平是做年，

只因封建恶制度，将俺妇女掠下棋。

又逢贫富不相同，富家妇女心内安。

穷家姿娘真艰苦，终日驴做脚手忙。

勤家业计理三顿，全个无食去作田，

有个上山寻柴草，草担压到嗨嗨呛。

有个采茶共采桑，风吹日晒面乌黄。

在家无事着纺织，如做针工免出门。

织有桃花不对时，又逢番花工钱低，

纵然磨夜磨日作，一日赚无二个钱。

天光一起到夜昏，十八柴人打到全。

你看有钱娘奶帮，出入奴婢随身旁。

槌鼓打模心未足，天热要人扇凉风。

"企"起大厝共洋房，终日十指免用湿。

身穿绫罗食鱼肉，无事抹粉打雅鬃。

真是有钱千金身，贫穷之女不如人！

婶姆姐妹听分明，一桩一件欲记清，

要听党的好主意，打倒豪绅不容情。

地主土地来没收，雇贫中农免愁忧。

老小妇女都有份，丰衣足食乐悠悠。

（录自揭阳市档案馆）

273

汉奸除尽正平安

兄弟姐妹听我言，做人切勿做汉奸。

汉奸卖国当走狗，随人指使随人牵。

有个就去探军情，有个就去造谣言，

有个就去落毒药，胶己害死胶己人。

骂声汉奸太不良，亲敌卖国去投降，

破坏救国个团体，将俺人民来摧残。

兄弟姐妹听我言，遇着汉奸勿放松，

掠来刣，掠来割，汉奸除尽正平安。

（录自《揭阳县志》，广东人民出版社 1993 年版，第 627 页）

来与伊干定胜利

九月十八秋风凉，日本起兵打沈阳，

只因当年不抵抗，东北三省就沦亡。

沦亡到今已六年，东北飘着日本旗，

奸淫掳掠无时歇，杀人放火受惨凄。

受惨凄来受惨凄，同心合力免惊伊，

有钱出钱有力出力，来与伊干定胜利。

（录自《揭阳县志》，广东人民出版社 1993 年版，第 627 页）

革命人物传

陈祖虞

陈祖虞（1890—1927），揭阳县集和乡楼下村（今属揭东区新亨镇）人，幼年丧父，由伯父陈宝元抚养，9 岁起寄居浮山村姑母家读私塾。20 岁得中揭阳县秀才，名列榜首。1913 年考入福建省学，毕业后在汕头蓬州任职。1919 年起，历任关埠、炮台等区区长。1922 年，调任于葵潭、惠州。1924 年，负责广州国民政府秘书工作，积极参与农民运动。1925 年 11 月，奉命回揭阳参加筹建和发展国民党工作。翌年春，国民党揭阳县党部成立时任秘书，6 月任揭阳县农民协会秘书长，领导农会与国民党右派作斗争。1927 年"四一五事变"时，遭反动派逮捕于榕城，被装进布袋沉杀于炮台双溪嘴江中，时年 37 岁。

1951 年 8 月 14 日，政务院追认陈祖虞为革命烈士。1955 年 1 月，为陈修陵墓于楼下村后高关岭山，并树碑铭志。

江明衿

江明衿（1904—1927），揭阳县龙砂乡港畔村（今属揭东区曲溪街道）人。1922 年考进揭阳榕江中学读书。时值"五四运动"之后，校内新旧两派斗争激烈，江明衿与许涤新等在杨石魂的启发教育下思想进步很快，积极参加与保守派的斗争。在斗争中，学生左派组织——榕江中学新学生社于 1923 年成立，江明衿与许涤新均为该组织骨干。

1924 年春，地下党员杨嗣震到榕江中学任教，旗帜鲜明地支持新学生社。在杨的指导下，新学生社积极开展社会活动，加强同县城店员工会等进步组织联系。学校中两派营垒分明，经常进行论辩。由于明衿口才好，每次辩论都驳得对方无言以对，悻悻离去。明衿则通过舌战，辩明是非，团结中间派同学。

1925 年 3 月上旬，广东国民革命军东征军抵达揭阳城。江明衿作为榕中新学生社代表与其他左派组织代表，在东征军政治部科员杨嗣震引荐下，前往学宫受周恩来主任接见，向周恩来汇报揭阳革命群众组织已有近千人参加活动的情况，得到周恩来的充分肯定与明确指示。以后，明衿更积极投身社会活动，并根据周恩来的指示，利用假日回到家乡对乡人、家人进行宣传教育。其祖父、父亲虽反对明衿所为，但又理屈说不过明衿，想以婚姻为"绳索"来套住他。明衿毫不动心，笑着说："我既走上革命这条路，就走下去。"明衿主动协助谢培芳组建青年团揭阳支部工作，并于 5 月成立揭阳团支部。第二次东征军抵达揭阳时，明衿协同谢培芳积极开展串联活动，并由青年团发起，召开军民联欢会。1926 年春，江明衿被派任青年团揭阳支部书记，还参加国民党揭阳县党部工作，被委任为农工部长。当时革命队伍内有一种怪论调，说只有将家庭弄破产成为无产者以后，才能革命到底。明衿不同意这种主张，批驳道："这是一种连什么是无产者的涵义都弄不清的'左派幼稚病'。"

1927 年春，明衿被调往汕头市工会工作，他以雇员的公开身份，深入基层，与工人打成一片，把宣传活动搞得有声有色，引起了国民党右派势力的注意和监视。"四一五"后，在揭阳的国民党反动派一时抓不到他，便贴出布告通缉。亲戚劝他远走他乡，明衿无所畏惧地说："怕杀头，我就不参加革命。"6月，明衿被捕，押解汕头市，国民党右派对他软硬兼施，要他在"悔过书"上签名，只要声明脱离共产党，就得以释放，可以自由。明衿拒绝签名，并坚定表示："我信仰的事业不变，共产主义信念不变。"其亲戚家人到处奔走设法营救，在南洋的父亲闻讯专程赶回来劝说他改变立场，但明衿毫不动摇。敌人见威迫利诱无效，遂于9月5日将他押赴刑场枪杀。他沿途不断高呼："共产党万岁！""打倒国民党右派！"就义时年仅23岁。

杨嗣震

杨嗣震（1895—1927），又名志白，生于湖北黄梅县孔陇镇。小时在孔陇镇读完私塾5年后，考入江西同文书院（美国教会办），开始接触西方文化思想，阅读了不少进步刊物。1914年考入南伟烈大学。在这期间，杨常秘密阅读陈独秀主编的《新青年》等进步书刊。1917年6月大学毕业后，为纾国难寻求真理而东渡日本，就读于东京早稻田大学。留学期间，杨与留日同学彭湃等受到苏联"十月革命"影响，组织进步团体"赤心社"，学习《共产党宣言》和《社会主义问题研究》等，多次听山川菊荣教授关于马克思主义的讲演，革命觉悟进一步提高。1921年夏毕业，当年秋由东京共产主义小组负责人施存统介绍加入中国共产党。翌年3月，嗣震回国后，应海丰县教育局长彭湃聘请，到海丰县第一高等小学任校长，并协助彭湃搞农民运动，秘密成立海丰社会主义青年团组织。当时恰好强台风袭击海丰，灾情严重，海丰县农会领导会员进行减租斗争，震动全省，遭到反动派的镇压。彭湃被迫离开海丰，杨嗣震也辗转到达上海。

1924年初，杨嗣震由留日学友王鼎新介绍，到揭阳榕江中学（今揭阳第一中学）担任英文教员。时榕江中学两派斗争十分激烈，杨嗣震旗帜鲜明地支持左派学生组织新学生社，指导他们开展活动。杨嗣震负责主编榕中校刊《榕声》，亲自撰写文章宣传革命道理，介绍马克思生平及其学说，使学生们深受革命教育。当时，潮州有个青年常来榕中摆流动书摊，售卖进步书刊，杨嗣震总是热情接待他，为他解决食宿，并动员进步学生购书，还把自己编写的《五一国际劳动节史话》的油印本，交由这位青年到各地售卖，扩大革命宣传。同年冬，岭东新学生社曾散发声讨统治汕头的军阀洪兆麟的《宣言》，杨将《宣言》稿交七届学生陈克抄录登于《榕声》上。揭阳县当局大为恼火，立即出动军警到榕中抓抄录人及其"后台"。幸亏杨听到风声，及早避开。陈克则在进步同学的掩护下爬墙逃脱。这就是轰动一时的"《榕声》事件"。

杨嗣震离揭阳后到广州找到当时任国民党中央农民部秘书的彭湃，经彭推荐，在农民部任翻译。1925 年 3 月，广东国民革命军挺进潮汕时，杨嗣震在政治部任科员，随周恩来抵达揭阳榕城，引荐榕中新学生社代表江明衿等受周恩来接见，周恩来听取汇报后高兴地说："这就不错了，你们的成绩同杨嗣震老师在这里工作是分不开的。"翌年，杨嗣震先后任国民革命军总政治部秘书、北伐军第十二军政治部副主任兼秘书、总政治部秘书之职。"八一"南昌起义后，杨嗣震受党组织派遣，秘密赴汕头，准备联系潮州李春涛等人策应，获悉李已遇难，悲痛不已。但杨嗣震仍潜入潮州开展工作。时因工贼告密，不幸被捕入狱。

杨嗣震在敌人淫威面前，正气凛然，铁骨铮铮，表现了共产党员的高风亮节。1927 年 9 月 15 日被反动派枪杀于潮州西湖边。

彭名芳

彭名芳（1899—1927），幼名应畤，广东海丰县城西南乡下巷村人。小时就读于本村私塾,后考入海丰第一高级小学。1923年高小毕业,翌年考入海丰陆安师范学校。1925年春,在轰轰烈烈的海丰农民运动的影响下,彭名芳弃学投身农民运动,并加入中国共产党,任海丰县第四区农协会组织委员兼宣传委员。是年4月,到海丰农民讲习所学习。6月,东征军回广州,他随军负责农运工作。10月,广东国民革命军举行第二次东征,彭被任命为广东省农民协会特派员到揭阳工作,为了革命事业,彭名芳离开新婚的爱妻,到揭阳二区炮台、登岗一带的偏僻乡村开展工作,经过几个月的宣传发动,于翌年2月18日在沟口村成立揭阳县第一个区农民协会——二区农民协会。此后,二区农民运动全面开展,至8月,会员近2万人。县农民协会成立时,彭被选为执委,翌年9月以后任二区委书记。

　　1927年4月15日,揭阳的反动势力镇压革命,各区农会被"剿",二区农会也遭破坏。为了打击敌人的嚣张气焰,区农会负责人彭名芳于21日带领全区1000多名农民自卫军及农协会员分三路攻打炮台镇,进占炮台镇3天,将奸商垄断的食盐平价售卖,后人称此次行动为"炮台三日红"。5月12日,国民党揭阳县政府通缉包括彭名芳在内的22名共产党员和革命群众,彭却坚定不移,顽强战斗。几个月后,武装团队长吴函遇难,他毅然担当起武装团队长之职,领导武装队伍抗击国民党的血腥屠杀。他们以桑浦山风荡石(山洞名)为根据地,白天练兵,夜间深入各村发动群众,开展"抗租、抗税、抗债"活动。9月26日,"八一"南昌起义军抵达揭阳,他们配合行动进占炮台镇7天。南昌起义军离揭,二区农军也退回桑浦山坚持斗争。

　　1927年11月13日,中共揭阳县委在渔湖玉宫村召开党代会,传达贯彻中共"八七"会议精神,彭名芳在会上介绍了海丰建立苏维埃政权的情况。党代会决定:深入发动群众,恢复农会,组织武装暴动，打倒土豪劣绅，没收地主土地，建立苏维埃政权。党代会后，彭名芳在桑浦山区召开农代会，传达贯彻党代会精神，成立二区工农苏维埃政府，由彭名芳任区长，并成立一支 30 多人半脱产的武装队伍。11 月 19 日午饭后，彭带领二区农军准备开到沟边村查抄桥上乡国民党乡团长之家，队伍刚到沟边村，忽报国民党军队开至登岗圩攻打革命武装队伍。彭名芳闻讯率队前往石厝抗击。因敌人火力猛烈，农军只好撤退。当退至田中村北面十八曲沟（地名）时，彭名芳跳沟失足陷泥，被叛徒谢文敏从背后连击两枪，当场牺牲。翌晨，农会员林锦成、农民自卫军洪炳汉以及彭的通讯员林阿咤 3 人，将倒在污泥里的彭名芳尸体抬上岸冲洗干净，由区苏维埃委员萧成兴等捐棺收殓。4 个月后，地方土豪劣绅知彭墓地，竟惨无人道地挖坟开棺毁尸，并将尸体沉于江中。当地农协会员又将尸体捞起，移葬于潮安白沙湖的荒冢中。新中国成立后，当地人民群众为纪念革命先烈，特把萧畔小学改名为名芳小学。

张秉刚

张秉刚（1904—1928），原名张松南，出身于汕头岐山（今属汕头市金平区）张厝新乡一商人家庭。民国初在汕头市立四小读书，1919 年到潮州金山中学求学，当时北京爆发五四运动，对张秉刚影响极深。张秉刚深知国难当头，不可独善其身，后来放弃在澄海南洋大寨的教师职业，投身革命事业。

1922 年，张秉刚在金山中学毕业后，投身革命运动，与杨石魂、伍治之、吴华胥等奔走于潮汕各地。1923 年，张秉刚加入共青团潮安县委，随后开始参加潮汕农会革命运动。1925 年，东征军一路凯旋，潮汕农会派遣张秉刚到汕头做工作。张秉刚以弱冠之年凭借出色口才宣传革命先进思想，受到市民好评。1927 年 9

月 13 日，中共揭阳部委员会在渔湖江夏村召开党代表会议，张秉刚当选为书记。南昌起义部队进入揭阳后，9 月 26 日下午，张秉刚列席了在揭阳县商民协会楼上召开的军事会议，并于当晚主持了在东校场举行的 6000 多人军民联欢会。南昌起义军撤离揭阳后，张秉刚留守揭阳，继续坚持斗争。1928 年 2 月初，省委交通员俞全在汕头被捕，在严刑拷打后叛变，供出中共潮汕地区领导人开会接头地点，并带路前往抓捕与会各地书记。张秉刚等与会人员被捕，于 2 月 13 日被国民党反动派枪杀于惩教场（崎碌炮台），牺牲时年仅 24 岁。

陈卓然

陈卓然（1892—1928），原名阿超，曾用名去腐、亦凡，出身于渔湖白宫村（今中联玉宫村）一个没落家庭。就读于澄海大井华国公立高等小学时，积极参加反清斗争：1911 年毕业回村后，大力进行革命宣传，带头剪辫，创办初级小学。1917 年考入榕江中学（今揭阳第一中学），1919 年在学生领袖杨石魂的带领下，积极参加学生爱国运动，组织学生集会、示威，搜查英日洋货。5 月，被选为揭阳学生总会委员，兼官溪、渔湖分会主席。1921 年毕业后，根据杨石魂的意见，在汕头仁和街开设联兴旅社，作为各地进步青年联络点。1925 年 3 月，结束旅社业务，回揭阳筹组农会。第一次东征军回师广州时，被调往潮州负责情报工作，并被吸收为共产主义青年团团员。同年 10 月调回揭阳，11 月转为中共党员。1926 年春成立中共揭阳县部委会时，任宣传部副部长兼印刷科长，常驻县部委机关，公开身份是县农民协会筹委会宣传部长、国民党县党部青年部副部长。陈卓然学识较高，善于倾听群众意见，考虑问题比较全面深入，对县部委作出正确决策起了很大作用；在与国民党县党部右翼分子争论问题时，他心平气和，据理力争，赢得多数人的支持。

1927年"四一五"反革命政变后，陈卓然坚持斗争。9月，重建中共揭阳县委时任宣传部长。9月26日，南昌起义军入揭，他全力以赴，筹集粮食，组织人力协助红十字会做好战地救护工作。11月，在中共揭阳县第一次代表会上被选为县委委员，继续担任宣传部长。以后，县委的主要力量转移到桑浦山建立根据地，分工由陈卓然领导面上工作。他深入发动和组织民众抗租、抗粮、抗税，选派部分骨干打进白色政权和地主武装队伍，收集情报和筹粮筹枪。为保存领导实力，他隐蔽主要骨干，常教育干部严防叛徒危害革命。

1928年4月7日，陈卓然随潮梅特委书记沈青、秘书长徐克家、共青团潮梅巡视员庞子谦等前往五房山参加干部会，途中住宿顶坝村，遭国民党县警和地方民团的包围袭击，沈青等2人当场牺牲，陈卓然等8人被捕。在狱中，国民党许以利禄，遭陈卓然严词拒绝；继而连受酷刑，但陈卓然坚贞不屈。9日被押赴刑场时，陈卓然高唱《国际歌》，高呼革命口号，刽子手气急败坏，用布塞住他的嘴巴，把布袋套在他的头上，陈卓然昂首前进，从容就义。

杨日耀

杨日耀（1904—1928），揭阳林厝寮村（今榕城区梅云街道竹林村）人，早年丧父，在伯父帮助下入学读书。1924年毕业于韩山师范学校。1925年2月到普宁县鲤湖教书，在共产党员卢笃茂的影响下参加革命活动，同年加入中国共产党。1926年2月，任林厝寮村农民协会主席、中共林厝寮村支部书记。1927年，蒋介石背叛国共合作，革命转入地下，7月，杨日耀配合县农军全歼汤前村的地主武装，镇压破坏农民运动的地主杨亚益。9月下旬，南昌起义军抵达揭阳城，杨日耀带领 100 多名赤卫队员上城迎接，并为起义军站岗放哨，担任向导。12 月至翌年 1 月，他组织、带领群众粉碎国民党地方武装 2000 多人"围剿"。1928 年 2 月 22 日，国民党潮阳、普宁、揭阳三县地方武装 2000 多人再次"围剿"林厝寮，烧毁房屋 288 间，杨日耀带领赤卫队员利用有利地形阻击敌人，掩护群众撤退。同年 4 月 7 日，杨日耀等人到五房参加中共潮梅特委召开的干部会议，途中住宿顶坝村，遭国民党县警及民团包围，杨日耀被捕入狱。在狱中，受尽各种酷刑的摧残，他大义凛然，坚贞不屈，3 天后被枪杀，牺牲时年仅 24 岁。

谢培芳

谢培芳（1904—1928），揭阳榕城人，在榕江中学读书时，便受杨石魂、林希孟等共产党员的思想影响。1924 年夏天考进广州农民运动讲习所，其间，曾参加平定商团叛乱、保护孙中山大元帅府等活动，并加入共产主义青年团。是年 10 月，奉命任省农民协会揭阳特派员。回揭阳后，积极筹建农会，改组学生自治会。1925 年初东征军抵达揭阳，在周恩来的直接指导下工作。棉湖战役后，谢培芳按周恩来指示，在工人、农民中培养发展团员，成立青年团揭阳支部，谢培芳任书记。11 月，第二次东征军到揭阳后，按上级指示在榕城、棉湖、炮台等地宣传革命和组织进步工会。是年冬，县总工会成立，谢培芳任联络员兼秘书。同月，谢培芳由共青团员转为中共党员，被派往东洲等地搞农运。翌年，被委任为第一区委负责人。1927 年，第一次国共合作破裂，谢培芳受命转移到香港，在中共广东省委机关工作。1928 年 11 月回潮汕，在汕头被捕，在狱中受尽严刑拷打，他坚贞不屈，大义凛然。同年 12 月被国民党秘密杀害。

杨石魂

杨石魂（1902—1929），出生于普宁县钟堂村（今属普宁市南溪镇）。原名秉强，字昌义，1917 年考入榕江中学（今揭阳第一中学）。在校期间，经常阅读《新青年》《每周评论》等革命刊物，与进步同学一起研讨时事。1919 年五四运动的消息传到揭阳后，杨石魂在榕江中学组织了学生会，带领爱国学生上街游行，声援北京学生运动。在杨石魂等学生领袖的倡议下，汕头成立了岭东学生联合总会，杨石魂被推选为岭东学联主席。五四时期杨石魂领导岭东学联开展的爱国斗争，在潮汕地区的革命史上写下了光辉的一页。

1920 年，杨石魂考入广州铁路专门学校，他感时忧国，决心投身革命。1923 年，杨石魂在广州参加了中共领导的新学生社和青年团，任共青团广州地委训育主任，1924 年加入中国共产党。

1925 年 2 月，广东革命政府举行第一次东征，讨伐盘踞在惠潮梅一带的军阀陈炯明。杨石魂受党组织委派，回潮汕开展青年和工农运动，建立党团组织。3 月，中共汕头特别支部成立，他任第一任支部书记，成为潮汕地区共产党组织的创建人。

1926 年，中共潮梅特委改称中共汕头地委，他任地委委员兼工委书记。

1927 年 4 月，潮汕的国民党反动派发动了反革命事件，疯狂逮捕并杀害了大批共产党员和国民党左派人士。杨石魂被悬赏通缉，后在革命同志的掩护下转移到市郊农村。根据党组织的决定，杨石魂将汇集在一起的农民自卫军和工人武装组成工农自卫军，将队伍带到普宁，参加了普宁"4·23 围攻县城武装暴动"，并协助成立了普宁县临时人民政府。后率工农武装与海陆丰农军会合，组建东江工农自卫军，彭湃为总指挥，杨石魂先后任副总指挥、党代表。7 月，杨石魂按党的要求重回潮汕，部署重组工农武装，恢复农会。9 月，南昌起义部队先后到达潮州、汕头，杨石魂率汕头农军策应起义部队，释放被关押的革命同志，并亲自护送起义领导人周恩来、叶挺、聂荣臻等安全转移到香港。

1928 年 2 月，广东省委派杨石魂以省委巡视员身份，到湛江地区检查工作，担任广东省委委员兼湛江特委书记。9 月，调任北江（今韶关地区）特委书记。11 月 16 日，杨石魂到香港出席广东省委第二次扩大会议。12 月 6 日，任广东省委宣传部长和省委农委书记。同年底，被党中央调往上海工作。1929 年 2 月，杨石魂服从组织调遣，出任湖北省委常委兼秘书长，积极开展地下斗争。因斗争环境十分险恶，杨石魂到武汉才两个多月，于 5 月初在省委办公处不幸被捕。在狱中，他坚贞不屈，后壮烈牺牲，时年 27 岁。

胡础侨

胡础侨（1902—1929），出身于揭阳县官溪都鲤鱼头村（今榕城区梅云街道群光村）一户贫苦农民家庭。他勤耕力种，力气大。无论地里什么农活和什么作物，都干得井然有序，收成很好。

1926 年，中共揭阳县农民运动负责人卢笃茂到竹林、鲤鱼头村点燃革命火种，宣传发动群众起来革命。胡础侨懂得了很多革命道理，心里滋长了走进革命队伍的决心和愿望。他和同村的胡唐总在卢笃茂教育下，参加了农民协会宣传发动工作。不久，鲤鱼头村农民协会成立，胡础侨成为第一批农会会员。随后，组成一支 20 多人的农会请愿队，上城向县政府请愿"废除苛捐杂税"和"减租减息"。1927 年 2 月加入中国共产党。随后，村里成立鲤鱼头村赤卫队，胡础侨任队长。胡础侨此前学过拳术，担任赤卫队长后，他言传身教，指导赤卫队员，练习格斗、摔跤、防守等方法，每天组织赤卫队员出操、集队、训练杀敌本领。

"四一二"反革命政变发生后，揭阳县的国民党反动派疯狂屠杀革命人士，胡础侨带领赤卫队与来犯之敌进行战斗，保存了革命力量。不久，鲤鱼头村成立了苏维埃政府，胡础侨当选为苏维埃政府主席。国民党反动派几次调遣兵力"围剿"竹林、鲤鱼头革命武装，胡础侨带领赤卫队驻扎在山上以大寨湖岭顶的"企石娘""石厝口"为营地，与国民党军队展开反"围剿"战斗，击退了来犯之敌。

1929年6月10日晚上，胡础侨召集村苏维埃政府成员28人，在"谢厝厅"开会部署下一次反"围剿"行动时，遭到国民党部队的围捕，28人全部被抓，连夜押往县城监狱。狱中，胡础侨不为敌人威逼利诱所动，坚贞不屈，最终被杀害。

彭湃

彭湃（1896—1929），广东省海丰县（今属汕尾市）人。中国农民运动领袖。出身工商地主家庭。1921年加入中国社会主义青年团。

1922年5月4日，彭湃组织海丰学生举行庆祝五一劳动节的集会和游行。6月下旬，深入农村，开始从事农民运动。7月29日，彭湃与另外5位农民组成全国第一个农民协会——六人农会。在彭湃的发动下，1923年1月1日，海丰县总农会成立，彭湃为会长。彭湃为总农会制定了会旗，起草了临时简章、章程。5月，海丰总农会改组为惠阳农民联合会，7月，惠阳农民联合会改组为广东省农会，彭湃为执行委员长，起草了《广东农会章程》。11月，在汕头发起组织惠潮梅农会。1924年4月，彭湃加入中国共产党。6月30日，在广州开办农民运动讲习所，为第一届农讲所主任。

大革命失败后，彭湃赴南昌，参加以周恩来为书记的党的前敌委员会，参与领导南昌起义。在党的八七紧急会议上，他当选中共中央临时政治局委员，后兼中共中央南方局委员。10 月底，彭湃返抵广东，策动广东的秋收起义。11 月，海陆丰再次爆发武装起义，建立了海陆丰苏维埃政权，实行土地革命，没收分配土地，并整编南昌起义军撤退到海陆丰的部队，实行武装割据，进行根据地的各项建设。

1928 年春，彭湃率领工农革命军将以海陆丰为中心的革命根据地扩大到东江南部地区。同年 11 月，他当选中央政治局委员，奉命赴上海，任中共中央农委书记。后来，曾任中共江苏省委军委书记、中共中央军委委员、中共江苏省委常委。

1929 年 8 月 24 日，彭湃因叛徒出卖被捕，被关押在上海龙华监狱。在狱中，他受尽各种酷刑，但坚贞不屈，英勇斗争，绝不背叛革命。1929 年 8 月 30 日在上海龙华英勇就义，时年仅33 岁。

大革命时期，彭湃多次来揭阳开展革命活动。南昌起义军抵达揭阳时，他更是主持了揭阳农军迎接起义军和为起义军做向导、救治伤员等工作。

2009 年，彭湃被评为"100 位为新中国成立作出突出贡献的英雄模范人物"。

洪圆鹭

洪圆鹭（1914—1930），字志周，揭阳林厝寮（今榕城区梅云街道竹林村）人，自幼在共产党员卢笃茂影响下参加革命活动。1926 年 11 月，白云乡（今白云村）一大地主新建住宅落成，演戏庆贺，当晚圆鹭带几个人秘密把标语贴满该村路口。戏开演后，圆鹭扮成卖零食的小贩，在戏棚前散发传单，又把传单从棚板缝塞上戏台，弄得台上台下一片骚动。1927 年 4 月的一天下午，圆鹭送文件去榕城，经仙桥渡，恰逢国民党侦察队，他转到南门渡口，又发现敌人增设了岗哨，对过往行人严加盘查，便买了一段竹筒把文件藏于筒内，密封后跳进江里，泅渡过江，将文件安全按时送达。1928 年 2 月，林厝寮村被国民党军队烧毁，圆鹭随赤卫队到汤前庵等山地坚持斗争。是年 5 月加入中国共产党。1930 年初夏，圆鹭往鲤鱼头（今群光村）执行任务，遭白云乡地主武装的便衣围捕，押解县监狱，在狱中坚贞不屈，3 天后被杀害，时年 16 岁。

林乳珍

林乳珍（1881—1930），女，出生于揭阳城郊乔林村（今属揭阳市区磐东街道），父母是华侨。出嫁到鲤鱼头村（今榕城区梅云街道群光村）后，相夫爱子，性格温和善良，做事干净利落，家庭和睦，待人友善和气。

1925 年，揭阳县地下党的负责人卢笃茂和杨日耀，在竹林、鲤鱼头村宣传发动群众，进行农民革命运动。林乳珍追求进步，思想开明，接受了他们宣传的革命道理。卢笃茂和胡唐总在鲤鱼头村组织农民协会，她积极报名参加，鼓励儿女参加农会，帮助发动农民群众报名参加。在她的教育下，儿子胡础侨成长为农民协会骨干、女儿胡巧专也成为农会宣传员，两人并于 1927 年先后加入中国共产党。

"四一五"反革命政变发生后，白色恐怖的阴云笼罩揭阳大地，国民党反动派配合地方的反动地主武装，组成联防队，经常对竹林和鲤鱼头村进行武装"清剿"。竹林村被敌人烧毁后，许多人流离失所，无家可归。林乳珍在农会的号召下，发动村中妇女，帮助安顿了竹林村几户无家可归的村民。妇女们为遭难的乡亲安排伙食、住宿。林乳珍带头，还把家里的衣服、被褥拿出来送给他们。在反击敌人"围剿"中，林乳珍和女儿胡巧专，组织一些青年妇女，配合山上的赤卫队，经常冒着危险，为他们送饭送水，救护伤员。有时候，战斗激烈，她们穿梭在村后的山路上，抬着伤员回村救治。

不久，鲤鱼头村成立了苏维埃政权，胡础侨当选为苏维埃政府主席，林乳珍和胡巧专都是村政府成员。林乳珍更加热忱地投入到农民革命运动中。1929 年 6 月，叛徒带领国民党军队围捕正在开会的苏维埃政府骨干，28 人全部被捕，押送县监狱。不久，胡础侨被敌人杀害，尸体被运回家中。林乳珍悲痛万分，在埋葬了儿子后，当晚即向卢笃茂强烈要求加入中国共产党，要党组织安排她具体的革命工作。村党支部召开特别会议，一致通过吸收林乳珍为中国共产党党员。卢笃茂并宣布：林乳珍为地下党的一名正式交通员。

肩负交通员职责，林乳珍经常来往于普宁大南山和新亨五房山之间，为党传送文件、情报和信息。当她遇到国民党匪兵的检查、搜查时，她都能沉着冷静，机智灵活，想尽各种办法，巧妙地躲过敌人的搜查，完成党交给的任务。1930 年 4 月，林乳珍在前往大南山送情报经过普宁交塘时被尾随盯梢的敌人抓获，押往乔林"兰香楼"。狱中，林乳珍坚贞不屈，大义凛然，没有暴露一点党的秘密。敌人遂于当年 5 月将她杀害于城郊。

颜汉章

颜汉章（1903—1931），乳名昌儒，海丰县陶南村（今属陶河镇）人。兄弟五人中他排行第五，参加革命后就以"阿五"为代号。1921 年进入海丰县立第一高小读书。翌年春，地下党员杨嗣震出任该校校长，协助彭湃组织"五一"示威游行，由学生散发革命传单。颜汉章在这次活动中，萌发了革命的思想。1923 年颜汉章进海丰陆安师范学校学习，1925 年 4 月参加广东省区委在海丰创办的第一期农民运动讲习所学习。时逢国共合作，颜汉章加入国民党后即被委任为国民党海丰县党部执行委员会特派员。7 月 10 日被派到七区农协会搞宣传工作，并在那里加入中国共产党。

　　1925 年，广东国民革命军第二次东征胜利后，颜汉章与彭名芳等 4 名共产党员受广东省农民协会委派为农民运动特派员，到揭阳县开展工作，并筹建揭阳共产党组织。11 月，中共揭阳县支部（行使县委职权）成立，颜汉章任支部书记。尔后，他较多的时间在三区霖田、瑞来、元埔、大寨内等地活动，组织农民协会。经过艰苦的工作，于 1926 年 1 月成立全县第一个乡农会——霖田乡农会。6 月，揭阳县农民协会成立，他是执委之一。冬，揭阳县特别支部转为揭阳县部委员会，颜汉章仍任书记。

　　1927 年 4 月 15 日，国民党右派在揭阳实行清党，屠杀共产党人和进步群众。颜汉章仍留在三区与农军一道抗击国民党军队的"围剿"。4 月 23 日，他与县委领导人卢笃茂等率领揭阳部分农军开往普宁，与潮梅各县农军合力围攻困守在普宁县城的国民党反动派。10 多天后，他与少量农军奉召撤至陆丰县新田，随惠潮梅农工救党军北上武汉，因途中受挫，他绕道香港找省委汇报工作。5 月 12 日，国民党揭阳县政府通缉颜汉章。10 月，他置个人生死于不顾，仍回揭阳继续开展工作。11 月 13 日，揭阳县委在渔湖江夏村召开党代会，颜汉章在会上传达中共中央"八七"会议精神。党代会上作出了深入发动群众、恢复农会、组织武装暴动、打倒土豪劣绅、没收地主土地、建立苏维埃政权等决定。当时，二区委书记彭名芳不幸牺牲，革命队伍受到反动势力冲击，活动困难，各村农会骨干大多疏散逃离，颜汉章于会后即到二区桑浦山一带带领游击队继续开展革命活动。1928 年 2 月，县委书记张秉刚遇难，4 月，县委其他领导人相继牺牲，县委机关几乎陷于瘫痪，颜汉章坚持斗争，于桑浦山麓郭畔埔召开农代会，成立揭阳县苏维埃政权，并当选为主席，领导抗征抗粮抗税的斗争，截官船，打富户，以解决武装队伍给养与当地穷苦群众的生活困难。

1929 年 1 月起，颜汉章调离揭阳，先后任东江特委委员、书记、秘书长等职；成立东江苏维埃政府和红十一军时，担任党政要职兼任红十一军政委。东江特委党、团、工会合并为东江行动委员会时，他任主席，曾执行"左"倾冒险主义路线。1931 年夏，大南山苏区搞"肃反"运动，大抓"AB"团和社会民主党，错杀了一大批党政军领导干部，颜汉章被当作"AB"团头目而遭杀害。

中共十一届三中全会后，中共中央对"AB"团一案予以平反，中国人民解放军元帅聂荣臻在东江纵队成立 40 周年纪念大会上赞扬颜汉章为革命事业而"英勇献身"。

胡唐总

胡唐总（1905—1932），揭阳县官溪都鲤鱼头村（今榕城区梅云街道群光村）人，父母为贫苦农民。

1926 年，卢笃茂和杨日耀到邻近的竹林村开展农民革命运动，胡唐总经常到竹林听他们讲述革命道理，感悟深刻，便时常带村里的好朋友前往听课。不久，竹林村农民协会成立，胡唐总和一些同村农民兄弟前往祝贺，同时要求卢笃茂协助自己的村子成立农民协会。第二天，卢笃茂专程到鲤鱼头村前的大灰埕，参加并主持了鲤鱼头村农民协会成立大会。胡唐总被选为农会主席。当年 9 月，胡唐总带领 20 多位会员，上城请愿，要求全县废除苛捐杂税，实行减租减息。

1927年3月，胡唐总加入中国共产党。在胡唐总的带领下，鲤鱼头村的革命队伍壮大起来。1928年春，鲤鱼头村党支部成立，胡唐总任支部书记。不久，国民党反动派对竹林革命根据地进行"围剿"，胡唐总带领村里的党员干部上山隐蔽。

1929年4月，卢笃茂重回竹林、鲤鱼头组织革命活动，成立了赤卫队，胡唐总和赤卫队员整天在山上进行训练，备战反"围剿"。不久，卢笃茂在鲤鱼头村成立苏维埃政府，胡唐总他们把队伍开回村里开展武装斗争，没收了本村地主的枪支、粮食，武装自己，又把队伍开到毗邻村寨，打击了那里的反动地主武装。

1929年6月，鲤鱼头村苏维埃政府成员28人在谢厝厅开会时，突遭国民党军队围捕，28人全被逮捕。不久，苏维埃政府主席胡础侨惨遭国民党杀害。在红色政权遭受国民党反动派的频频打击下，胡唐总继续带领赤卫队员坚持斗争。

1930年，中共揭阳县一区党支部成立后，胡唐总带领赤卫队员坚守在紫峰山一带，与敌人展开武装斗争，多次反击敌人的"围剿"。不久，赤卫队改组为红军部队，胡唐总成为红军战士。1932年1月，红军战士奉命转往大南山革命根据地，队伍在走到普宁广太后面山上时，遭遇国民党反动派清乡军，双方展开激烈战斗，胡唐总在战斗中不幸中弹牺牲，年仅27岁。

杨张和

杨张和（1905—1932），出身于揭阳县竹林村（今属榕城区梅云街道）贫苦的农民家庭，从小随父务农。

1925年，杨日耀在竹林村宣传革命，发动群众组织农会，杨张和第一个报名参加，成为村农会会员。不久，竹林村党支部成立，杨张和光荣加入中国共产党，还被选为支部委员。竹林村成立赤卫队后，杨张和成为赤卫队骨干，参加了打击附近地方反动地主武装的活动。1927年，南昌起义军进入揭阳，杨张和积极为起义军站岗、放哨、当向导和做后勤工作。

1928年2月22日，国民党组织了潮、普、揭的反动武装2000多人，兵分三路围攻竹林，对村里实行残酷的"三光"政策，抢光粮食、衣物、牲畜，烧毁房屋、祠堂，竹林村几乎成了废墟。因敌我力量悬殊，杨张和随武装力量撤退山上。1929年4月，卢笃茂重来竹林，重新组织革命力量。隔年，中共揭阳县第一区党支部成立，随后组建了一区赤卫队，杨张任赤卫队长。他带领赤卫队员在紫峰山与敌周旋，反击国民党反动派的"围剿"，在恶劣的环境中继续坚持斗争。

1932年1月，杨张和在伏击敌人时不慎被土炮炸断左手，被赤卫队员秘密护送至普宁宝镜院一外科诊所治疗。但在诊所治疗20多天后，被叛徒带着国民党军队追上门缉捕，送投揭阳县监狱。狱中，杨张和坚贞不屈，遂于3天后被国民党杀害于刑场。

许玉磬

许玉磬（1908—1932），女，原名阿音，字冰，出身于揭阳县新河村贫苦农家，幼年卖给榕城许英豪为养女，改名玉磬。8岁起先后就读于揭阳第一女子小学、女子师范讲习所，后转汕头礐石女子学校和震东中学。1925年，在汕头礐石女子学校读书时，积极投身于彭湃等人领导的潮汕农民运动和工人运动，任支援省港罢工活动宣传队队长，不久，加入共产主义青年团。1926年春，加入中国共产党，任揭阳县妇女解放协会筹委会主席。同年秋，奉调到中共汕头地委工作；冬，与彭湃结婚。1927年2月出席在汕头召开的潮梅海陆丰第一次农民代表大会；4月，被党组织派到香港活动，化名刘碧清；5月，到武汉参加中国共产主义青年团第四次全国代表大会；11 月，海陆丰工农兵苏维埃政权建立，玉磬从香港回海丰，后随彭湃领导的武装队伍转移到大南山一带活动。1928 年 11 月，随彭湃调往上海中共中央机关，担负地下交通联络工作。1929 年 8 月 30 日彭湃殉难，玉磬极度悲愤。1930 年 4 月写下《纪念我亲爱的彭湃同志》一文。翌年夏，回广东任东江特委委员，负责妇女工作。1932 年 2 月初，因叛徒告密，在普宁大坝社香寮村被捕。面对酷刑诱降，许玉磬大义凛然地说："我生为红军人，为革命而死，光明正大，绝不贪生受辱。"1932 年被杀害于汕头，时年 24 岁。

杨秋叶

杨秋叶（1888—1933），出生于揭阳县竹林村（今属榕城区梅云街道）。1923 年，在村里好友杨日耀的影响下，学习了很多革命道理，参加村农民协会，随后，成为村自卫队队员，在村成立党支部后，由杨日耀介绍，加入中国共产党。

在竹林自卫队改建为赤卫队后，杨秋叶作为赤卫队员，多次配合揭阳、普宁的农民革命武装，攻打反动地主堡垒。大革命失败后，竹林赤卫队坚持斗争，在南昌起义军进入揭阳时，杨秋叶随杨日耀带领的 100 多人赤卫队，进城迎接起义军，杨秋叶带领几个人为起义军当向导，随后又协助起义军做后勤工作。

南昌起义军撤离揭阳后，杨秋叶和竹林赤卫队在后山坚持斗争，利用有利地形，打退敌人的几次"围剿"。1928 年 2 月 22 日，潮、普、揭的国民党反动武装 2000 多人，在普宁、揭阳反动地主武装配合下，兵分三路进攻竹林，大搞烧杀抢掠，竹林村几乎被夷为平地。"围剿"过后，杨秋叶劝妻子带着 4 个儿女回娘家暂住，又把自己的父母安置在烧去大半的屋中，自己则全力协助村党组织安顿受难的村民。1929 年 4 月，卢笃茂重来竹林组织革命力量，杨秋叶等人重建起赤卫队，在紫峰山上坚持斗争。不久，卢笃茂将竹林赤卫队和普宁农民军组建为红军队伍，又在竹林组建了一区党支部和农民协会，杨秋叶被选为农民协会会长。杨秋叶随红军队伍在揭阳、普宁一带转战，打击国民党反动势力。

1933 年，杨秋叶带领红军前往普宁交塘村，因叛徒告密，队伍被围。战斗中杨秋叶被捕，解往揭阳县城。3 天后，在揭阳惨遭杀害。

杨老撞

杨老撞（1909—1933），出身于揭阳县竹林村（今属榕城区梅云街道）贫苦的农民家庭。1925 年 11 月，在卢笃茂、杨日耀的宣传鼓动下，竹林村组织了农民协会，创建了竹林党支部。杨老撞加入中国共产党，被选为支部委员。

不久，竹林村组建农民自卫军和赤卫队，杨老撞被推选为自卫军队长。杨老撞组织队员们日夜训练杀敌本领、使用枪械的方法，提高农民自卫军的战斗力。

1927 年南昌起义军来揭阳时，杨日耀和杨老撞带 100 人的农民自卫军入城迎接，杨老撞受到周恩来的接见。

南昌起义军撤离揭阳之后，国民党反动派疯狂"围剿"农民自卫军，由郭山慎带领警匪 160 多人，兵分多路，企图"剿灭"农民自卫军。杨老撞接受杨日耀的命令，将农民自卫军杨秋叶、杨张和等组成二队人马，分东西二路从山上反包敌人。杨老撞挥动双枪，从翁厝寮山尾包抄过来，当场击中两名敌兵，振作士气，斗志昂扬。杨张和带分队从竹浦坑包过来，敌人见东西受击，慌忙撤退。

1928 年国民党揭阳联防队，组织了潮、普、揭三县反动武装 2000 多人，调动了揭阳、普宁地主武装几百人，分多路进攻竹林村。杨老撞指挥农军与敌战斗 4 小时，因敌我兵力悬殊太大，于是撤退到山上。敌人进村后，焚烧房屋，整个村子几乎被焚毁。

1929 年夏天，卢笃茂重来竹林，发动群众，重组赤卫队，点燃革命火焰。不久，在竹林成立揭阳县第一区苏维埃政府，杨老撞任第一区党支部书记。杨老撞挥起双枪，带领赤卫队奔走在紫峰山下，投入到打击国民党反动派和反动地主武装的战斗，坚持了 4 年之久。1933 年 6 月，杨老撞在回家探望妻子时，遭国民党军队尾随围捕，随后被枪杀于村口水井边。

卢笃茂

卢笃茂（1903—1935），出身于普宁县洪阳新铺村一个寒儒之家。1918 年，就读于汕头市职业中学和商校。翌年，"五四"运动的革命浪潮波及汕头，卢与其他进步学生参加示威游行，发表街头演说，宣传反帝、反封建民主革命。1923 年，卢加入社会主义青年团。次年，从商校毕业后，到普宁麒麟吐书小学教书，与方方等革命领导人联系，在普宁的广泰、揭阳的林厝寮（竹林村）等地组织农会小组。1926 年春，卢笃茂按照党的指示，到揭阳中山中学工读部任教。来揭前，卢已由青年团员转为共产党员。在揭任教期间，他认真教好文化课，课余时间深入工农群众，宣传革命道理，先后担任中共揭阳特别支部组织委员和县部委组织部长职务，分管组织、青运、学运和农运工作，并任国民党揭阳县党部青年部长。为痛击右派，卢常深入调查研究，组织群众与右派势力进行合法斗争。

1926 年下半年起，揭阳右派势力逐步抬头，国民党左派县长陈卓凡被免职，新任县长与地主反动势力沆瀣一气，破坏进步群众团体，逮捕二区农协会干部谢油麻，商民协会一个执委被殴打，来揭阳视察工作的汕头总工会执委杨石魂也被绑架。面对右派势力的猖狂进攻，卢笃茂在县委领导下，发动进步团体联合起来，进行坚决斗争。

1927 年"四一五"反革命政变前夕，卢获悉揭阳国民党右派准备围攻革命团体的消息，马上穿上农民衣服，戴上竹笠，到县农会通知其他同志转移，并派人告知学生骨干撤走。翌日，敌人开始"围剿"区农会，大肆烧杀，卢和县委的一些同志，组织农军向三区新国民社驻地进攻，打击了敌人的嚣张气焰。5 月，卢受党的派遣，到暹罗安置流亡到那里的革命志士。是年冬回揭阳，担任揭阳县委巡视员。不久，国民党反动派出动潮、澄、揭三县反动军警"会剿"桑浦山一带的革命队伍，揭阳工农武装团团长牺牲，二区委书记彭名芳被杀害，县委书记张秉刚又在汕头殉难。革命力量遭到重大损失，卢心不灰、志不馁，以县委巡视员和县武装团团长名义，勇挑重担，将流散各地的 100 多名武装人员集中于五房山整训，用贺、叶大军撤离揭阳时留给县委的 30 支长枪武装队伍，组织揭阳工农自卫军，以五房山为基地，重新点燃武装斗争之火。

1928 年 8 月，潮安、揭阳、丰顺等七县成立联委，筹建八乡山革命根据地，卢被选为联委委员。翌年任东江特委农运部长。10 月起，卢多次带武装队伍配合古大存红军攻打揭阳新亨镇，打击反动武装，扩大革命影响。1931 年担任中国工农红军独立第二师团政委。同年秋，大南山苏区搞"肃反"运动时，他受到错误处理。1932 年起，卢先后任东江红军军事委员、潮普惠揭革命委员会军务部长、东江红军第二路总指挥等职。

1934 年夏，卢笃茂带领一支近 200 人的红军队伍，转战揭丰华山区。6 月 11 日，国民党军队林大纲部纠集了包括良田自卫团和潘彪团共 1500 余人合围胡头山，在激战中红军伤亡甚重。卢笃茂命中队长卢秋桂带队突围，自己打掩护，因脚扭伤，暂避于农民阿香之家，被当地反动乡绅发现抓住送潘彪团领赏，然后押解广州。狱中，国民党军政要人出面劝降，软硬兼施，都遭拒绝。后来，卢一面设法联系、教育难友，一面计划越狱，由于叛徒告密未遂。1935年2月3日，在旧历年的除夕，惨遭敌人枪杀于广州黄花岗。

陈圆圆

陈圆圆（1911—1935），揭阳县地美都蕉山村（今属地都镇）人，出身贫苦农民家庭，青少年时在家务农。

1933年8月，中共东江特委派许日新到桑浦山一带活动，陈圆圆所在乡里的恶霸地主陈丑弟，仗势欺人，私订禁规，不许村民下溪捕鱼，违者罚酒席一桌。陈圆圆兄弟对此非常反感，即约同村青年8人，故意下溪捕鱼，然后，在村里书斋办一桌酒席。席间，陈圆圆对被邀请来"赴宴"的陈丑弟说，我们今天下溪捕鱼，违反禁规，自罚酒席一桌，但禁规没有示明由谁来吃，我们8人只好吃了。陈丑弟见势不妙，知道他们不好惹，悻悻而去。这事传遍邻村，许日新对他们敢于斗争的精神大加赞许，遂派周仕坝对圆圆等人加强教育。10月，该村组织秘密游击队，圆圆为队长。12月初的一个严寒之夜，圆圆带领10多名游击队员四处出击，镇压大恶霸黄长志、曾四弟以及国民党侦探若干人，并缴获短枪4支，没收一些财物分给农民。

1934年2月，陈圆圆参加中国共产党。5月20日，圆圆带领游击队和一些村民，配合东江二路军第三连，深夜突袭驻扎该村的国民党地方武装，活捉队长陈阿枭等30多人。随后，游击队又继续严惩村中恶霸、土豪，为民申冤除害。这次行动，共缴获长短枪35支、子弹千余发和一些物资。

陈圆圆敢于斗争，英勇机智，1934年6月至11月，先后任桑浦山特区、潮澄饶县委、潮澄揭县委组织部长，1935 年 1 月任潮澄揭县委书记。

1935 年 4 月 21 日，潮澄揭县委在潮安廖厝村（一说陈厝村）召开工作会议。会后，圆圆等人宿于该村。因坏人告密，被国民党李培怀部 200 多人包围。突围时，圆圆为掩护其他同志脱险而壮烈牺牲。

杨一鸣

杨一鸣（1906—1940），又名奕鸣，字鹤皋，揭阳北洋村（今属揭东区云路镇）人。年少失怙，依母渡南洋。稍长归国读书。1924 年毕业于汕头礐光中学。1927 年 9 月，于国民革命广东守备军干部训练班毕业后，加入国民党。是年 10 月，任国民革命军第十八师第二营中尉指导员。1929—1933 年 3 月，历任第一集团军第三旅第一团步炮上尉连长、第一集团军独立第二师独立团第二营上尉营副。1933 年 4 月起，任厦门市公安局保安大队副队长兼特务队长，黔西保安少校大队长兼第一中队长。

1937 年"七七事变"后，杨任陆军第四司令部少校参谋。1939 年 4 月，任闽赣边区绥靖公署少校参谋。翌年 4 月任陆军预六师十八团第一营营长。时日军集重兵于潮安彩塘一带，一鸣奉命驻防于桑浦山前沿。杨治军严谨，赏罚分明，官兵同心同德，多次击退日军进攻，获"铁军"称号。1940 年 11 月 20 日，侵占潮安、澄海一带的日军田中部先后攻占郭厝塭、东乡、小坑、乌门等地（今均属地都镇）。其时杨部驻军钱岗，闻讯率部迎击。杨身先士卒，官兵同仇敌忾，英勇杀敌夺回失地。田中不甘心失败，纠集残部，凭借鸡笼山一带有利地形，组织反扑。杨部官兵浴血奋战，一鸣身中数弹犹指挥若定，迫使日军败退。杨负重伤后，急送揭阳真理医院，抢救无效，于 21 日逝世，由该师师部派员及北洋乡士绅扶灵柩回家乡。11 月 24 日上午，杨一鸣生前集团军参谋长和预六师师长吴德泽率领官兵 400 人及当地士绅、小学师生共千余人，举行出殡追悼会。会上，吴德泽给抗日英雄杨一鸣献上"一心吞倭寇，鸣声震山河"的挽联。

马士纯

马士纯（1910—1941），原名马大宁，又名马伯元、梦樵，化名马应宣，笔名马木叔、耶浮、初生，原籍潮阳和平里美村（今属汕头市）。1925 年参加国民党，1927 年起，先后在汕头礐实中学、市立一中读书。1929 年夏在潮阳县和平乡办暑期补习班，秘密组织勤学社，传播马克思主义，同年秋参加中国共产党。1930 年下半年和 1932 年春，两次被捕入狱，受酷刑致残，经党组织营救出狱后往泰国，在崇实学校任教，兼任华侨《晨钟报》"崇实"副刊主编，并参加苏联之友社，从事政治活动。1935 年，回国任教于普宁县兴文中学。1937 年 3 月恢复中国共产党党籍后，历任中共普宁县特别支部组织委员，中共普宁县工作委员会组织部长、书记，潮汕中心县委组织部长，梅县中心县委书记，潮梅特委委员，梅县委员会书记等职。曾先后在揭阳县和潮阳县创办西山公学（后改称南侨中学）与南侨中学第三分校，任教务主任，培养抗日骨干力量。1941 年 11 月 11 日在揭阳仙桥高美村病逝，葬于紫陌山，其墓为揭阳市文物保护单位。

余为龙

余为龙（1917—1941），榕城人，1934 年在揭阳县立第一中学高中部读书，担任学生自治会主席，因组织学生参加社会活动，宣传抗日，遭到校长曾靖圣的反对。余为龙召集部分学生会干事，到藏书楼与曾据理力争，迫使曾靖圣让步。余为龙口才甚好，上街宣传，慷慨激昂，听众为之动容。1937 年抗日战争全面爆发，中共地下工作者林美南、郑玲来揭阳开展活动，吸收余为龙参加筹备揭阳青年救亡同志会（后改称揭阳青年抗敌同志会）的工作。5 月 30 日，经林美南、郑玲介绍加入中国共产党，常为地下党在启蒙小学开办的党员训练班和青年干部培训班讲授《青年运动史》和《抗日民族统一战线教程》等。1938—1939 年，担任揭阳青抗会第二、三届宣传委员，并任中共揭阳县委、县工委青年部长，领导学生运动。1939 年国民党反共高潮波及揭阳，余为龙写了一篇题为《序幕》的文章登载在党的内部刊物上，指出：逆流猖獗，反动派已磨刀霍霍，新的斗争序幕即将揭开，共产党人要有充分准备。1940 年 9 月，揭阳青年抗敌同志会被迫解散，余为龙写了《告人民书》，张贴在西马路上，并根据上级指示，协助县委将部分骨干人员安插到农村和外地及国民党机关工作。皖南事变后，余为龙等翻印《中共中央为皖南事变发表的命令和谈话》等文告，夜间张贴于榕城大街小巷，揭露事变真相，事件泄露出去后，为县警察局通缉。此后先后赴福建闽西南党校学习，到福建龙岩负责领导工作，并被任命为闽西南特委宣传部长。1941 年秋，患恶性疟疾逝世。

何德祥

何德祥（1916—1942），字炳南，揭阳县朝桂镇（今榕城区西马街道西门社区）人。1937 年"七七事变"前，何德祥在广东岭南大学读书，"七七事变"后，投笔从戎，考取中华航空学校。1940 年 3 月，完成云南昆明空军军官学校第 10 期驱逐组的学习，留校担任防空警戒。一次，日军 27 架大编队重轰炸机进入昆明上空，何德祥与战友张安汶等奉命登机迎击，击落敌机数架，他的座机也被日机击中油箱而坠落于云南森林中，何头部撞伤，全副牙齿撞崩。1942 年，日机轰炸四川重庆、成都等处，何德祥伤刚愈，时任中华空军第 27 中队中队长，请缨驾机迎战，又多次击落击伤敌机多架，得到空军司令部的嘉奖。同年 10 月 27 日，日机再次轰炸四川成都，何德祥奉命率 9 架截击敌机。在激烈的战斗中，击落日机数架，但在追歼逃窜日机时，突然被增援的日本机群所包围，经过殊死激战，终因寡不敌众，座机被击中，他驾驶着将要坠落的座机冲向一架敌机，一同坠毁于重庆金堂，时年 26 岁。国民政府批核为中华抗日阵亡烈士，葬于重庆空军烈士公墓。

1959 年 9 月 3 日，由张爱萍将军题名的抗日航空烈士纪念碑在南京紫金山麓建成并举行落成典礼，何德祥的名字被镌刻在纪念碑上，并通知家属参加吊祭。

蔡耿达

蔡耿达（1918—1943），又名名泉，曾用名溥生、英扬、湘华、自强，揭阳县昆头山村（今属揭东区锡场镇）人。高中肄业。在学校读书时，值东北沦陷，国难当头，蔡积极投身于抗日救亡运动。1937 年，蔡在汕头加入青救会，经常参加校外各种活动，成为抗日活动的积极分子。1938 年初参加中国共产党，任学校党支部书记。不久，返回揭阳，负责党内青年工作。同年春，被党组织调到普宁县秀陇乡小学教书。在校里，蔡争取团结一批进步教师，积极开展抗日活动。1939 年下半年起，蔡先后任潮阳县工委和惠来县工委宣传部长。翌年，调任潮普惠中心县委青年部长。1941 年 6 月，耿达被派到已沦陷的汕头市任中共汕头市区工委书记。1942 年 3 月，刘华被捕叛变，致汕头地下党员和革命群众 28 人被捕，市区工委机关遭受严重破坏。翌年 2 月，叛徒刘华又带领日军前往爱华路住处将蔡耿达逮捕入狱。蔡耿达惨遭日军严刑毒打，始终没有泄露党的机密，在狱中英勇牺牲。

周鲁

周鲁（1911—1943），又名周温亮、周相亮、周劳生、柯维舟等，揭阳华美村（今属地都镇）人，国际共产主义战士，革命烈士。

1925—1928 年就读于省立第二师范学校（韩山师院前身），1930 年加入中国共产党，任中共上莆区委书记、桑浦山特别委员会主席、华美村农会主席等职。他积极组织桑浦山一系列的游击战，先后组织游击队枪杀了国民党地方反动头子方杰和刘千树等地方劣绅，有力打击了国民党地方反动势力。他还男扮女装、机智救护过彭湃烈士遗孤彭士禄。1934 年革命进入低潮后，周鲁赴越南继续革命，任当地《全民》周刊主笔，积极呼吁东南亚各被压迫的弱小民族团结起来抗击日、法殖民统治。为抗击残暴的殖民统治，周鲁和何伯翔等发动参与南圻大起义，由于叛徒出卖，起义失败。1942 年 11 月 30 日周鲁在越南头顿不幸被捕，1943 年 4 月 16 日在越被日法殖民者杀害并沉入海底，为人类解放事业献出宝贵的生命。

越南解放后，越共中央和越南政府授予其"国家民族英雄"勋章和"革命烈士"光荣称号，高度褒扬了这位来自中国广东的国际共产主义战士。

郑英略

郑英略（1914—1944），榕城北门（今属榕华街道）人，就读于潮安金山中学、汕头海滨中学及商业学校，毕业后，抗日战争前夕在普宁县山湖教书，并加入中国共产党。1937 年 9 月，参加揭阳县青年救亡同志会，从事抗日救亡活动，妹妹郑玲是揭阳县青年救亡同志会的领导人之一，1937 年 10 月任中共榕城支部书记。郑英略的家在榕城北门，是党组织的联络站，郑玲是负责人，郑玲调走后，联络站便由郑英略负责。郑英略的家还是揭阳县委的办公地址。在此驻足过的潮汕党组织领导人有苏惠、方东平、曾冰、陈曙光、李习楷、钟声、林美南、周礼平、罗天、马士纯、曾应之等。1944年秋，郑将叛徒姚铎在榕城的活动情况向上级党组织汇报，姚铎被处决后。国民党加紧搜捕共产党员，郑英略不幸被捕，遭到杀害。

吴凯

吴凯（1917—1944），又名吴凯生、吴逸凡，揭阳县珠坑村（今属龙尾镇）人。出身于农民家庭，只读过5年书。

1930年夏，14岁的吴凯在中共潮汕地下组织珠坑联络站当交通员，并做些青年工作。1931年2月，吴带领4名进步青年到大南山参加中共潮汕地下组织举办的军政训练班，后曾与赤卫队员们一起伪装成挑夫、"杂货担郎"，为八乡山游击队运粮、送盐。不久，事泄，被悬红通缉，于汕头市被捕。在狱中半年，保持革命气节，经多方营救，保释出狱。1932年，以坡头村小学教师职业为掩护，继续与河坑联络站保持联系，沟通信息。1933年被派到潮安学习痔疮医术，次年春回到榕城开办吴凯痔疮诊所，为地下党提供秘密活动地点和经费，并为游击队购药。同时，协助进步组织时光社、馥浪社开展反封建斗争。吴凯在榕城行医时收入甚多，但生活俭朴，家人曾向他要钱回乡买田地，他说：我出世时无带"肚腰"，无带田地，要买田地做什么？1937年加入中国共产党。9月，组织决定停办诊所，吴凯回到珠坑小学任教，继续开展革命工作。1939年，经组织决定，他到榕城学角（揭阳学宫附近角落）复办诊所，以作掩护。县委领导人常到诊所楼上活动，并在所内油印有关文件、资料。当年，庆祝建党18周年纪念日也在该所举行。吴凯及其妻子则常在门口望风。是年冬，组织派吴凯到兴宁，以办健生医院为名建立中共南委交通站，兴宁县委也设于院内。林美南、曾广等领导人常到该院。1942 年因"南委事件"牵涉，兴宁健生医院被兴梅绥靖公署查封，吴凯及其妻儿辗转于揭阳、陆丰、江西等地，至 1944 年 9 月才回到珠坑村，与中共地下组织取得联系。11 月，地下党为筹集抗日游击队经费，派吴凯运货往汕头，船到下林村（今霖磐镇桂东、桂西村）时，吴凯被国民党警察开枪击中牺牲。

黄国荣

黄国荣（1871—1945），知名骨科医师、武术师，别名甲拍，榕城东郊人。父华盛，谙武技，晓医道。国荣自幼耳濡目染，淫浸成嗜，先后投拜于名师钟大汉、刘辉雄、黄才来之门，福建少林传人陈南枝来揭，又被收为门徒，并为南枝所钟爱，因尽得其技。清末，经本县革命党人孙丹崖、何子因介绍，参加孙中山领导的同盟会，参与光复揭阳之役，并随革命军转战潮梅，先后任哨官、医官、武术教练等职。不久，解甲返榕从医授武，设馆于进贤门街（今思贤路）。1930 年以后，历任揭阳通俗图书馆、揭阳民教馆、揭阳总工会诸社团国术班教练，长期受聘为揭阳县立第一中学国术课专职教师。1929 年间，汪精卫悍然提出废除中医药，一时朝野愤慨，各大中城市中医药界纷纷成立团体，集会请愿。黄国荣与本县中医学界领袖孙链成、林晓峰、吴文藻、方日帆等发起成立国医馆，驰电声讨，并当选为监事主任兼伤科委员长。抗日战争爆发，敌机犯境轰炸，黄国荣与本县医务界人士组成抗日防空救护大队，任大队长。

黄国荣是粤东近百年来声誉卓著的骨伤科医师和武林高手之一，治学严谨，博采众长，与各家秘笈庋藏辑录颇为繁富，远近慕名求师者多，但择徒而教，常以发扬国粹，勤学不倦，恪守武德，不逞技滋事戒诸生徒子弟。传人多有所成。

卢根

卢根（1910—1945），原名卢鸿照，潮安（今属潮州市）庵埠人。1926 年加入中国共产主义青年团。1927 年加入中国共产党，1936 年到普宁县梅峰公学任教。"七七事变"后，在梅峰一带团结各阶层人士，呼吁民众团结抗日，募集财物，支援前线。1938 年冬，参加"汕头青年抗敌同志会"驻国民党一一五师随军工作队，并任第一大队队长。1939 年，潮普惠南中心县委以潮阳和平区抗日动员工作委员会的名义，委派其组成工作队，开辟大南山革命根据地。1939 年底，任国民党独九旅战地工作队队长。1940 年，调任第四区委书记，1945 年春，负责潮汕人民抗日游击队的统战、民运工作，周旋于国民党驻军和地方武装之间，争取进步力量，团结中坚力量，打击反共势力，筹集了一批粮食、武器，解决游击队之急需。是年 7 月，与林美城到棉湖筹粮款时，因坏人告密，被国民党逮捕，9 月 18 日，与林美城被国民党杀害于揭阳榕城。

林美城

林美城（1914—1945），原名林书江，揭阳县第五区（今属揭西县）人。1938 年，林美城参加揭阳县青年抗敌同志会，并加入中国共产党，积极投身抗日救亡运动。1945 年 2 月，参加潮汕人民抗日游击队，奔走于揭阳、普宁一带，筹粮筹款。1945 年 7 月，与卢根到棉湖筹粮筹款时，因坏人告密，被国民党逮捕，9 月 18 日，与卢根被国民党杀害于揭阳榕城。

邢凤杰

邢凤杰（1912—1945），榕城下围村（今新兴街道东郊凤围村）人，在揭阳一中读书时，开始接受马列主义，积极投身抗日救亡活动。1937 年 9 月，在共产党员郑玲带领下，和一些进步青年发起组织揭阳青年救亡同志会（后改称揭阳青年抗敌同志会），并当选为第一届干事会执行委员，负责宣传工作。他的演讲内容丰富，深入浅出，动人心弦。在街头演出话剧《放下你的鞭子》时，扮演剧中老头，惟妙惟肖，不少观众感动得流下眼泪。1939 年上半年加入中国共产党，下半年，被安排到北洋小学教书，从事地下革命活动，任党支部书记。不久，任第四区委书记。1940 年，青抗会被国民党强令解散，许多共产党员和革命干部转入地下活动，邢凤杰通过人事关系，任榕城北关镇副镇长，以此作掩护，在其家设地下交通站，并动员其弟邢凤楷到国民党一八六师当挑夫，获取军事情报。为解决地下交通站的经费问题，他变卖了一些家具和一间大房。1945 年农历九月初的一天凌晨，邢凤杰从梅北（今揭东区埔田、云路和玉窖一带）回家后，稍睡片刻便起床，在门口刷牙洗脸时发现有人窥视他，他即转身进屋，烧毁情报及其他秘密文件，并唤醒其妻，交代暗号，要其妻转告来站的地下人员。刚说完，就被国民党一八六师特务连特务抓走，囚禁在揭阳简易师范（揭阳学宫）内。特务对他软硬兼施，要他供出揭阳的共产党员，他严守党的秘密。几天后，被转囚揭阳监狱，下旬，被押往刑场枪决，邢凤杰沿途挺胸昂首，高唱《国际歌》，高呼"共产党万岁"，一路用手铐、脚镣与刽子手相搏，英勇就义。

刘佩芳

刘佩芳（1921—1945），女，出身于榕城一店员家庭，4 岁丧父，靠母亲手工劳动勉强维持一家 5 口人生活。11 岁时，进私塾念书，1936 年转到揭阳女子中学附小就学。"七七事变"后，她和同学们一起日夜赶做纸花上街义卖，把所得款项援助抗日事业。小学毕业后即辍学。1938 年 8 月，报名参加了揭阳县政府社训总队部为训练女壮丁而举办的妇女干部培训班，在中共党员郑玲等的教育培养下，加入中国共产党。妇女班结束后，刘佩芳先后到乔林乡、汾水村和潮阳、普宁等地训练女壮丁。1942 年，潮汕党组织暂时停止活动，佩芳先后在渔湖椇松小学（今属榕华街道）、潮阳柳岗学校以教书为掩护，继续从事革命活动。1944 年 10 月，刘佩芳和普宁鲤湖区委干部黄俊结婚，并按照组织的安排，以黄俊家为交通站，接待从揭阳一带来大南山入伍的同志。不久，刘佩芳奉调到大南山"韩纵"接待部，后又调到督导队工作。1945 年 7 月，流沙区民主政府成立，但 3 天后即遭敌人"围剿"，武装队伍撤上大南山。时刘佩芳已怀孕，上级让她到揭阳榕城做秘密工作。9 月的一天，刘佩芳前往普宁执行任务，途中被国民党军警逮捕，押送到流沙玉皇路 5 号监禁。敌人施用严刑迫供，百般摧残，身怀有孕的刘佩芳，为了保全党的秘密，跳楼壮烈牺牲。

苏丹

苏丹（1926—1949），女，原名陈丽娟，又名陈逸平，榕城人。1939 年春毕业于揭阳简易师范，同年秋参加中共领导的随军工作团，翌年 4 月起，先后就读于韶关第二侨民学校、韶关师范学校，为学生运动的积极分子。1946 年参加中国共产党，同年 7 月奉派到香港培知中学附小执教。翌年，中共在东江重新开展革命武装斗争，调东江江南地区参加战斗。1948 年春，江南支队成立，任该队第一团第一连指导员，不久调任第三连（黑豹队）指导员。1949 年 1 月，江南支队改编为粤赣湘边区第一支纵队，苏丹奉调到紫金搞民运工作。5 月，率民运队会同解放军部队解放紫金城。旋因部队他调，紫金城重为国民党一九六师所据。中共紫金县委命其在龙窝区坚持斗争。7 月 6 日晚，苏丹因公外出，为叛徒黄尚明发觉。黄带敌围捕，苏丹终因众寡悬殊，被执系狱，后备受酷刑，坚贞不屈。是年 7 月 23 日，苏丹就义于紫金城，年仅 23 岁。

解放后，紫金县把这位驰名东江的丹娘式女英雄的事迹编成戏剧《苏丹》公演。

林瑶珍

林瑶珍（1905—1949），女，揭阳县锡场乡（今揭东区锡场镇）人。自幼父母双亡，十几岁时，被亲戚卖到渡头村一富户当婢女，两年后逃回家。19 岁嫁到曲溪缶灶村。夫家一贫如洗，常遭有钱有势人家欺凌，致丈夫患精神病，婆婆双眼失明，二儿子吴龙被迫卖身当国民党兵。在苦难岁月中，瑶珍独力支撑整个家庭，养成她沉默、倔强和爱憎分明的性格。

1948 年秋，潮揭丰边县委派李木等同志组成山前武工队，以瑶珍家作为武工队秘密立足点。瑶珍在武工队教育下，懂得贫苦人要翻身求解放，必须靠共产党的道理，积极投入革命斗争，并把第三儿子吴虎送到武工队当"红小鬼"，送大儿子吴乙参加抗征队，只留下小儿子吴猛在身边。瑶珍对革命同志十分关心，武工队员林石病后在其家休养时，她精心护理，使林石身体很快康复。11 月下旬，瑶珍或配合独立大队的同志，或独自化装到驻在新河乡自卫队驻地侦察敌情，为独立大队、山前武工队袭击新河乡公所、消灭自卫队提供了情报。1949 年 3 月初，山前武工队为了逮捕缶灶村"地头蛇"、土匪吴锡奎，于一个黄昏派瑶珍将"地头蛇"诱骗到家，由武工队配合主力连将吴锡奎逮捕，但因监押不严被吴逃脱。吴即与国民党军互相勾结，于 5 月 2 日凌晨，带国民党军队雷英部包围缶灶等村，直奔瑶珍家搜捕武工队。武工队安全突围，瑶珍和儿子阿猛不幸被捕。被押送途中，瑶珍低声告诉儿子吴猛："敌人若是审问你哥哥去哪里，你就说二哥饥荒年饿死，另外两位哥哥远出做工，其他的事都说不知道。"敌人用"苦肉计"，把乡长吴乙茂同时抓入狱，暗中唆使乙茂诱瑶珍供出儿子的去向，瑶珍识破敌人阴谋诡计，不予理睬。敌人进而对瑶珍施行"飞机吊"、灌水等酷刑，企图从她口中得到机密，但始终得不到。敌人又押阿猛到她面前，用夹棍夹阿猛两个指头，阿猛顽强不屈，敌人又用针刺其指甲，阿猛痛昏倒地。瑶珍满腔怒火，痛斥敌人："小孩有什么罪?! 要打要杀我承担。"说完扑向敌人，被两个士兵拉住。敌人无计可施，遂将瑶珍押往马牙渡北岸枪杀。瑶珍临刑时毫无惧色，昂首挺胸，英勇就义。

郑省一

郑省一（1899—1954），又名郑辉，字守恕，仙桥篮兜村人，就读汕头高等商业学校期间，受孙中山民主革命思想影响，毕业后往暹罗（今泰国）任曼谷培英学校校长，继续宣传孙中山的革命主张。民国初期，因目睹曼谷的华侨会党派系斗争激烈，遂辞去校长职务，不避艰险，斡旋于各会党之间，阐明团结友好、爱国图强之主张，取得曼谷 18 馆头支持，建立中华联合公司（后来发展为中华会馆），被选为董事长。然由此而触怒英国殖民当局，不久便被驱逐出境，转赴新加坡。在柴船头的树人学校任教时，结识国民党马来亚支部领导人彭泽民，由彭介绍参加国民党，后应邀在国民党海外部工作。1927 年宁汉分裂后，受汪精卫派遣，往暹罗组织国民党。翌年受地方势力所迫，不得不离开暹罗。回乡后，说服乡中父老，将原来分散的 4 个私塾合办为私立诚正高级小学，收官溪、渔湖二都学生就读。为解决学校经费，两次委托华侨郑武昌到印尼向侨胞募捐。1930 年底，由陈卓凡介绍加入中国农工民主党，以诚正学校为基点，开展秘密活动。1931 年任农工民主党揭阳支部书记。1938 年，在翁照垣、陈卓凡领导的抗日自卫团统率委员会宣传总队任揭阳队长，在官溪、渔湖、磐溪一带训练壮丁。1942 年秋兼任揭阳民众教育馆馆长。日军投降后，曾秘密印发《抗日胜利后对时局宣言》，1947 年印发农工民主党拥护中国共产党、参加解放战争的《对时局宣言》。1948 年秋，前往香港任榕江福利社秘书。1950 年初到北京，进华北人民革命大学政治研究院学习，后在农工民主党北京市委会工作。1951 年 1 月任农工民主党汕头整理委员会常务委员，7 月辞职养病。1954 年初，任广东省文史研究馆研究员，同年 7 月病逝。

林美南

林美南（1909—1955），揭阳县东园村（今属揭西县东园镇）人，两岁丧父，由寡母抚养，靠祖父教书的微薄收入度日。幼年入学，时读时辍。1924 年，得姑母资助，在五经富一小学读书，次年考进五经富道济中学。1927 年，林美南和一批同学为反对该校教会的奴化教育，愤然离校，随后考进揭阳榕江中学（今揭阳第一中学）二年级。在校学习成绩优秀，并阅读进步书刊《新青年》。当年 9 月，南昌起义军进入潮汕，林美南和一批进步同学热烈欢迎起义军入揭阳城，受到了革命思想的影响。这一期间，还读了北新书店和创造社出版的不少进步作品。1929 年，从榕江中学毕业，考进汕头道路工程专门学校；年底，以优秀成绩在该校毕业。

1930—1932 年，为了维持家庭生活，林美南先后任教于揭阳朱竹坑小学、棉湖区立小学、阳夏小学和澄海外砂乡谢氏小学。从现实生活中，他认识到旧社会的罪恶，于是与同乡同学林密秘密成立社会科学研究小组，较有系统地学习研究马列主义的基本理论，萌发了投身革命、改革社会的思想。

1933 年，为投奔革命，寻找共产党，林美南毅然离开母亲前往上海。翌年 1 月，与共产党员林可（即林山）见面，表示了要求参加共产党的愿望，并写了详细自传。经上海党组织的审查和考验后，林可于 4 月正式通知他已被党组织吸收为中国共产党党员。不久，由于奸细告密，林美南在上海法租界被捕。法租界当局以参加非法政治活动的罪名，判处林美南有期徒刑 5 年，减半执行，监禁在上海法租界马斯南路监狱。这一期间，林美南以监狱为课堂，系统地学习了哲学、政治经济学和英语、日语等，进一步提高了思想理论水平和外语水平。1935 年 7 月，林美南被移送苏州反省院后，即据理向国民党政府提出"三民主义是主张反对帝国主义的，不能说抗日救国有罪"的声明。翌年 6 月终于具保出狱。出狱后在上海小住两个月，用"缪南"笔名在《东方论坛》等刊物发表了《论辩证法与形式逻辑》的专论和《论斯大林关于斯达汉诺夫运动的著名演说》的译文。

1936 年 8 月，林美南回到揭阳，在潮安刘陇小学任教。半年后，到揭阳建设科任技佐。抗日战争爆发时，林美南毅然放弃技佐职务，和姚木天、王质如、杨世瑞、郑玲等投身到抗日救亡的洪流中。1937 年 9 月，他主持成立了揭阳青年救亡同志会。不久，他主动与中共韩江工作委员会联系，恢复了党籍。党组织即派他回揭阳工作。年底，成立中共榕城支部，书记郑玲，不久由林美南接任。后历任揭阳县工委书记、揭阳县委书记、潮揭丰边县委书记、潮普惠揭中心县委副书记、潮揭丰中心县委书记、潮梅特派员等职。在此期间,林美南在领导揭阳抗日救亡运动方面,在组织汕头青抗武装队伍、开展抗日武装斗争方面,都作出了贡献。

1942 年 6 月,发生"南委事件";8 月,林美南向潮汕、兴梅各地县以上党组织传达中共中央南方局关于在国民党统治区暂停党组织活动的决定。是年冬,根据上级指示,他以商人身份,选择梅县"乌廖沙"为隐蔽地点,主持潮梅地区党的工作,其时,林美南坚持执行"隐蔽精干,长期埋伏,积蓄力量,以待时机"的十六字方针,使潮梅党组织基本上不受"南委事件"的牵连破坏。1944 年 7 月,原南委秘书长姚铎在重庆叛变,潜回揭阳搞特务活动,林美南执行中共中央、南方局的指示,多次亲到留隍、汤坑等地,部署处决叛徒姚铎的行动;9 月,中共中央同意潮汕地区恢复组织活动,组建抗日武装,林美南坚决执行中央指示,领导广大党员和人民群众掀起抗日武装斗争的高潮;同年 11 月,在林美南的领导下于榕城处决了叛徒姚铎。1945 年 3 月,成立潮汕人民抗日游击队,林美南任党代表;6 月,根据中共广东区委指示,潮汕人民抗日游击队改称为广东人民抗日游击队韩江纵队,林美南任司令员兼政委;11 月,经中共中央批准,中共潮汕特委在八乡山成立,林美南任特委书记。根据党中央的指示和抗日战争胜利后的新形势,特委决定将工作重心从武装斗争转移到进行地下斗争的工作上来。林美南一面安排武装人员复员疏散,部署地方党组织转入地下;一面开展宣传工作,揭露国民党的内战阴谋。1946 年 6 月,林美南调广东区党委工作,任区党委委员,分管农委工作。1948 年三四月间,解放战争的形势迅猛发展,香港分局和广东区党委派林美南等一批干部回潮汕,加强潮汕党组织和武装斗争的领导;8 月,林美南被任为闽粤赣边区党委副书记兼宣传部长，驻潮汕指导潮汕地委工作。翌年 1 月，任中国人民解放军闽粤赣边纵队政治部主任；6 月 28 日，林美南写了《中国共产党 28 周年纪念》一文发表在潮汕地委的《团结报》上；8 月，潮梅人民行政委员会在揭阳南山（今属揭西县）道南小学成立，林美南任主任委员，亲自起草了《潮梅人民行政委员会布告》，并在潮梅行政会议上作《政治报告》，部署解放潮梅工作；10 月，为做好解放潮汕、接管汕头的准备工作，华南分局任命林美南为中共汕头市委书记兼汕头市军管会主任。

潮汕解放后，1949 年 10 月，林美南被中央人民政府任命为广东人民政府委员会委员，调任广东省农林厅副厅长。翌年 6 月，他任广东省清匪反霸检查团团长，到揭阳检查工作；10 月，任广东省土地改革工作团副团长，到揭阳领导土改试点工作；12 月起，先后任潮汕地委书记、粤东区党委委员兼秘书长和粤东行署办事处主任、粤东区党委副书记兼粤东行署主任。在土地改革运动中，林美南以党性原则和雄辩的事实批驳了对潮汕地下党和地下党员的诬蔑，在一定程度上保护了一批干部。1953 年 6 月以后，林美南调任珠江水利总局局长、广东省人民政府计划委员会第二副主任。由于长期的战斗生活和紧张工作，林美南积劳成疾，患上严重的心脏病，于 1955 年 11 月 26 日在广州逝世。

陈德智

陈德智（1914—1962），名五大，别名陈伟，出身于揭阳县新亨蓝硕村（今揭东区新亨镇硕榕村）一个商贾家庭。早年就读于蓝硕小学、蓝田高小、榕江中学。1936 年考入上海暨南大学历史系。在校期间，投身于学生运动，并加入中国共产党。

"七七事变"后，陈回揭阳，参加青年抗日救亡工作，担任揭阳青救会主席兼榕城中共党支部宣传委员。1938 年，与姚木天率队到水流埔创办南侨中学二校；3 月，调任中共揭阳第一区委员会宣传委员；10—12 月，为中共揭阳县工作委员会成员，担任揭阳县妇干班指导员，并和杨世瑞等十多人组成工委会第二批工作队，进驻五房村，开展抗日救亡的宣传发动工作。在此期间，陈曾两度回家取款共 1000 多光洋，捐作抗日资金，被家属责怨为"破家仔"。1939 年 1 月 28 日，德智被选为"青抗会"第四届干事会执委总干事；6 月，汕头沦陷，陈组织青年随军参加前线抗日工作。1942 年 9 月，"南委事件"后，陈赴韶关坪石中山大学深造。1945 年 7 月毕业后，返回揭阳霖磐中学任教，继续秘密进行抗日活动。翌年，往香港开办"联侨公司"，明里经商，暗里从事革命工作。1947 年，德智拍卖联侨公司全部财产，购置一批武器，返回潮汕参加大北山游击队，担任游击队政治部副主任，直至 1949 年揭阳全境解放。

林声望

林声望（1901—1967），揭阳县霖田村（今属白塔镇）人。出身贫苦，幼年寄养外婆家，由舅父送入夜校习读。后返本村私塾读书，因得亲友资助，始得继续升学。

1919 年到龙头乡小学任教，1925 年到美华中学参加潮汕各县教员暑期集中补习会考，受到该校校长林中馥的先进思想影响，会考后决心投身革命，并亲自赴省农会办事处（设于汕头市）请求彭湃派员到揭阳指导农民运动。10 月，省农会派颜汉章等 4 人到霖田村组建农会，林偕同颜汉章等人深入各家各户宣传革命道理，发展农会会员 50 多人。1926 年 1 月 22 日在该村祠堂正式宣告成立霖田乡农会（为揭阳第一个乡农会），林声望被选为农会主席。他在会上发表讲话，号召广大农民组织起来，团结一致，打倒土豪劣绅。霖田乡农会建立后，林声望随省农协特派员梁良萼等人到白塔大寨内、老竹围、瑞来、马坑、元埔、宝丘等乡村串联，不久，近邻各乡都成立了农会组织。1926年4月20日，在顶三洲堤边的华阳公室成立第三区农民协会，彭湃同志亲临大会讲话，林声望被选为农会正文书，继而任县农会组织部长，并加入中国共产党。1927年"四一二"反革命事变后，国民党右派屠杀共产党人，县、区农会转移到霖田村办公。4月30日，县长丘君博组织地方地主民团，由团长张万仕、林其德带领500余人"围剿"霖田村。林声望一面指挥抗击，一面组织县、区农会干部和村民撤往卅岭山区。国民党军进村后，大肆烧杀劫掠。农会人员撤退后，林声望迅即回村安抚死者家属，并组织村民重建家园。其后，国民党当局通缉林声望，他暂避大洋村数日后，潜到石坑村建立秘密联络站，坚持地下工作；不久又转移到他家里办公。1928年，他接受党组织的派遣到新亨尖石村教书，秘密联系和保护各地革命志士，未几，因国民党跟踪追捕，遂于1930年6月经党组织批准赴南洋，以种地养鸡和任小学教师谋生。1941年在新加坡协助筹款支援祖国抗日救亡运动。1948年10月他被选为新加坡华侨"武裕平民互助会"主席，负责联络各阶层侨胞，实行互助。1950年7月，林回家乡为父治丧，后在本村夜校任教；12月，受上级领导委托，调查大革命时期牺牲的烈士名单，他把保存的烈士遗像、史略及农会历史文件、文物献出。1951年6月，受到广东省政府副主席和揭阳县长王琴的接见；8月调往汕头市财政局工作，9月又调渔业公司。1962年退休回家。

陈君伟

陈君伟（1905—1972），揭阳县埔田（今属揭东区）牌边村人。1927年小学毕业后，任小学教员6年，这期间积极拥护和支持农民运动。1934年后，任梅北乡公所户籍员、永益乡副乡长、乡长等职。在枫口任助理员时，区长迫其勒索乡民，君伟写诗明志："若是为官欲害民，何如做贼更心清。眼看世上伪君子，人格不如真小人。"因此愤而离职回家。其时，当地封建人物横行乡里，君伟结拜一些进步人士与之斗争，取得埔田地方（梅北区）的统治权。

1937年"七七事变"后，在河北省立农学院读书的胞弟、共产党员陈君霸，接受组织的安排，回到家乡进行秘密活动。地下党领导人林美南、钟声等常来往或住宿其家。君伟受党的教育，由同情共产党拥护抗日救国，到积极支持并参加革命工作。1941年春，潮揭丰边中心县委转移到牌边村，君伟利用其任乡长的地位和社会关系，安排县委组织部长张克搞抽纱生意，介绍王文波、卢根、杨云等6位同志教书，以社会职业掩护革命活动。1942—1944年，以其任国民党区分部执委和乡长职务，为一些地下党同志填发身份证，作为开展工作的"护身符"。1944年下半年，接受地下党的意见，以乡公所名义组织永益乡抗日自卫队，由地下党员谢任阳、江文仕等掌握。翌年，这支60多人的武装队伍，与杨兆明和江明理所带领的队伍，组建为潮揭丰边抗日游击队。君伟积极为该队伍筹措经费、枪弹。由于同共产党精诚合作，潮揭丰边县委的一些工作会议，常请他列席，他也常献计献策。1945年5月，为了摧毁国民党政府设在祯祥坑的税务所，君伟亲往观察地形，绘成地图，提出作战意见，结果战斗胜利完成；7月，配合游击队机智地伏击企图抢耕牛的汉奸谢松荣部20多人。为了防备国民党迫害，他把家人分散五处，自己则过着艰苦而又心情欢快的游击队生活。他于1945年写的《游击队生活》诗云："不怕暑来不怕寒，翻山越岭走云间。刺藤绊路足冲过，风雨湿衣身焙干。星月光辉人掩蔽，夜天昏黑步蹒跚。山河领海未恢复，险阻艰难也等闲。"

抗日战争胜利后，国民党撕毁《双十协定》，3 次通缉陈君伟，他只身潜往潮阳、普宁、惠来等地掩蔽。1947 年初，回家乡参加潮汕地委领导的人民抗征队。是年 3 月，县委经济工作队截劫县银行"农贷款"时失利，4 人被捕。当时有一乡长借此大肆攻击共产党，欲置被捕人员于死地，并以此陷害陈君伟。陈君伟坚决与之斗争，被捕人员经组织多方营救而免于难。1948 年，陈君伟任潮揭丰边人民行政委员会委员。1949 年任潮梅人民行政委员会第二督导团副团长。

新中国成立后，于 1950 年任潮汕专署矿业科副科长。揭阳土地改革期间，因对一些在抗日或解放战争有过贡献的民主进步人士被斗争，思想有抵触而离职回家。1951 年被拘留审查，释放后回家参加农业生产劳动。1956 年起，任政协揭阳县第一至第四届委员会委员、第一届常务委员，积极参政议政。"文化大革命"期间，在家乡受批判。1972 年病逝。1984 年初，中共揭阳县委统战部为陈君伟恢复名誉，并在其家乡隆重举行追悼会，对其家属给予抚恤，安排其孙子 1 人就业。

陈名卿

陈名卿（1901—1973），女，出身于榕城城隍庙后陈厝围的一个小商家庭。1915 年就读于揭阳县第一女子小学（与许玉馨为同学），后升入县立中学。1919 年 5 月 7 日，参加了榕江中学学生杨石魂、林希孟等组织的学生会在学校召开的学生大会，上街游行示威并通电北京，声援北京"五四运动"。5 月 13 日，揭阳 24 所小学校派代表到榕城韩祠广场集会，成立县学生会，会议选举杨石魂为主席，林希孟为副主席，陈名卿当选为委员。

1925 年 3 月 6 日，陈名卿作为学生代表，在省农民协会揭阳特派员谢培芳的带领下，与商界职员、学生等方面代表近百人到仙桥迎接周恩来等带领的东征革命军进城。当天上午，国民革命军政治部主任周恩来接见揭阳学生代表。在政治部任科员的共产党员杨嗣震推荐了江明衿、陈名卿等10多人作为代表受到周恩来接见。3月12日上午，周恩来出席揭阳各界群众与革命军举行的联欢大会，陈名卿被推荐为周恩来的翻译员。此后，周恩来3次到揭阳，陈名卿都参与接待工作，给周恩来留下了深刻的印象。

1926年春，在潮梅特委委员、国民党汕头市党部执委兼工人部部长杨石魂的具体指导下，在揭阳榕城成立了"揭阳县妇女解放协会筹委会"（简称"妇筹会"），许玉磐担任主席，后来许玉磐他调，协会工作由陈名卿等负责。1927年春，揭阳妇女解放协会在揭阳学宫文华祠成立，陈名卿当选为总干事。1927年，蒋介石发动"四一二"反革命政变后，陈名卿的恋人林希孟牺牲，她隐蔽在林希孟的家，长时间抚慰一对失去独生儿子的烈士父母。

中华人民共和国成立后，陈名卿当选为揭阳县第一届妇联委员兼元龙镇妇联主席。1951年，因丈夫的历史问题受牵连被解除职务并被错误地列为"四类分子"对待，一直到"四清"运动才纠正。陈名卿1973年逝世，享年72岁。

郑武昌

郑武昌（1908—1974），又名林葵，字郑斌，号楚庸，仙桥篮兜村人。1922年毕业于汕头英华学校。1926年在家乡组织农民协会。大革命失败后，于1928年往印尼从事教育工作。1935年返回家乡篮兜诚正学校任教。翌年，受该校校长委托，赴印尼向华侨募捐建校。学校建成后重返印尼。1941年日军侵占印尼，郑武昌参加抗日游击队，在色加罗一次战斗中被捕，于敌押解其活埋途中，趁机逃脱。抗战胜利后，任中华学校教员，常为进步报刊撰稿，宣传革命。1952年，他以印尼华侨观光团秘书的身份随团到北京。1956年，印尼与中国断交，郑武昌首批被印尼当局驱逐，不久，移居香港，任南华旅行社及中国国货公司经理，多次参加广州中国出口商品交易会，为发展中外贸易做出了贡献。

郑敦

郑敦（1917—1980），又名郑易华，榕城人。1935年在香港中文书院读书时参加香港的抗日救国会，任该会学生组织负责人，后转广州主编《现实动向》，遭国民党政府逮捕入狱，获释后回汕头参加抗日救国活动，复被国民党政府投入牢房。全面抗战后获释。1938年参加中国共产党，历任潮汕中心县委潮普惠南分委和梅县中心县委青年部长、兴宁县工委书记、闽南地区副特派员。1944年赴延安，在中共中央党校学习。解放战争随军南下，任中共靖镇边工委书记。桂滇工委和滇黔边区党委宣传部长。1948年奉命到云南开展武装斗争。1949年1月任中国人民解放军桂滇黔边纵队副政治委员。中华人民共和国成立后，历任中共云南省委宣传组织部长、省委常委兼组织部长。1954年当选为第一届全国人大代表。1957年起多年在矿山劳动。1979年后任云南省检察院检察长。1980年病逝于北京。

曾广

曾广（1912—1983），原名祥光。揭阳县五经富村（今属揭西县）人。毕业于道济中学。1931年，曾广受到东江农民运动进步思想影响，参加中国共产党的外围组织"微浪社"，出版《微浪》刊物，反对反动势力和腐朽没落的旧文化。1935年，在灰寨树文小学任教，并先后在五经富、灰寨等地创办"我们书室"读书会，组织进步青年阅读进步书刊。1936年3月与书友10多人成立中华人民抗日义勇军。翌年春，加入中国共产党，成立中共五经富支部，曾广任书记。曾广是主持 16 间小学联校的校务长。接着，与曾冰、李日煌等组织"大众救亡剧社"，宣传抗日救亡。"七七事变"后，开展群众性的抗日救亡运动。1938 年 3 月，曾广任区委书记，4 月任揭阳县工委组织部长。翌年 7 月至 10 月，任揭阳县委（辖第三、五区）书记。1942 年秋，"南委事件"发生后，潮汕地下党暂停活动，曾广奉命到海丰公平中学任教，同时负责联系隐蔽在普宁、揭阳、丰顺等地的党员骨干。1944 年，潮汕党组织恢复活动，次年 2 月，曾广协助林美南创立潮汕人民抗日游击队，任政委。1945 年 5 月，国民党一八六师勾结当地反动乡长，烧毁曾广的房屋，勒索其家属，悬红通缉曾广。曾广毫不退缩，带领独立大队从大南山回到大北山，破开国民党水结头的监狱，释放出犯人；打开灰寨、上陇国民党的谷仓，救济群众。6 月，曾广任广东人民抗日游击队韩江纵队第三支队政委。翌年夏，韩江纵队北撤后，曾广担任中共潮汕特委书记，坚持秘密斗争。

1947 年 6 月，潮汕人民抗征队在天宝堂成立，曾广任政委，并亲自撰写《潮汕人民抗征队成立宣言》。1949 年，国民党军队对大北山游击队发动疯狂进攻，各地反动联防相继成立，五经富地方封建势力也蠢蠢欲动。游击队以五经富为重要据点，粉碎了敌人的围攻。9 月中旬，曾广根据形势需要，召开特别会议，宣布成立中共揭陆华工作委员会，使韩江和东江纵队团结一致统一行动，加速了解放全潮汕的进程。

曾广在抗日战争和解放战争时期，对潮汕地区党的建设、武装斗争、政权建设，特别是统战工作方面，做出巨大贡献。

新中国成立后，曾广任潮汕地区第一任专员。1951 年，曾广因土改问题受到解除职务、开除党籍的错误处理。1953 年调到海南岛化隆华侨农场工作。曾广以革命利益为重，带领场员艰苦奋斗，几年功夫，把华侨农场建成全国闻名的农场，受到中央领导人和群众的称赞。1957年，曾广任海南农垦局副局长。"文化大革命"时期，曾广身心备受摧残，但仍坚持党的原则，毫不动摇。中共十一届三中全会后，获彻底平反，恢复名誉。1983年11月28日逝世于广州。

丘及

丘及（1910—1984），原名英杰，字仲推，号南离，揭阳县玉湖小坑村人。其家从祖父起就侨居暹罗，母亲是泰国人。丘及于暹罗出生，从小回到故乡，由其嫡母抚养。中学时代就读揭阳一中，受业于岭东国画大师孙裴谷。嗣后投考南京晓庄师范。在校期间，丘及同进步老师、同学一起投身孙中山先生倡导的国民革命浪潮。1926年加入中国共产党。1930年赴上海，先后进昌明艺专、上海美专。1932年毕业后回揭阳，受聘为揭阳一中图画、音乐教师。1934年，丘及和陈恒雄、章庸熙、林默、陈墨等参加中国共产党领导的文化活动，于5月1日前夕散发革命传单时，因叛徒出卖，遭逮捕。一年后保释出狱。1936年赴南洋，先后在暹罗、老挝、柬埔寨、越南等地从事革命工作，曾任孔教府华侨公校校长、曼谷南侨中学教师、暹罗华侨抗日救国协会宣传部长、暹罗华侨美术家协会常务理事兼宣传部长、《真话报》社长等职，从事华侨教育和爱国救乡工作。

中华人民共和国成立前夕，他回到北京，先后担任中共中央统战部侨务组长、中共中央对外联络部欧非近东组组长、国务院华侨事务委员会委员兼政策研究室副主任及司长、北京外语专科学校校长、国家预算委员会委员、北京语音学院副院长，当选为第一、二、三届全国人大代表，还任第五届全国政协委员、全国侨联理事、中华全国世界语协会常务理事。

　　他工作之余，一直坚持业余绘画创作。作品笔墨刚健浑厚，布局严谨新颖，赋色秀丽飘逸，格调高雅清秀。其多篇作品被选入《岭东名画集》《潮汕国画家选集》。"文革"中，丘及遭到迫害，身体备受摧残。1984 年 8 月 29 日，因病医治无效，于北京医院逝世，终年 74 岁。

刘向东

　　刘向东（1906—1984），揭西县人，新民主主义革命时期，潮汕人民抗征队司令员。1926 年，考进潮州金山中学，后转韩山师范学校。1927 年初，加入中国共产主义青年团。1931 年考进上海暨南大学高中师范科，结识进步学生胡守愚和进步教师邓初民、李达等人。1935 年秋，考进日本大学社会科学研究系，卢沟桥事变后，刘向东回国参加抗战。1937 年 7 月中旬到延安，得到毛泽东等中央领导人的接见。尔后，回到广东工作。10 月底，刘向东由梁威林介绍加入中国共产党。1938 年 10 月，刘向东被调到设在香港的中共广东省委机关工作。1939 年 1 月，中共广东省委派刘向东到敌后珠江三角洲吴勤领导的部队工作，担任政训室主任。1943 年 2 月，任南番中顺游击区指挥部政治部主任。1945 年 1 月，任珠江纵队政治部主任。抗战胜利后，刘向东任西江地委常委。1946 年 6 月，刘向东留在香港负责党的组织和联络工作。1947 年春，刘向东任潮汕地委副书记兼军事指挥；同年 6 月，任潮汕人民抗征队司令员。1948 年 7 月，任潮汕支队司令员。1949 年 8 月，任珠江地委书记兼珠江军分区政委。1949 年 10 月中旬，广州解放，刘向东做好解放万山群岛和海南岛工作。1950 年夏，刘向东转入地方工作，先后在佛山、宝安领导土地改革。1951 年 7 月，刘向东任广东省人民政府农林厅第一副厅长、党组书记。1953 年后，任中央水利部计划司副司长、司长。1958 年，改任中央水利电力部计划司司长。1960 年，任国家建委燃料局局长。1961 年，任国家计委地区局副局长。1962 年，任佛山地委副书记。1969 年，刘向东下放到湖北省襄北"五七干校"，粉碎"四人帮"后，回到中央机关，任国家计委农林水利局顾问。1984 年12 月18 日，在北京病逝，终年 78 岁。

郑立仰

郑立仰（1909—1985），榕城人。1930 年毕业于揭阳一中初中部。1930—1938 年，三往暹罗（今泰国），在曼谷当过商店职员，担任过新潮学校、中华学校、树人学校教师和思源学校校长，在《晨钟日报》社华文副刊任过编辑和校对等职。1937 年初回国省亲，不久，抗日战争全面爆发，归返受阻，遂与亲戚合资，在榕城开办杂粮店，并开始秘密阅读进步书刊，与地下党员密切交往。抗日战争胜利后，郑立仰携妻儿再往暹罗，参加当地革命工作。1948 年初举家回国，一面与人合作豆类生意，一面协助中共地下组织开展革命工作。翌年，接受地下党的任务，搜集敌人政治、经济、军事方面的情报，对档案保管人员进行策反，保护档案资料的安全。中华人民共和国成立后，郑立仰任榕城市商会筹委主任，1950 年 8 月兼任南洋归侨联谊会筹备会主席。1951 年调往汕头，先后任中国粮食公司潮汕分公司副经理、汕头市"五反"办公室研究员、汕头市教育局秘书科副科长。1957 年调回揭阳，先后当选为揭阳县人民委员会副县长、县人大常委会副主任、县政协第二届至第六届副主席、省五届人大代表、广东省侨联委员、汕头市侨联副主席。"文革"中受到迫害，下放到新西河"五七干校"参加劳动，1972 年 5 月退职回家。1979 年 3 月，在揭阳县第八届侨代会上当选为县侨联会主席。1982 年出席在北京召开的全国先进归侨、侨眷、侨务工作者表彰大会。1985 年 3 月

11 日因心脏病复发，抢救无效，在县人民医院逝世。

杨英伟

　　杨英伟（1919—1985），普宁定厝寮（今属占陇镇）人。7 岁入本村小学读书，后就读普宁大下溪学校、汕头市省立商业学校。1937 年被聘到流沙小学任教，一年后又考进汕头市第一中学（时迁在普宁三华里的三都），在地下党员吴成斋的引导启发下，阅读《大众哲学》《社会发展史》《新华日报》等进步书刊；回家时则主动接近村里的地下党员杨朴轩、黄隆茂，积极参加"青抗会"的活动。1938 年夏，他接受中共组织的安排，半途停学，在村里参加革命活动。翌年 7 月，经黄隆茂介绍，加入中国共产党，担任定厝寮乡党支部委员。1940 年任党支部书记。1941 年 1 月，杨英伟被调任北山党总支书记和二区宣传委员。翌年 5 月，"南委事件"后任二区特派员，先后在东埔村小学、赵厝寮小学以教书作掩护，秘密开展地下活动。1945 年春，建立潮普惠南中心县委，杨任宣传部长；11 月，调任中共潮揭丰边委员会书记。他到任后，与黄伕农、巫志远等人深入城乡调查研究，宣传、组织群众，发展党员，创建游击战争根据地。1946 年，杨英伟根据白区工作特点，对党员开展"坚持斗争，树起斗志"的教育；对已暴露身份的 60 多位党员，组织转移隐蔽到县外，以社会职业作掩护，继续开展斗争。同年夏，杨英伟到梅北、锡场等地发动群众成立"山会"，拒付地税和其他科派，并向公户和富户借粮度荒，壮大山村革命力量。至 1946 年上半年，潮揭丰边地区已有 29 个自然村建立了地下党或群众组织。1947 年，县委在杨英伟的主持下，指导榕城几间中学的地下党员和积极分子开展活动，取得这些学校学生会的领导权。通过学生会在学生中开展反饥饿反内战的斗争；同时组织"读书会"，举办训练班，培养革命骨干。后来在革命思想的启迪下，有八九十人参加革命队伍。同年 11 月，他根据潮汕地委决定，在梅北岭后村组建武工队。1948 年 1 月，队伍发展到 70 多人，即建立武装中队。不久，编为潮揭丰边独立大队。1949 年 2 月，改编为中国人民解放军闽粤赣边纵队第二支队第七团。在加强武装中队建设的同时，积极扩展武工队，至 1949 年秋，共建立 9 个武工队。他还注意广泛发动群众，组建农会、民兵等群众组织，开展惩治恶霸、减租减息等斗争。1949 年 5 月，他调任潮汕地委宣传部长；10 月，潮汕地区全面解放，他任揭阳县委书记兼军管会主任，领导接管工作，一个月后调任汕头地委委员。后历任粤东区党委办公室主任兼宣传部副部长、广东省委讲师团团长、广东省委宣传部教育处处长、广州市教育局党委书记兼局长、广州市委文教办公室副主任等职。1983 年离休。1985 年 4 月 7 日病逝于广州。

张宗仪

张宗仪（1926—1987），笔名张忱，揭阳县白塔镇广和村人，居榕城。1940 年肄业于省立韩山师范学校。1948 年参加革命，历任岭东情报站情报组长兼古沟村村长、卅岭前线指挥部军事组委员情报股长、卅岭区新华小学教导主任。中华人民共和国成立后，先后担任揭阳县人民法庭第七分庭审判员、揭阳卅岭区文教助理。1956 年 1 月加入中国共产党，1958 年调揭阳县博物馆工作，任文博组组长，"文革"中被下放到"五七干校"参加劳动，1969 年 8 月被迫退职回原籍。1972 年 8 月落实政策返回县博物馆工作，1980 年任县博物馆副馆长，先后被选为政协揭阳县第五届、第六届委员会委员，县文联委员兼民间文学组组长。张宗仪对于揭阳地方文物和古籍的发掘、收藏、保护、整理、鉴别等多有贡献，喜爱读书，博学多才，被誉为"活档案"，尤其对考古学、方志学、地方革命史有研究，撰写过《京北渡》《揭阳历史进程》《英范长留在人间》《揭阳航运史梗概》《国民革命军第一次东征前后的揭阳政况》《第二次东征军入揭与揭阳政况》等文章，主编过《揭阳谚语》。1983 年离休后，被博物馆聘请为顾问，主编《揭阳文物志》，并撰写《概况》一单章，先后被聘请为《揭阳县志》编纂委员会委员，揭阳县《乡音》《揭阳文史》编辑部顾问。

罗天

罗天（1920—2001），揭阳普宁市人，1936 年 6 月参加革命，1937 年 4 月加入中国共产党。抗日战争时期，罗天历任普宁县青救会宣传部长、二区委书记、普宁县委书记，潮汕中心县委执委，潮普惠分委组织部长，潮普惠揭中心县委组织部长，潮普惠中心县委书记，揭普惠边区工委书记，潮梅临时特委委员兼揭阳县委书记。1942 年后在延安学习至抗战胜利。解放战争时期，历任热河省热西地委宣传部长，南下干部中队长兼政委。

新中国成立后，历任潮汕地委组织部长、副书记、纪检会书记，粤东区纪检会副书记、区党委副书记兼农村部长，汕头地委第一书记，广东省委常委、省人民政府副省长兼农办主任，省农科院院长，省革委会常委及生产组党委常委、副组长，省农林水战线革委会主任，省革委会副主任兼省农垦总局局长、党的核心小组组长，省知青领导小组副组长，海南行政区党委书记兼行政区革委会主任。1977 年后任广东省委常委、省人大常委会副主任，海南行政区党委第一书记，海南军区第一政委，广东省第六、七届人大常委会主任、党组书记。

罗天是中共第八、十一、十二、十三次全国代表大会代表，第六、七届全国人大代表。2001 年 1 月，罗天在广州逝世，终年81 岁。

王彻

王彻（1929—2009），揭东县锡场镇潭王村人。1944 年参加革命，1945 年 12 月加入中国共产党。历任揭阳抗日游击队战士、文化教员、联络员、武工队队长、区委书记、县干青班负责人等。解放后任揭阳县团委副书记、县委民运部副部长等，参加揭阳、云浮、罗定等县土改工作。1955 年任华南组织部科长，广东省委组织部副处长、处长。1968 年下放到干校——广州钢铁厂工作。1975 年任广州市红旗轧钢厂党委委员，广州轧钢厂党委代理书记。1980 年后任广东省人大法工委办公室主任、法工委副主任，省人大办公厅主任、副秘书长、秘书长。1992 年任省人大常委会选举联络人事任免工作委员会主任。2009 年 4 月 5 日在广州逝世。

王镝

王镝（1929—2014），曾用名王耀锋、王隆镝，揭东区锡场镇潭王广美村人，文化程度高中毕业，中共党员。

1945 年 2 月参加韩纵一支队抗日游击小组，任交通员。1947 年在揭阳一中入党。曾任支部宣委参加学生爱国运动（此期间曾经组织同意参加"三青团"）1948 年春在二支七团、潮揭丰边县委、红星报任政训员、出版组长。揭阳解放后，在县委、榕城市政府、地委第一工作团、揭阳土改队任文印组长、干事、副分队长。1951 年在潮汕土委会调研科、地委秘书处任科员、股长，在粤东区党委"三反"复查办、统战部、工业部任秘书组长、主办科员、副科长。1956 年 2 月因"三青团"问题被错误处理送劳动教养，2 月回潮汕专署工矿交办公室任民运组长。1958 年 6 月又被开除回家监管劳动。在家乡期间曾因参与水改、沼气设计工作有成效，被评为揭阳县先进工作者。1979年底落实政策，在汕头公路局机修厂任工会干事，1981年在地委党史研究室任主办科员、副科长、科长、副处级巡视员兼任汕头市中共党史学会秘书，1990年离休（享受副厅医疗待遇）。后任地区老促会理事，汕头市老战士联谊会副秘书长兼办公室主任。

1990年在汕头市委党史研究室被评为省、市党史先进工作者。2014年去世。

附录七 革命烈士表

大革命时期

姓名	曾用名	性别	出生年月	籍贯	党团员	参加革命时间	牺牲时间	生前所在单位及职务	牺牲地点
许亚吟		男		炮台东丰		1925	1926.3	青溪农民协会会长	本县
许心田		男	1907	炮台东丰		1926	1927.2	揭阳县农协会秘书	本县
林原兴		男		登岗		1926	1927.2	区农协会执委	本县
翁喜满		男	1893	登岗安乐		1925	1927.6	安乐村农会秘书	本县
曾岳权		男	1887	登岗安乐		1925	1927	安乐村农会执委	本县
陈炳松		男		地都蕉山		1925	1927	蕉山村农会执委	本县
林永安		男	1892	登岗林乡		1926	1927	林乡农会会员	本县
林魏宛		男	1902	梅云云光		1925	1927	大南山农民自卫军连长	梅云云光

土地革命战争时期

姓名	曾用名	性别	出生年月	籍贯	党团员	参加革命时间	牺牲时间	生前所在单位及职务	牺牲地点
翁学胜		男	1896	登岗安乐		1925	1928.4	炮台区农会会长	本县
萧林俊		男	1904	登岗萧畔		1927	1928.6	沟口村赤卫队员	本县
萧锦甲		男	1904	登岗萧畔		1927	1928.6	萧畔村农会会员	本县
萧理瑞		男	1901	登岗萧畔		1927	1928.7	沟口村农会会员	本县
谢培芳		男	1904	中山永革	中共党员	1924	1928.12	揭阳县总工会领导人	汕头
萧亦峰		男	1864	登岗萧畔		1927	1928	萧畔村农会会长	本县
陈卓然		男	1892	渔湖中联	中共党员	1922	1928	中共揭阳县委宣传部长	本县
杨日耀		男	1904	梅云竹林	中共党员	1925	1928	揭阳县农会组织委员	榕城
林光廷		男	1910	登岗安乐		1925	1928	安乐村农会会员	潮安
曾侨松		男		登岗曾厝洋		1927	1928	曾厝洋村农会执委	本县
胡础侨		男		梅云群光	中共党员	1926	1929.6	鲤鱼头村苏维埃政府主席	榕城
林亚笑		男	1904	登岗安乐		1925	1929.9	安乐村农会会员	潮安

（续表）

姓名	曾用名	性别	出生年月	籍贯	党团员	参加革命时间	牺牲时间	生前所在单位及职务	牺牲地点
陈翔龙		男	1893	登岗安乐		1925	1929	安乐村农会会员	本县
洪圆鹭		男	1914	梅云竹林	中共党员	1925	1930	林厝寮农民自卫军宣传员	榕城
林乳珍		女	1881	梅云群光	中共党员	1929	1930	地下交通员	磐东乔林
刘老弟		男	1877	登岗彭厝沟		1924	1931	彭厝沟村农会会员	本县
萧成来		男		登岗萧畔			1931	沟口村农会会员	本县
胡唐总		男	1905	梅云群光	中共党员	1926	1932	红军战士	普宁广太
杨张和		男	1905	梅云竹林	中共党员	1925	1932	第一区赤卫队长	榕城
许玉馨	许冰	女	1908	中山永革	中共党员	1925	1932.2	东江特委委员	汕头
吴长海		男	1892	地都溪明		1927	1932.6	溪头村赤卫队员	地都溪明
杨秋叶		男	1888	梅云竹林	中共党员	1923	1933.5	第一区农协会会长	榕城
杨老撞		男	1909	梅云竹林	中共党员	1925	1933.6	第一区党支部书记	梅云竹林

（续表）

姓名	曾用名	性别	出生年月	籍贯	党团员	参加革命时间	牺牲时间	生前所在单位及职务	牺牲地点
吴长顺		男		地都溪明		1927	1933.6	溪头村赤卫队员	地都军民
李绍龙		男		地都塔岗		1932	1933.6	塔岗村赤卫队员	本县
李木坚		男		地都塔岗		1932	1933.6	塔南村赤卫队员	本县
陈洽利		男	1903	地都军民		1930	1933	华美村财粮	本县
陈顺敬		男		地都军民		1932	1933	红军三连战士	普宁
吴若河		男		地都溪明		1928	1934.1	溪头村赤卫队员	潮安彩塘
吴潮兴		男	1910	地都溪明		1929	1934.1	溪头村赤卫队员	潮安彩塘
吴锦豪		男	1911	地都溪明			1934.1	溪头村赤卫队员	潮安彩塘
吴坤丰		男		地都溪明		1929	1934.1	溪头村赤卫队员	潮安彩塘
吴恭遗		男		地都溪明			1934.1	溪头村赤卫队员	地都军民
周仕豹	周仕坝	男	1914	地都华美	中共党员	1933.8	1934.6	桑浦山游击队指导员	地都华美
陈如凤		男	1908	地都军民	中共党员	1930	1934	区委书记	潮安

（续表）

姓名	曾用名	性别	出生年月	籍贯	党团员	参加革命时间	牺牲时间	生前所在单位及职务	牺牲地点
陈和尚		男	1908	地都军民	共青团员	1930	1934	红军二团班长	潮安
陈圆圆		男	1911	地都军民	中共党员	1933	1935.4	中共潮澄揭县委书记	潮安
李矮罗		男		地都军民	中共党员	1931	1935	工农红军通讯员	本县
周松炳		男	1912	地都华美		1934	1935	华美村赤卫队员	饶平
陈瑞来		男	1917	地都军民		1934	1936	赤卫队班长	本县

抗日战争时期

姓名	曾用名	性别	出生年月	籍贯	党团员	参加革命时间	牺牲时间	生前所在单位及职务	牺牲地点
林隋升		男	1911	渔湖江夏	中共党员	1935	1939	地下工作者	本县
吴阿兴		男	1908	地都溪明		1935	1940.6	溪头村赤卫队员	地都溪明
萧成来		男	1877	登岗萧畔		1927	1941	赤卫队副营长	本县
周鲁	周温亮	男	1911	地都华美	中共党员	1930	1943.4	区委书记	越南
吴永林		男	1891	地都溪明			1943.6	溪头村赤卫队员	马来西亚

（续表）

姓名	曾用名	性别	出生年月	籍贯	党团员	参加革命时间	牺牲时间	生前所在单位及职务	牺牲地点
郑英略		男	1914	榕华北门	中共党员	1937	1944	在城地下情报站站长	榕城
刘佩芳		女	1921	西马西门	中共党员	1938	1945.8	地下工作者	流沙
庄修明	庄克	男	1918	中山永革		1937	1945	潮汕人民抗日游击队队长	陆丰

解放战争时期

姓名	曾用名	性别	出生年月	籍贯	党团员	参加革命时间	牺牲时间	生前所在单位及职务	牺牲地点
邢凤杰		男	1912	新兴东郊	中共党员	1937	1945	地下工作者	榕城
谢瑞吟		女	1930	登岗安乐		1947	1947.8	潮汕人民抗征队通讯员	本县
刘特慎		男	1920	中山店马	中共党员	1945	1947	地下工作者	台湾
谢德仁		男	1925	中山店马		1945	1947	潮汕人民抗征队战士	锡场潭王
陈鸿高	陈甡	男	1928	榕华北门		1948.8	1949.6	地下工作者	榕城
谢垒	谢林元	男	1930	中山店马	中共党员	1948	1949.2	粤赣湘边纵队排长	海丰罗寮

（续表）

姓名	曾用名	性别	出生年月	籍贯	党团员	参加革命时间	牺牲时间	生前所在单位及职务	牺牲地点
郑诗朝		男	1913	榕华港墘	中共党员	1946	1949.3	闽粤赣边纵队二支七团战士	仙桥桂竹园
周岳松		男	1922	中山店马		1946	1949.5	闽粤赣边纵队二支七团武工队战士	潮安
陈恒光	陈关川	男	1928	西马西门	中共党员	1947	1949.6	五桂山游击队员	中山市
苏丹	陈逸平	女	1926	榕华进贤	中共党员	1939	1949.7	紫金县龙窝区委书记	紫金
陈武烈		男	1927	溪南仁辉		1944	1949.8	闽粤赣边纵队二支七团战士	本县
王同静		男		京冈下路		1949	1949	战士	福建

社会主义建设探索时期

姓名	曾用名	性别	出生年月	籍贯	党团员	参加革命时间	牺牲时间	生前所在单位及职务	牺牲地点
黄老四		男	1928	梅云石头		1949	1949.11	闽粤赣边纵队二支三团排长	普宁流沙
张炳利		男	1917	登岗许厝		1947	1950.10	志愿军排长	朝鲜

（续表）

姓名	曾用名	性别	出生年月	籍贯	党团员	参加革命时间	牺牲时间	生前所在单位及职务	牺牲地点
陈壬曾		男	1923	仙桥新明		1949	1950.12	志愿军战士	朝鲜
陈洪兴	陈来松	男	1913	仙桥淇美		1949	1950	志愿军炊事员	朝鲜
陈鲁		男	1930	仙桥山前		1949	1950	志愿军战士	朝鲜
林新兵		男	1915	渔湖渔江		1933	1950	汕头地区编辑部长	朝鲜
谢维群		男	1931	炮台桃山		1949	1950	志愿军战士	朝鲜
王潮文		男		炮台丰溪		1948	1950	志愿军战士	朝鲜
郑达		男	1921	地都下成	中共党员	1949	1951.2	志愿军战士	朝鲜
李荣顺		男	1924	中山永革		1947	1951.6	志愿军战士	朝鲜
周世明		男	1929	登岗沟口	中共党员	1948	1951.10	志愿军战士	朝鲜
黄炳鸿		男	1922	东兴玉浦		1949	1951	志愿军战士	朝鲜
陈足吕		男	1924	仙桥西岐		1948	1951	志愿军战士	朝鲜
黄锦秋		男	1926	仙桥东盾		1948	1951	志愿军战士	朝鲜

（续表）

姓名	曾用名	性别	出生年月	籍贯	党团员	参加革命时间	牺牲时间	生前所在单位及职务	牺牲地点
杨典秋		男	1927	中山永革		1948	1951	志愿军战士	朝鲜
孙木雄		男	1928	京冈京北		1951	1951	志愿军战士	朝鲜
谢眼松		男	1933	炮台桃山		1949	1951	志愿军战士	朝鲜
杨妙隆		男		炮台浮岗		1950	1951	二十军六〇师一七八团班长	朝鲜
谢林华		男	1933	炮台桃山	共青团员	1950	1952.1	通讯员	云南
柯文祥		男	1921	西马西门		1950	1952.4	志愿军第九后团驾驶员	朝鲜
吴德		男	1924	榕华进贤	共青团员	1949.12	1952.4	侦察员	云南澜沧
钟汉钦	钟袁裘	男	1924	西马西门		1948.1	1952.6	志愿军战士	朝鲜
陈俊添		男		登岗浦口		1951	1952.8	志愿军战士	朝鲜
刘海		男	1912	梅云汤前			1952.10	汕头船队轮机手	南澳南澎
陈木泉		男	1926	炮台龙头	共青团员	1951	1952.10	战士	南澳南澎

（续表）

姓名	曾用名	性别	出生年月	籍贯	党团员	参加革命时间	牺牲时间	生前所在单位及职务	牺牲地点
蔡坤汉		男	1927	中山南门		1949	1952.10	志愿军战士	朝鲜
黄老晓		男	1931	凤美塘埔		1951	1952.10	战士	南澳南澎
袁乾有		男	1925	渔湖长美		1949	1952.11	三十一师警卫连连长	朝鲜
张千祥		男	1921	京冈京南	中共党员	1949	1952	志愿军排长	朝鲜
王成汉		男	1923	东升东畔		1949	1952	志愿军战士	朝鲜
吴瑞书		男	1924	炮台南潮		1948	1952	志愿军战士	朝鲜
吴锡其		男	1929	炮台新寨		1948	1952	一二〇师三六〇团战士	吉林四平
范启录		男		炮台浮岗	中共党员	1944	1952	志愿军连长	朝鲜
庄贵		男	1931	中山南门		1949	1952	志愿军战士	朝鲜
陈见溪		男	1931	榕东旧寨		1950	1952	志愿军战士	朝鲜
谢忠	谢细弟	男	1929	西马新风		1947	1953.2	战士	云南广南
王任高		男	1926	炮台塘边		1949	1953.6	志愿军班长	朝鲜

（续表）

姓名	曾用名	性别	出生年月	籍贯	党团员	参加革命时间	牺牲时间	生前所在单位及职务	牺牲地点
陈俊木		男	1928	溪南西寨		1951	1953.7	战士	福建东山
黄绍中		男	1934	仙桥高湖	共青团员	1951.1	1953.7	战士	福建东山
许典能		男		西马北市	共青团员	1953	1953.7	志愿军战士	朝鲜
吴永南		男	1920	炮台新寨		1949	1953	志愿军战士	朝鲜
王贵	王将育	男	1924	西马北市		1948	1953	志愿军十六军通讯员	朝鲜
黄苏贵		男	1928	登岗沟边		1949	1953	志愿军战士	朝鲜
林锡潮		男	1929	登岗光明		1951	1953	战士	福建东山
林木高		男	1932	凤美团友		1950	1953	志愿军战士	朝鲜
陈义松		男	1932	仙桥永东	中共党员	1951	1955	三〇五部队战士	深圳
徐坤泉		男	1934	梅云双梧		1955	1955	战士	广西桂林
胡谦信		男		炮台丰溪		1948	1955	四十一军一二四师战士	部队
林锦潮		男		登岗林乡		1952	1955	战士	福建东山

（续表）

姓名	曾用名	性别	出生年月	籍贯	党团员	参加革命时间	牺牲时间	生前所在单位及职务	牺牲地点
吴贰柑		男	1934	东兴埔上	共青团员	1956	1956.7	战士	厦门
薛胡乐		男	1935	仙桥顶六	共青团员	1956	1959.5	九三八一部队班长	福建关阴山
刘先敬		男	1932	梅云汤前	中共党员	1955.3	1959.6	副排长	贵州普定
陈岳盛		男	1941	仙桥屯埔	共青团员	1959.12	1965.5	保管员	韶关
黄定元		男	1933	凤美广美	中共党员	1950	1965	飞行员	浙江
黄创茂		男	1944	东升新河		1966	1968.7	六八二一部队六八分队	梅州梅县
翁玩发		男	1939	登岗安乐	中共党员	1961	1968	排长	江门台山
蔡建华		男	1945	西马西门	共青团员	1961	1969.8	汕头公安部门通讯员	东升新河
陈炳锥		男	1949	榕东	共青团员	1969.4	1969.12	汽车司机	河南洛阳
王国平		男	1952	登岗三坑	共青团员	1970	1971.9	战士	梅州兴宁
黄宜合		男	1942	新兴东郊	中共党员	1960.9	1971.11	防化连连长	汕头
陈列荣		男	1951	中山	共青团员	1970	1972.6	战士	甘肃

（续表）

姓名	曾用名	性别	出生年月	籍贯	党团员	参加革命时间	牺牲时间	生前所在单位及职务	牺牲地点
郑两坤		男	1950	榕华巷畔	共青团员	1971	1972.7	战士	汕头澄海
孙毅		男	1952	中山永革	中共党员	1973	1974	战士	普宁英歌山
黄昌忠		男	1943	地都埔尾	中共党员	1964	1976.10	连长	茂名电白
郑松标		男	1954	榕华巷畔	中共党员	1974	1978.3	海军战士	湛江

改革开放时期

姓名	曾用名	性别	出生年月	籍贯	党团员	参加革命时间	牺牲时间	生前所在单位及职务	牺牲地点
陆何青		男	1947	炮台塘边	中共党员	1965	1979.2	副连长	广西边境
魏映文		男	1954	榕东陆联	中共党员	1975.1	1979.2	五〇三一六部队排长	广西边境
林少辉		男	1956	渔湖渔光	中共党员	1974	1979.2	五三〇一五部队后勤给养兵	广西前线
陈淮天		男	1959	仙桥屯埔	共青团员	1979.1	1979.2	战士	广西边境
郑少潮		男	1959	榕华埔上		1979	1979.2	战士	广西前线
林少容		男	1960	西马西门		1978.12	1979.2	战士	广西边境

（续表）

姓名	曾用名	性别	出生年月	籍贯	党团员	参加革命时间	牺牲时间	生前所在单位及职务	牺牲地点
杨小华		男	1960	仙桥斗门		1979.1	1979.2	战士	广西边境
林汉文		男	1951	榕东彭林	中共党员	1969	1979.3	三三七二部队排长	广西边境
许龙城		男	1956	梅云石头	中共党员	1975.1	1979.3	排长	广西边境
黄练江		男	1958	梅云赤水	共青团员	1978	1979.3	战士	广西边境
黄松龙		男	1959	梅云梅畔		1978	1979.3	战士	广西边境
黄雄波		男	1960	榕东双彭	共青团员	1977.1	1979.3	三三六一四部队战士	广西边境
林主通		男	1961	地都大瑶	共青团员	1977	1979.4	基建工程兵二〇八大队战士	江苏南京
陈文洲		男	1956	仙桥湖心		1976.3	1979.5	北京建字〇〇〇七一部队战士	北京
郑少荣		男	1960	西马新风	共青团员	1978.12	1979	战士	广西边境
郑奕武		男	1960	榕华巷畔		1978.12	1979	战士	广西边境
林磊		男	1973	榕华进贤	共青团员		1995.10	汕头市公安刑警支队办事员	汕头金园

附录八 榕城区革命老区村情况一览表

所在街镇	原评划老区村名	今老区村名	面积（平方千米）	现有人口（人）	类　　型	现属行政村
梅云街道	林厝寮	竹林社区	1.6500	3360	土地革命战争老区村	竹林社区
	群光村	群光社区	0.5000	814	土地革命战争老区村	群光社区
东阳街道	岐山村	岐山社区	0.1800	848	解放战争老区村	岐山社区
仙桥街道	玉寨村	玉寨经联社	1.3257	4098	解放战争老区村	永东社区
	涂库村	涂库经联社	0.6000	2787	解放战争老区村	
	河内村	河内经联社	0.3400	1425	解放战争老区村	
	坛头村	坛头经联社	0.1640	764	解放战争老区村	
	下底	下底经联社	0.1596	660	解放战争老区村	
	下曾	下曾经联社	0.1367	589	解放战争老区村	
京冈街道	京北村	京北社区	3.4000	10260	解放战争老区村	京北社区
	京南村	京南社区	4.0000	7500	解放战争老区村	京南社区

（续表）

所在街镇	原评划老区村名	今老区村名	面积（平方千米）	现有人口（人）	类　　型	现属行政村
地都镇	军民村	军民村	9.4000	5634	土地革命战争老区村	军民村
	华美村	华美村	2.5000	3685	土地革命战争老区村	华美村
	溪明村	溪明村	0.7500	1280	土地革命战争老区村	溪明村
炮台镇	青溪村	青溪村	1.0000	3100	土地革命战争老区村	青溪村
	塘边四村	塘边四村	2.0000	2945	解放战争老区村	塘边村
登岗镇	沟口村	沟口村	0.3900	758	土地革命战争老区村	黄西村

注：榕城区革命老区村庄（自然村）17个，面积28.496平方千米，2020年6月底有户籍人口50507人。

后记

　　根据中国老区建设促进会《关于编纂全国1599个革命老区县发展史的安排意见》和广东省老区建设促进会《关于印发编纂〈革命老区县发展史〉丛书有关文件的通知》精神，从2019年上半年起，揭阳市榕城区老区建设促进会成立了编委会及工作机构，着手做好《揭阳市榕城区革命老区发展史》有关史料、照片的征集和编纂工作。经过一年多的努力，于2020年7月形成本书初稿。随后，将书稿送区委、区政府领导及区委、区政府办公室，区人大办公室，区政协办公室，广泛征求意见，组织专家审稿。经过反复修改、充实、校正，终于使本书顺利出版，与广大读者见面。

　　本书在征编过程中，得到各级领导、老区人民的关怀和大力支持。中共揭阳市委党史研究室、揭阳市老区建设促进会、榕城区地方志办公室、榕城区关心下一代工作委员会、榕城区文学艺术界联合会、榕城区博物馆，以及揭阳空港经济区相关部门提供了有关资料，还有陈耀双、郑楚藩、苏翔、洪文泉、陈海崇等同志提供了有关照片。参与本书编纂工作的同志在榕城区老区建设促进会会长袁瑶亮同志的领导下，以积极认真、严谨细致的工作态度，做了大量的撰写、编辑、校对等工作，付出了辛勤的劳动。本书的编撰出版经费，得到榕城区委、区政府和有关部门的大力支持。在此，谨向所有关心支持老区建设和本书出版的各位领导、老同志、有关单位致以崇高敬意和衷心感谢！

　　本书从征集史料到编纂成书，工作量大，任务艰巨，因时间紧促、经验不足，错漏和不当之处在所难免，敬请行家读者不吝赐教。

《揭阳市榕城区革命老区发展史》编纂委员会

2021 年 3 月